别人不说，你也要懂的人生经验

杨毅华　邱光洪/编著

中国纺织出版社

内 容 提 要

一个人的成熟不在于你走过多少路，而在于你对人生有多少感悟和经验的积累。本书细致讲解了为人处世的经验与智慧，从职场、社交、情感、家庭等生活的方方面面，阐释实用的经验哲理。

本书就好似一位饱经沧桑、聪颖睿智的老者，将那些精华的人生经验娓娓道来，带你摆脱惯性思维的束缚，修炼强大的内心，少走人生的弯路，快速踏出人生的误区，激发内心的正能量。奉行这些经验和法则，让自己快速成长和成熟，成就精彩的人生。

图书在版编目（CIP）数据

别人不说，你也要懂的人生经验 / 杨毅华，邱光洪编著. --北京：中国纺织出版社，2013.6（2023.10 重印）
ISBN 978-7-5064-9677-3

Ⅰ.①别… Ⅱ.①杨… ②邱… Ⅲ.①人生哲学—通俗读物 Ⅳ.①B821-49

中国版本图书馆CIP数据核字（2013）第077523号

策划编辑：库 科　　责任编辑：曲小月　　责任印制：储志伟

中国纺织出版社出版发行
地址：北京朝阳区百子湾东里A407号楼　邮政编码：100124
邮购电话：010—64168110　传真：010—64168231
http：//www.c-textilep.com
E-mail：faxing@c-textilep.com
大厂回族自治县益利印刷有限公司印刷　各地新华书店经销
2013年6月第1版　　2023年10月第2次印刷
开本：710×1000　1/16　印张：16.5
字数：229千字　定价：29.80元

前言

对于初入社会的年轻人来说，前方的路充斥的似乎只有迷茫和不知所措。对于一些已经打拼多年却依然一无所获的人来说，更是满心的不甘和挫折，每个月拿着微薄的薪水，不知到何处去寻找幸福，不知怎样为前途打拼……

的确，大多数年轻人在学校里接受的教育，都是只要通过自己的努力和出众的能力就会被欣赏、被提拔。然而步入社会之后才发现，现实生活与自己的想法相差千里。那些天真的想法，可能都不适合现实的社会。那么你是否考虑过造成这种结果的原因是什么？其实，人立足于社会，有很多只可意会不可言传的规则，有很多别人不说，你也要懂的人生经验。

对于年轻人来说，社交是闯荡社会必须学习的一课。良好的社会关系对于年轻人的事业和生活都会有不小的帮助。年轻人要通过社交为自己多创造一些机会，要知道，如果你拒绝了社交，那么也就是拒绝了成功的机会。

在职场亦是如此，保持与上司私交良好，会对你的职场生活更加有利。想要和上司保持良好的关系，首先要勇于沟通，让上级及时了解你、信任你。其次，在私人关系方面也应该积极与上司建立联系。当然这并不是一件简单的事，要使这一切看起来都是顺其自然，水到渠成，而不可以强拉关系，否则，就会受到领导和同事们的排斥。

在人际交往、职场打拼、生活理念甚至于做事方法方面可能有很多你所不知道的经验和规则，因为你不知道这些，就很容易犯一些低级的错误，甚至在你看来一两个无伤大雅的小举动可能就是导致你做事失败的根本原因。所以，从步入社会的那天起，你就应该转变观念，改变自己，将那些天真的想法抛到脑后，学会通过事实思考，别因为自己的天真耽误了前程。

人情世故是复杂的，人生经验是繁多的，我们不能因为他人熟谙于此，并因此得利就对这些嗤之以鼻，不屑为之。我们应该遵循社会的某些规则，并打理好自己的人际关系，建立和谐的生活环境，这样才能真正在这个竞争惨烈的社会上立足。

本书正是旨在于此，通过对一些不轻易为人所知的人生经验的阐释，帮助读者从根本上改变一些观念和对社会的认识。并且本书还详细阐述了关于“财富”、关于“家庭”、关于“修养”等一系列“别人不说，我们也应该了解的人生经验”。如果你想改变自己的现状，如果你想知道这些人生经验都是什么，那么本书将是你最好的选择。

编著者

2013年3月

目录

-Part 1-

观念篇 用更清醒的头脑面对社会

-Part 2-

交际篇　捅破人际关系那层窗户纸

-Part 3-

职场篇　职场不是你想得那么简单

—Part 5—

财富篇　练就掘金本事并提升价值

-Part 6-

家庭篇　女人要做好家庭的掌舵人

-Part 7-

修养篇　每个成功者都有强大的内心力量

观念篇

用更清醒的头脑面对社会

第01章

褪去青涩，该让自己成熟一些了

社会之门已开，而你拥有什么

年轻人正经历着人生中最美好的时光，刚刚褪去青涩的外衣，对社会充满新鲜感，拥有旺盛的求知欲。可社会到底是什么样子？我们即将遇到怎样的机遇与挑战？同事和老板的心思我们又能读懂几分？遇到棘手的问题，我们怎样处理才能显得成熟老练？闯荡社会都需要哪些必备的能力？

其实对于年轻人来讲，闯荡社会并不是一件难事，但是在进入社会之前，我们必须对我们面前的社会有个大致的了解，我们才能在进入社会时具备一定的竞争实力。马上要步入社会的年轻人已经过了在学校里憧憬未来的年纪，我们应该对自己的未来有个现实的规划。这样，我们才能知道自己在哪些方面还有不足之处，我们要先让自己更加有实力，更加适应社会，才能在社会中收获属于我们的成功。

在社会中求生存是对我们的智商、情商、德商、胆商、财商等多方面的考验。除了在学校学到的一些能力外，我们在社会实践中还需要拥有哪些能力呢？

第一，要有能从大局上进行规划的能力。上学期间，我们的所有课程都是老师给我们安排好的，我们只需要按点去上课即可。当年轻人进入社会

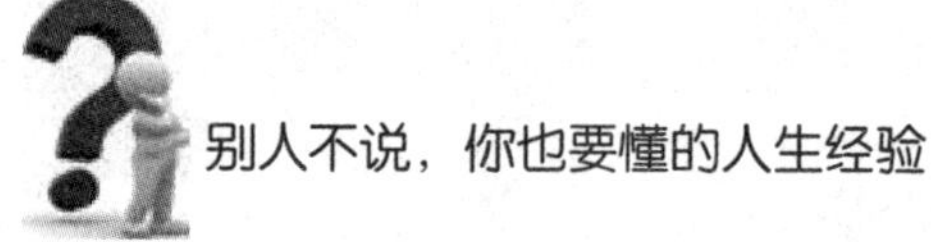

后，安排你的学习生活都是由自己全权负责，是想继续深造，还是想到社会中去摸爬滚打；是想在一个看不到成效的工作岗位上继续努力，还是想跳槽到一个适合自己的工作环境。这其中的利弊关系，前后顺序，都要由自己掌握，要学会从全局的角度规划自己的未来。

小王和小李是高中时代的好朋友，他们在同一年考取了同一所大学，但他们的命运却大相径庭。小王学的是物理机械专业，本科毕业以后，觉得工作不好找，于是决定考研，考上研究生以后，他并没有待在机械领域，反而去了一家公司担任管理工作。虽然他对业内的业务很熟练，但因为他缺少管理经验，几年下来，他还是没有升职，薪水也仅仅维持在4000元左右。他谈女朋友要有一定的支出，在北京租一套房子也花费不少。一个月下来，基本上没有结余，到现在还没有办法买房结婚。三十多岁还在为基本的物质生活奔波，他觉得自己是一个典型的生活失败者，其实他最大的败笔，就是没有规划好自己的职业生涯。

而他的朋友小李，大学专科毕业以后，立刻找到一个职业规划师帮他规划自己的人生。他学的是酒店管理，酒店管理不需要很高的文凭，规划师建议他先找一家大酒店实习，一边实践自己学到的知识，一边攒一点钱，四年后到瑞士去学习酒店管理，学成后再利用自己学到的先进经验管理酒店。他听了规划师的话，到国外镀金回来，待遇的确不一样，国内的很多大酒店纷纷为他开出了优厚的待遇，他的日子过得轻松而闲适。

虽然他们都不能说有多大的成就，而且年轻的时候他们还站在同样的起点上，但在而立之年的时候，却是一个人还在为温饱操劳，一个人已经开始逐渐实现自己的理想了。这不能不说是一个巨大的差距。这个差距，恰恰是由于职业的规划所带来的。所以说，如果不能仔细地规划好我们的职业，那么，我们的人生就会出现偏差。

第二，要有会说话、会办事、会做人的能力。年轻人都知道在进入社会后说话、办事、做人在一定程度上决定了你今后的发展。要想处理好各种人事关系，就要明白社会和校园、家庭是不一样的。在家庭中，父母通常以儿女为中心；而到了社会上，大家都会有各自的利益，难免有利益相斥的时候，遇到这样的事我们应该怎样处理呢？社会更注重和别人合作的能力，在校园我们通常各自完成作业，即使有合作，也是不涉及利益关系的。因此，友谊比较单纯。但走入社会，人们需要更广泛、更深入的合作，如果我们和别人的合作、竞争关系搞不好，为人处世失去了必要的分寸，把握不好相处的尺度，就极容易陷入人际纷扰。

俗话说："饭可以乱吃，话不能乱讲。"年轻人在说话之前要考虑到自己的立场、自己的地位、听话的人、说话的场合、说话的方式等一系列问题后，才能开口说话。也就是要占到天时地利，人才能和。会办事的人懂得分清事情的轻重缓急，办事前掂量好自己的身份、立场；办事时把握好火候、尺度；同时，弄清楚并遵守一些办事过程中所涉及的规则。那么，我们办事的技巧就会日臻成熟。在步入社会后，年轻人还要能够坚守好自己做人的原则，把自己修炼成一个能屈能伸、大智若愚、内方外圆的人。达到了这样一种境界，不但可以保护好自己，还能实现在复杂的社会环境中修身养性，成为一个受人尊敬的人。

闯荡社会，离不开说话、办事，社会总是垂青那些善于说话、巧于办事的人。巧说话，会办事，会做人，才能在社会上立足，甚至无往而不胜。

第三，要有能合理支配自己财务的能力。在学校除了学习财务专业的同学外，大部分年轻人没有接触过理财这一部分，更谈不上有理财的能力，但是在这个经济主宰一切的时代，只要掌握了理财的能力，就掌握了自己一半的命运，否则我们就会在社会越来越进步时，变得越来越贫穷。其实很多年轻人现在已经意识到理财的重要性，因为它是你保持正常人际交往非常重要的一项保障，所以，如果你还认为单纯地靠知识就能实现自己的梦想的话，那么，希望你能从井底跳出来，看看这个时刻都在进步的社会。

想要在社会拥有一席之地的年轻人，除了从书本上学到的知识外，你还能看到、想到、接触到哪些你没有的能力，就要抓紧时间去学习。让自己的能力越来越强，你才能游刃有余地在社会中行走。年轻人，闯荡社会，你准备好了吗？

保持积极心态，没什么能够阻挡青春的你

年轻人在日常的生活中不难发现，当你心情好的时候，你就会有一个积极面对生活的心态，那么，你所感受到的环境都是美好的，你所做的每一件事情都感觉得心应手；当你心情不好的时候，你对什么事情都提不起精神，你周围的环境也因此变得灰暗，在做事情的时候也会觉得每件都不顺利。所以，我们会发现，保持积极的心态，才会让你的生活更加顺利。

罗曼·W.皮尔最早提出了“态度决定一切”的说法。在生活中也是如此，你的生活态度决定了你的生活质量。如果你总是以悲观、消极的态度对待你的工作，得过且过，你的工作就不能够做得出色、漂亮。同样，如果你在生活中消极敷衍，你也会感到生活很无聊。只要你认认真真地过好自己的每一天，你就能够感觉到充实的喜悦，能够感觉到重生的幸福。且不说结果如何，你每一天的生活都会变得充实而快乐，当然这种充实肯定会给你带来能力的提高，而更好的能力、更积极的态度，则是一个人迈向成功的第一步。

年轻人对待生活要有高的志向，高的要求。只有这样，你才会有向目标前进的积极心态，才会把你的人生带入一个新的高度。因此，我们要以更积极的态度对待你的生活和工作，以更大的热情和激情来面对生活，生活才能够如你所愿。

林嘉在几年前一直过着颓靡的生活。她一天的行程就是早上10点钟起床，然后匆匆忙忙地去公司工作6个小时，中间一顿饭都不吃。下午5点钟，开始吃这一天的第一顿饭，然后约不同的人出去娱乐，玩到凌晨再回家。她每天只吃一餐，上班的大多数时间都顶着两只熊猫眼，因为工作很普通也很简单，她甚至可以在工作中偷偷地睡上半个小时。

她最常说的一句话就是“人生苦短，及时行乐”。她最崇拜李白，像“酒仙”一样地生活着，直到她得了很严重的胃病。那场胃病最终也救活了她的人生。病好了以后，她像换了一个人似的，对生活变得非常积极。她每天清晨总是定时起床，定时进行体育锻炼。经过一段时间以后，潜藏在她体

内的巨大能量复苏了。本来普通的工作，却因为她的用心和按部就班，慢慢地有了起色。原本以为没有多大发展前途的工作，却因为她的努力做得非常好，于是她被调到了新的部门，渐渐地升职。如今，她已经有了一个非常幸福的家庭。她总说是那场大病救了她，让她意识到“人生苦短，如果再以消极的态度对待，那就会变得更加短暂和没有价值”。

林嘉的状态相信在年轻人里是普遍存在的，大家都觉得我还年轻，在年轻的时候我就应该挥霍我的时间和我的青春，让日子过得丰富多彩一点。青春的日子一晃而过，趁年轻多玩玩，多见识见识，多体验不同的生活固然没错，但是若把生活的重心从事业移到玩乐上，那就是对自己的不负责任。尽管人生的长度是无法改变的，但是人生的深度和丰富程度却是可以自己控制的。

我们生活在同一个社会中，有的人的生活可以妙趣横生，充满快乐和生机，有的人的生活却像白开水一样平淡无味，这之间的差距就来自于人们对生活的不同态度。只要我们积极地对待生活，我们的生活就会变得更丰富，更有意义，我们就能体验到更丰富的人生。

每个人都会憧憬美好的生活，但是对于贫乏无味的人来说，生活就是一个日出接着一个日出，一个日落接着一个日落，日子过得没有什么明显的区别；而对于一个积极的人来说，生活的每一天和每一天都是不一样的，今天的太阳远比昨天的更灿烂。

地球在转动，生活在一天天丰富多彩，工作在一天天顺畅，每一天都是新鲜的，都是充满乐趣的，这些只有积极向上的眼睛才能看到，只有积极向上的心才能体会到。对于人间的美好，只有积极乐观的人才能够认识得更透彻，他们的日子才会过得更充实，更丰富多彩。日子对于他们来说，不是负累，而是享受。积极的心态还能够影响身边的人，使他们变得更乐观，也更容易和你结交，所以，积极的人会有更多的朋友、更和谐的人际关系。他们做起事情来也会更顺畅，当然也更容易成功。只有积极的心态，才能够让我们更好地享受人生。

年轻人要习惯用积极的心态去看待生活，积极的人能够用自己积极的心态去改变周围的环境，改变事情的进展方式，如果天时、地利、人和都在帮你，你就没有不成功的理由。如果我们每天都保持一颗积极向上的心，那么你将会发现生活是如此眷顾你，你经历的一切都是那么如你所愿。只有拥有良好的心态，你才能创造出生活的奇迹，才会实现你的人生梦想。

懂得争取，不要现在需要什么就去争取什么

年轻人刚步入社会时遇到的一大难题就是找工作。面对各式各样的招聘启事和形形色色的工作岗位，我们要如何选择才能找到最适合自己的工作呢？现在认为适合自己的工作，今后到底有没有发展呢？这些都是很现实的问题。当然，每个人都希望找到一份称心如意、福利待遇好，又是自己感兴趣并有良好发展的工作。可年轻人也要清楚，这样的条件不是第一次找到工作就能全部满足的，在工作中你总会发现有你不满意的地方。所以，年轻人要根据自己每个阶段想要得到的东西，去选择自己的工作，不要现在需要什么就去争取什么。

年轻人在生活和工作中知道自己追求的是什么吗？雷锋说过一句话，“吃饭是为了活着，活着却不仅仅是为了吃饭。”我们的工作也有挣钱以外的意义。有的人工作是为了有口饭吃，有的人工作是为了吃口好的，有的人工作是为了将来不工作，有的人工作是为了干一番事业，实现抱负……不管怎么样，你都应该明白，工作挣钱本身并不是奋斗目标，它只不过是达到目的的一种手段。明白了这一点，我们对工作的选择和在工作中所持的态度，就会更清醒、更明确，也就会更持重，而不会急功近利。

大部分年轻人在刚开始工作的时候，都会感觉到不满意，“给我多少钱，我就干多少事。”“一个月拿那么少，还想让我加班，没门儿！”他们只看到了眼前的工作带给他们的直接利益，而没有看到工作带给他们的发展，也就是你在工作中经验的增加，处事方法的渐渐熟练，技术能力的进一步提升。随着你的认真工作，你可能得到的机遇会渐渐增加等。对于工作太现实的态度，往往会葬送一个人的理想和未来。你想想，如果一个人整天处在怨天尤人、对工作的敷衍塞责中，他的情绪是消极的，态度是马虎的，工

作都做不好，又怎么可能有好的前程呢？

一些年轻人因为对自己的期望值很高，常常认为自己才高八斗、学富五车，而在工作中却眼高手低。因此，无论他的实际工作能力如何，他都觉得这份工作配不上自己，自己应得的薪水和职位应该远远高于实际上拥有的。你要明白，无论一家公司怎样小，公司的领导都不可能放心地把一副重担放在一个初出茅庐的年轻人身上，总要给别人看清你的才能的机会，才可能重用你。所以，我们唯一的做法，就是在本职岗位上做出一番成绩，取得一番经验，才可能得到更好的发展机会。要知道公司都是根据一个人对公司做出的贡献来确定他的薪水和职位的。如果你因为失意，连目前职位上的事情，都做得一塌糊涂，别人又怎么可能放心地把更重要的事情给你做，更重要的职位给你呢？你又怎么会获得更丰厚的薪水呢？所以，要想多挣钱，就要为公司多做贡献，要想多做贡献，就要在你的职位上收获更多的经验。这样，即使老板不给你加薪，你也有了跳槽的资本。

更有甚者，就因为与自己同时毕业的某位同学有一份比自己社会地位高、薪水丰厚的工作就频频跳槽。因为羡慕、嫉妒或者攀比心理，觉得自己不应该只拿这样低的报酬，而应该得到比他更好的工作和薪水。所以等不及把工作岗位上的事情都做透，取得一定的经验，就因为嫌薪水太少而跳槽另谋高就去了。

年轻人要明白，每一次跳槽都要在新的岗位上适应一段时期，在人际关系上有一段磨合期，这段日子里也许你只顾磨合，什么成绩也做不出。所以，太频繁地跳槽，就等于空耗自己的内力。无论什么样的人，都是经不起攀比的。

一个人开始创业时，他的薪水甚至是负的，他可能扛着几百万元的负债，如果这时他选择退出，寻找高薪工作，那他的债务可能十年甚至更久才能还清。而如果他坚持创业，不断地获得有用的信息，坚持锻炼自己的能力和积累经验，那么不久机会就可能降临，也许一年就能够扭亏为盈，他所获得的就不仅仅是几千块钱的薪水，而是丰厚的利润了。

那么，年轻人在社会中打拼是要更看重挣钱，还是更看重获得经验呢？

第一，年轻人要把挣钱和挣经验当成是“鱼”和“渔”的选择。你的薪水就是所谓的“鱼”，而经验则是“渔”。如果你想要获得更多的鱼，就要掌握钓鱼的方法与技术。年轻人，正是求“渔”的好时机，我们应该把目光放得长远一点。只要学会了“渔”，还怕将来没有“鱼”吗？在工作中，只有不断地寻找捕鱼的更好的方法，总结渔猎经验，才能够得到更多的鱼。在这个过程中，渐渐地独当一面，抛弃“薪水”的束缚，才是最重要的。满眼都是鱼的人，往往看着鱼欢喜，而忘了学习渔术，所以“临渊羡鱼，不如退而结网”，获得经验才是最重要的。

第二，年轻人要认识到，收入只是工作的副产品，只要做好你该做的事，出色地完成你该完成的工作，理想的薪金必然会来。在选择工作之前，我们应该明白自己想要的是什么，是钱还是真正的成长，这样我们才能做出无悔的选择。对于我们来说，薪水固然重要，但比薪水更具价值的，是工作背后自身的成长。工作固然是为了生存，但比生存更重要的是实力的提升。年轻人经常抱怨自己的工资太低、奖金太少。我们常常以玩世不恭的态度对待工作，或者消极怠工，或者频繁跳槽，甚至怨天尤人，埋怨自己生不逢时、明珠暗投。工作做得一塌糊涂，表现乏善可陈，事业升迁更是遥遥无期，并且还埋怨自己怀才不遇，这是令人感到可笑的。

事实上，如果我们不把自己的眼光仅仅盯在薪水上，而是注重学习、成长的机会、职业经验的积累、为人处世的磨炼等，我们就会取得更长足的进步，薪水也就源源而来了。

我们要意识到，目前的工作可能不是我们想要的，但如果不把这份工作做好，那么这份工作我们将有可能从事一辈子。薪水并不是我们从工作中所能获得的全部，而只是其中的一小部分。如果我们只能看到工作带给我们的薪水，那我们就只能成为一个为薪水而工作的打工者。只要自己的能力提升了，何愁薪水不涨？薪水是有限的，能力的提升却是无限的。

第三，年轻人在做事时要注重于你的目标，思考要注重于你希望解决的问题。抛开急功近利的想法，不要盲目地为追求高薪或其他的眼前利益而心浮于事或不断地跳槽。心浮气躁对于眼前的工作最不利，我们要安下心来，踏实地做好工作中的每一件事，并适时地盘算自己的未来，才可能不断地成长。

我们是希望得到金钱，还是更有前途的事业？任何一个希望有作为的年轻人，都会做出正确的回答。有时我们不过是因为眼前的繁华遮蔽了我

们的视线，或者攀比的心理让我们的心动摇了。我们要做到心如磐石、清醒自觉，就要有宽广的眼界和坚定的信念。“不畏浮云遮望眼，只缘身在最高层。”我们要把自己的志向定得高一点，更高一点，才会让我们看到得更多，更清醒。

当年轻人开始厌烦于眼前的工作的时候，你要清楚地知道自己现在更需要积累经验，这样就会让自己平衡下来，心平气和、严肃认真地对待眼前的工作，这样也才会获得更有价值的人生。

别让大脑石化，多想想你的未来

年轻的时候，我们总是抱有很多美好的梦想，无论我们在他人眼里是理智的，还是稳重的，我们都会在自己的心底埋下一颗梦想的种子。其实这些梦想大多数和现实是有一定差距的，没有几个人可以把他的梦想变成现实。但这并不意味着梦想就是空想，在很多时候，他成为了年轻人为之奋斗的目标和努力的方向。所以，我们在进入社会后还要保持这种常思考的习惯，思考我们的事业，思考我们的生活，思考我们未来想要成为什么样的人。

有智慧的年轻人，无论他们的理想是远是近，是大是小，他们都会明确自己的目标，通过一步步的努力，去将它实现。这样的年轻人，看起来也许并不忙碌，工作也不是最出色的，但是因为他踏实而取得快速的进步，让人觉得他是运气最好、事业最成功的。实现梦想是一件有风险的事，而明确的计划能够让我们避免许多陷阱和诱惑，风险也就相对减少。一定的积累，会让我们的经验更丰富，能力更上一层楼。只有有了更多的资本，才可能以小博大。我们一定要想好，到底“怎样度过自己的一生”才能够让梦想变成现实，才不会行差踏错。

第一，我们要保证自己的梦想是现实的、可以实现的，而不是一些天马行空的幻想。例如，一条鱼想游泳，就是现实；一个人想游泳，就是梦想；而一只小鸟想游泳，就只能是幻想了。我们要对自己能够达到多高的高度有一个判断，对自己在哪方面有优势、哪方面不擅长要有清楚的认知，你能够达到什么程度的成功都是有限制的。

第二，我们要为自己实现梦想制订一个行之有效的计划。无论你的梦想有多大、多长远，都要有严密的计划支持，才可能实现，否则就会竹篮打水一场空。让我们看看阿诺德·施瓦辛格是怎样从一个十多岁的穷小子成为美国州长的呢？经过几天几夜的思索，他做出了以下计划：要竞选州长必须得到雄厚的财力支持——要获得财团的支持就一定得融入财团——要融入财团就需要娶一位豪门千金——要娶一位豪门千金必须成为名人——成为名人的快速方法就是做电影明星——做电影明星前得练好身体，练出阳刚之气。就是凭着这一串规划，一个名不见经传的穷小子在57岁时竞选成为美国州长。

今天如果你想成为一个事业顺利、生活幸福的人，就要明确自己想要什么，并为自己想要的东西制订一连串的计划，有了明确的规划，表面上看起来和以往没有什么不同，但是因为看得远了，眼界开阔，做起事情来就会更主动，也会更清晰明快。相信经过我们不断地进步和积累，自己早晚会发生质的变化，从一个一无所长的丑小鸭，变成众人瞩目的白天鹅。

我们勤于思考，不仅能很快地明确自己人生的旅程，也能让我们的每一步行动都有章可循。就像每一个项目，我们都有一张进度表一样，我们也应该为自己的人生制订好进度表。

第三，我们的思考要以现实为依据，并最终回归现实；而不是以猜想为依据，最终回归幻灭。我们思考每一件事情，都应该考虑自己的实力，越是能力弱的时候，进步越是缓慢，而一旦步入正轨，进展就会变得神速，因此我们要把第一阶段的目标定得低一些，实现的时间定得长一点，这样才能够鼓励我们完成以下的任务，而且不惧怕失败。我们要依据周围的现实调查而来的结果，来确定任务以及判断形势，而不是凭空臆测或者仅凭自己的直觉。

总之，只要是你的梦想，就会有实现的可能，关键是看我们可不可以根据现实情况去思考，有没有明确的规划和不断的努力，这样才能让梦想的阳光照进现实的空间。每一个年轻人，都应该自我审视，然后调整自己的理想和规划，调整自己做事的方式。当关键时刻到来时，我们才能够做出对自己最适合、最有利的选择，才能够实现自己的梦想。

年轻人一定要常常问问自己想“怎么活”，只有经常思考，才能促使年轻人进步，当我们明确了自己的奋斗目标，对此有自己成熟的思考时，那么我们实践起来将会更简单，也会更快地见到成效。

戒掉依赖，经济独立才是真的独立

不管是男人还是女人，在年轻的时候一定要尽快地经济独立起来，只有经济独立了你才能实现精神独立，才有资本谈自由，谈生活，谈理想，也只有经济独立了才好有底气和他人交往，要不你花着家里的钱还谈什么自己是有能力的？经济独立是每一个想要在社会中生存的人必须具备的能力。

年轻人要知道，工作不仅带给我们经济上的独立，同时，也可以丰富我们的内心世界，使我们的精神更加充实，使我们更自由、更有尊严。还会使我们意识到：我能够养活自己，不必看任何人的脸色，也不必依赖任何人的施舍。这种自主的意识是任何一种享受都不能够代替的。事实上，只有经济独立了，年轻人才能真正地实现自主，不用仰人鼻息地生活，我们才能够活得更轻松、更有尊严。

当我们处在学生时代的时候，总是在幻想，以后一定要找个有钱的老公，或者娶个家底殷实的老婆，这样就会衣食无忧，不用在外漂泊奋斗，也不用看老板的脸色。这种想法不能算有错，有些人的确也是这样做的。但是，这样做必定有其弊端，你身边的男人是否靠得住，你身边的女人是否真的瞧得起你，就是最大的问题。除此之外，我们要花费别人的金钱，就要受别人的约束，即使花费上随心所欲，在一些其他的事情上也是没有自由的。例如，当两个人的决定发生冲突的时候，你就会发现，谁主导着经济，事情就会按照谁的意志在发展。

小米就是这样一个女生。她本来是有自己的工作的，不过在怀孕期间，丈夫心疼她，就让她辞去工作，做了家庭主妇。但在不久前，她和丈夫发生了一场大战，起因是她想把家里的钱做一份理财计划，以避免将来出现不工作就失去经济来源的窘境。可是丈夫却不顾她的建议，私自决定买了一部汽车。她的丈夫想法很简单：这是我挣的钱，我有权利决定怎么花。自此以后，小米抛掉了她家庭主妇的身份，每当两人发生经济上的争执时，她就会抬出“我挣的钱，我有权支配”的理论，甚至把两个人的收入和支出单独做了账单，实行AA（平均分配）制。她的丈夫却说不出一点儿反对她的理由来。

故事中的小米清楚地意识到，谁有经济能力，谁能支撑生活，谁就有话语权。这在某种程度上，是有一定的道理的。年轻人一定要及早地摆脱“夫妻之间不能对钱太过精明”的观念。现代的年轻人应该明白，钱虽然不可以买来一切，但常常可以买到尊严和自由。

一位心理专家做过一次家庭调查，例如，一个婆婆若有两个儿媳妇，即使和她们都不住在一起，她往往不知不觉地也会对“职业女性”的儿媳妇比“家庭主妇”的儿媳妇宽容些。她下意识地认为，“家庭主妇”的儿媳妇是跑不掉的，凡事要仰仗自己的儿子，所以家事当然要做得好些，她对这个儿媳妇的标准自然提高了许多。相反地，“职业女性”的儿媳妇在她的眼里是在帮她的儿子挑半边天，另外手头也比较有些闲钱，可以慰劳婆婆，所以常常讨得婆婆的欢心。

这个调查同样印证在男人身上，当女方家底殷实，男方却稍有欠缺时，丈母娘自然是看不上男人的努力，遇到懂事一点的妻子还好，如果是个小姐脾气，那男人受得气可不是一星半点啊。女人在婚姻中如果遇到一个挑着大梁赚钱养家的丈夫，往往比一个靠着两人的工资赚钱养家的丈夫(即使这个男人也有能力独自养家)更容易发“老爷脾气”，也更容易有外遇。因为家中的一切开销都是他付的，家中的一切也就都由他说了算，所以这样的男人更容易在妻子面前“耍大牌”，更容易在外人面前吹嘘以及在虚荣的女人面前炫耀，外遇的机会就会增加。

由此可见，对于男人女人来说都要有一定的经济能力，不要让人们拿拥有金钱的多少来衡量你的能力。

在与他人的正常交往中，当我们有求于对方时，吃顿饭、喝杯咖啡的钱难道还要让对方来付吗？这虽然只是打个比方，但在交际中却免不了要遇到大大小小的开销，一个连经济都不能独立的人，别人又怎么会用平等的眼光来看待你？对于刚步入社会的年轻人来说，马上做到经济独立是不太可能的，但是你要时刻有经济独立的意识，在每个月仅有的薪水里，安排好哪些是用来生活开销的，哪些是用来交际应酬的，哪些是要为自己置办装备的，哪些是要存起来的……只有合理地利用，才能让自己尽快地实现经济独立。

年轻人想要活得有尊严和自由，自己就要有生存的能力，就要有经济自主的能力。我们要通过主动、积极、持续地学习，来打好自己的知识基础，具有一定的知识资本。这样，才能够拥有其他的实力，才能够争取平等，才能够活得更有尊严。只有经济上实现了独立，才能够带来人格思想上的独立，才能够实现我们的自由，维护我们的尊严。

女性要能够主宰自己

在人们的眼里，相对于男人来讲，女人就是软弱的代名词，她们不够强大，体力不够充沛，精力不够旺盛，意志力薄弱，似乎所有的一切都不如男人。其实，在很多方面，女人都优于男人。女人的敏感度远高于男人，女人的处事方式也比男人灵活，与人交际时，人们更容易接受女人，等等。年轻的女人们，要学会让自己强大起来，坚强起来，谁说女子不如男！

刚离开家的女孩子大多都是娇生惯养的，自立和自理能力也都比较差，但是，我们一定要懂得自立的重要性，至少要有独立的一份工作。既然一百多年前的女性就提出了平等和自由，那么我们就更要珍惜今日得之不易的平等权利，而不要以弱者自居。

女性的依赖性相对于男人来讲要强一点，如果我们以弱者自居的时间长了，就会养成被别人照顾和同情的习惯，这样我们就失去了自己的能力，变成了真正的弱者。就算是最凶猛的老虎，待在动物园里被人照顾四五年，当它们重新回到丛林里，和野外的老虎去相处、去争食、去撕咬打斗时，恐怕都会毙命。如果仅仅是让它们自己觅食、觅水，恐怕它们也会先适应一段时间。而我们人类社会的竞争要比动物世界的竞争更激烈。如果你长期处在别人的同情照顾之下，当你独自一人时，就会感到无形的压力向你扑来，谁是弱者，谁就会失败，没有立足之地。

那么，总是显出一副弱者姿态的女人究竟想得到什么呢？无非是男人的同情、怜悯、怜惜。难道我们把自己的自尊踩在脚下，就只为了获得一点点同情或者依靠吗？女人就只能这样生活吗？

然而，这个社会是公平的、平等的，女人不能抛头露面、不能养活自己的时代早已经一去不返。任何一个愿意工作的女人都可以很好地养活自己，可以不依赖任何人。不过，有的女人想要得太多，却不愿意付出努力或者没有那份能力，于是，不得不依赖其他人，以“弱者”自居。但是你有没有想过，当别人不再愿意成为你的依靠时，你又何去何从？过惯了锦衣玉食的生活，你还能回到仅仅维持生存的阶段吗？过惯了“十指不沾阳春水”的生活，你还会习惯操劳吗？婚姻不是永恒的，依赖别人更不可能永恒。只有靠自己，才能够更踏实、更实在。在婚姻关系中，只有平等，才有自尊。否则，就只能成为别人的附属品，难道女人会看不透这一点吗？

在社会中，常常表现出弱势的女人，通常在感情、生活或者事业上有过一段辛酸史。相对于男人来说，女人的确是“弱势群体”，但是，女人一定要学会坚强。“弱者”也有坚强的理由，社会上不乏掌握生杀大权的“女强人”，女人可以不做女强人，但一定要做一个强者，不主宰别人，但也要能够主宰自己。

寻求保护是女人的本性，这是被社会所承认的，我们不必在这方面过于计较。通常，女人的柔弱是女性自我保护的武器。女人常常以弱势来调动男人的强势意识，以获得男人的保护，这也是以弱制强的一种策略。我们不是不需要男人的帮助，而是不要完全地依赖于男人，以“弱者”自居。女人表现“柔弱”是一种策略，但是表演“柔弱”、以“弱者”自居，则是一种愚蠢的行为。社会给坚强的女人以敬畏，给柔弱的女人以怜惜，却给以弱者自居的女人以嘲笑，就像祥林嫂以自己的儿子被狼叼走博取同情的同时，也遭到了众人的嘲笑讽刺，这并不是没有原因的，所以，我们还是不要自取其辱了。

其实，过于“柔弱”的女人不像人们想象中的会让男人有怜悯之心，很大程度上是会给男人带来强大压力的，并不受欢迎，相反是适当地坚强一些的女人更被男人心疼。男人普遍是一种心理复杂的生物，女人太强了，他会感觉有威胁感、有压力；太弱了，他又感觉有生存压力，产生反感。所以，女人还是应该靠自己，更有保障一些。

年轻的女人可以向别人请求帮助，但不能过分地依赖于他人。你可以选择不做“女强人”，但也不要以“弱者”自居，践踏了自己的尊严，我们要更独立、更自主，才能活得更精彩。

青春飞逝，学会珍惜最好的年华

年轻的日子一晃而过，而对于所有人来讲20岁到30岁这十年，是人生最关键的黄金十年。十年的时间其实一晃而过，这十年将决定我们人生事业的雏形，为后半生的幸福与成功奠定一个基础。我们在年轻时期的选择和努力将决定你在而立之年是贫穷，是中产，还是富有。如果我们想而立之年不再为衣食奔波，有一个温暖的小家；不惑之年成为一个成功的人；知天命时可以退休，仍然受人尊敬，就要学会利用年轻的日子，为现在也为将来努力拼搏。

利用好这珍贵的十年时间成了每个年轻人都应该思考的问题。如何度过，取决于我们希望拥有怎样的人生。是轰轰烈烈，还是平平淡淡？是浑浑噩噩，还是明明白白？是命运多舛，还是一帆风顺？每个人都有自己希望过的人生，强求不来。如果人人都是比尔·盖茨，那我们又去赚谁的钱？如果人人都是马拉多纳，还有谁会去看球赛？

对于年轻人来讲，如果成功之于你是快乐的，你不妨努力地去追求。如果轻松和谐、平平淡淡才是你想要的，那么就不必强求。无论你选择怎样的人生，顺利、轻松想必都是我们所希望的。

年轻的我们要走上纷繁复杂的社会，每个人都希望能实现自己的人生价值，实现自己心中的梦想，获得成功。每个人也都希望自己的职场生涯顺利，爱情甜蜜，有一定的轻松娱乐时间，这些都无可厚非。但是怎样才能拥有这些呢？这不是一个简单的要求。我们必须在以后的十年中逐渐创造出这三个条件才可能做到。

第一，要有良好的身体素质和精神条件。如果一个年纪轻轻的人就一副病怏怏的姿态，那么，无论他有多么伟大的理想和抱负，他都不能实现。健康的体魄是成功的基础，我们切不可为了一时的利益，做出大量抽烟、酗酒等毁坏身体健康的事。更不可不顾身体的极限，无度地透支健康。

“身体是革命的本钱”，没有健壮的体魄，一切都是空想。清楚地认识自己的精神状况，过有追求、有活力、有情趣的生活。我们站在人生的门槛上，年轻，充满活力，有梦想，清醒地意识到自己的力量，有主人翁意识，还有什么能比这样的状态更重要？良好的身体素质固然重要，但更重要的是精神健康积极，充满活力，拥有坚强的意志力和充沛的体力。人并不一定必须具有很大的块头和威武的外表，但应该具有旺盛的生命力和坚强的毅力。拥有了这些，我们才能够更好地享受生活。

现今社会中有一些年轻人，总是把自己困在消极厌世的情绪之中，那是对我们的未来没有任何好处的，负面情绪会带人走向毁灭，积极地追求生活中的真、善、美，有信仰，有追求，才不枉上天赐给我们的青春。

第二，要有良好的社会关系。社会是人类赖以生存的环境，人生活在社会中，无时无刻不处在与他人的关系之中。如果我们想要顺利地度过自己的职场生涯，或者取得成功，就必须处理好人事关系。现代社会是高度组织化的社会，许多人通过联合与协作才能完成个人没法完成的事情。如果我们不能拥有良好的人际关系，个人的资源和精力有限，我们就会变得狭隘。而完成伟大的事业需要许多资源的整合，没有好的社会关系，就不能更好地整合资源，当然也就不能成就大业。在当代社会中，如何更好地与他人合作，拓展我们的人脉，拥有良好的社会关系和社会地位，是我们不得不重视的一个课题。

第三，要有一定的物质条件。物质条件对于年轻人来讲主要是指经济条件。年轻人在追求精神寄托的同时，同样不能忽视对于物质上的依靠。没有物质生活做后盾，再多的精神层面的东西都将成为泡影。没有面包，爱情也是不牢固的，更何况事业？

同样，年轻人在经营自己的事业，在获取报酬的同时，别忘了丰富精

神生活；在精神物质双丰收的状况下，别忘了拓展人脉，建立良好的人际关系；当然这些都是建立在健康的身体之上的。所以，我们要重视健康、薪水、情趣、社会关系，在这几方面都要着重修炼。年轻人不怕吃苦，最怕不知道想要什么，最怕迷茫，不知道怎样度过。

20岁到30岁这十年你打算如何度过？年轻的时候最重要的是我们想清楚自己想要什么样的人生，对自己的事业、生活、未来十年有一定的规划，才可能在接下来的日子里清醒、不迷茫、顺利。如果没有一定的计划，或者计划不详细，就会浪费我们的很多精力。不断地思考这个问题，能够让我们对于未来有更清醒的认识，更明确的规划，这样我们才能更顺利地度过人生中最能实现梦想的十年。

不必复制他人，选择真正属于自己的路

每个年轻人对于社会来讲都是特别的，我们对于成功的定义都不一样，不同的人有不同的人生目标，对自己有不同的人生定位，所以，每个人应该走的路不同，自然就有不同的选择，在各方面的努力也就不同。所以，年轻人不要盲目地模仿别人，而要选择适合自己走的路，要坚持走自己的路。

世界上没有两片完全一样的树叶，也没有两个完全一样的人。每个人都对自己的成长之路有不同的看法。前几天，我翻看一本时装杂志，服装的款式多得数不胜数，搭配更是五花八门，让人眼花缭乱，价格自然也是不菲。虽然相较于女性服饰来讲，男性服饰的款式不是特别花哨，但是也不乏一些很有新意的作品。在生活中有些男士的穿着受传统观念的影响较深，不敢尝试一些新的搭配，这就会让他们在人群中显得普通平凡，而有些大胆前卫的男士，则会尝试不同的风格，在以不会让人觉得怪异的前提下，又能在人群中脱颖而出。

其实我们选择人生的路和我们选择衣服的道理是一样的，不要因为他人的喜好来改变自己的风格。别人的糖可能是你的毒，盲目地模仿别人，只

能落得灰头土脸的结果。你想要如何做选择，就如何做，只要你认为这是对的，是有发展、有未来的，你就勇敢地去做。

年轻人要学会鲁迅先生的“拿来主义”，去芜存菁、挑挑拣拣以后再来用会更合适。并不是每个人都适合成为生活中的绝对强者，也并不是每个人都习惯碌碌无为地活着。我们对自己的人生都有各自的志向，不能因为他人的一句话就改变自己一直坚持的路线。对于那些所谓的“人生经验”，我们还是不要拿过来就用才好。每个人都有自己的人生角色，这不仅取决于你的人生定位，有时候也取决于你的性格和人生观。如果你对“人格独立”“尊严”格外看重，甚至觉得不依靠自己来生存，就会失去你的人生价值，觉得最能体现自己价值的就是对于工作的贡献，唯有如此，才能被其他人认可，才能被其他人看重、尊重，那么，你就有成功的潜质。

如果你对工作的看法仅仅是“无所谓”，不过是“自己赚钱买花戴”或者“维持自己最起码的生存权利，以防不测”，这样，工作事业对于你来说，就仅仅是一个保障。你对工作不会排斥，但也不会太热情。你不是一个工作中的强者，不过你是生活中的“强者”，既不会让工作干扰到你对生活的“享受”，也不会因为享受生活，而忘了生存“危机”。你是一个想要得很多、很完美，但是往往两方面都有缺憾的人，也许会很累、很辛苦，但很幸福。每个人的人生都有缺憾，而你的缺憾是最小的、最少的。

一些年轻人把工作看成是一种负担，把自己的全部都压在对未来婚姻、爱情的期盼上。我不能诋毁这样的年轻人所选的道路，只能提醒你们，要把这条路走好。因为这是一条格外危险的路，尽管有时看起来很平坦，但越是平坦的路越隐藏着危机，因为你们把希望寄托在了最靠不住的感情上面。就像一种小鸟，尽管它的巢做得坚韧、牢固，但也抵挡不住一阵狂风暴雨，因为它把自己的巢穴安在了芦苇秆上。

每个年轻人都有选择道路的权利，以免在踏上道路之后，才发现自己是一头骆驼，却选择了疆场；或者自己是一头牛，却选择了山林，这不仅贻笑大方，甚至会有性命之忧。在选择的时候，我们要看清自己的处境，清楚自己适合走哪一条道路。年轻人慎重地做出选择吧，不要盲目地模仿别人，不然会失去自己的本色。

第02章

开始瞄准，认清现实不让自己磕磕碰碰

没有目标的青春是在浪费人生

年轻人要想把握住自己的命运，就要提早看清现实，打破阻碍自己好命的白日梦，为自己设定适合自己的生活目标。许多年轻人，尤其是那些对未来没有什么远大志向的人，都做着一朝突然成功的美梦；或者突然有一天被星探发现，成为明星，从此名誉、地位双丰收；或者突然有一天，自己好运滚滚而来，获得升职、加薪；或者别人发现了自己的某项优点，立刻提拔自己到了好的位置，凡此种种，数不胜数。

年轻的我们不能动不动就抱怨老天的不公平，其实，命运掌握在我们自己手中，要想拥有梦想中的好命，就必须先把这些白日梦打破。要知道一个人的成功和好命靠的是平日的积累，而绝不是偶然的机会或者平白的幻想。我们只有平时做好准备，向着自己的人生目标设定一个个小的目标，并为之努力，才有可能遇到一个机会。

有着明星梦的你要知道，并不是所有的人都有林青霞遇到星探的幸运，大多数的明星都是艺校毕业，然后渐渐步入影坛的。所有走向上流社会的年轻人也都是通过他们的努力和事前不断的准备，而不是像电视剧里演的，有一个好爸爸、好家庭就万事大吉了。如陆小曼，她的父亲是当时财政部的赋税司司长，她上过最好的女校，会说四种语言，所以才配得上才子徐志摩。

不要以为陆小曼是不学无术、只靠老爸的女人，如果你这样以为就错了。所以，奉劝那些喜欢做白日梦的人，不努力而妄想有好的结局，是不可能的。每个人的好命都是自己管理人生、经营人生的结果，而不是“一朝闻名天下知”的命运巧合。即使有巧合，概率也是非常低的，更不用说有这样的巧合后，我们必须付出的努力。

还有一些人，家庭环境不够好，想要靠学业或工作或婚姻来摆脱自己悲惨的命运。例如，山区或者农村的孩子们从小就想接受教育，考上大学就能够走出去，成为高贵的城里人；很多人都相信毕业后的一份好工作是自己的终身依靠；很多人都幻想着有朝一日凭着自己的美貌或者清纯能飞上枝头做凤凰，成为小姐妹们羡慕的对象。事实上，我们有诸如此类的梦想并没有错，错的是我们用错了方式。

不论你有怎样的想法，在我看来，你都会实现你的愿望。事实上，老天只助自助者，每个人的成功都只遵循一个模式，那就是不断地积累，不断地提高自己，使自己在社会上处于更高的阶层。并不是找到一份好工作或者一个好老公就能够升上一个阶层，就万事大吉了。如果没有我们平日对自己的严格要求，没有不断地进步，不懂得给自己的人生设定目标，这些基本上就属于白日做梦了。

我们只有认清现实，接受现实，继而明确我们最终的目标，让自己更加努力，更加成熟，才能获得最后的成功。

那么，年轻人要如何设定自己的人生目标呢？

1.在生活中，将你认为最有价值的五件事以优先顺序罗列出来。

这五件事说明你的目标只有和你的自我价值相配合时才会产生。每一位成功的人都知道自己的信念和价值是什么，并且你要时常问问自己：我的生命价值是什么。以此来确定你的外在生活与内在生活的一致性。

2.在30秒之内写下你生活中最重要的三个目标。

这是你的潜意识里所面临的最重要的三个问题，这是一个具有启发性的提问，你应该不断地问自己，而且你会发现，这三个问题往往有一定的内在联系，认清了它们发展的前后顺序，你才能有条理地实现你的人生目标。

3.假设自己的时间是有限的。

如果你的一生告诉你，你的生命只有半年，那么，你将如何过好这半年

的时间呢？其实这个假设是看你的基本价值，它能让你看到你的人生价值在哪里，最重要的是你现在的生活和你仅剩半年的生活是否一致。记住，你永远不知道自己什么时候开始你只有半年的生活，所以，把现在的每一天都当成那半年的时间来过吧。

4.你生活中的哪类活动，让你感觉到重要，并且能让你快乐。

这项活动就是你能有接触贡献的领域，因为只有在你感觉重要并快乐的工作上，你才会有最杰出的表现。

5.不败的你的最大梦想。

当你假定自己在不会失败的情况下，你最大的梦想是什么？这就是你内心最想达到的目标，也是你最想得到的，那么只要你肯努力，肯付出，你就一定会成功。

年轻人要学会给自己的生活设定目标，不要让自己总漂浮在不现实中，那样的结果只能是惨痛的。我们要保持清醒，为自己渴望达到的目标设下一个个小的目标。当你将每个小目标都完成得很出色的时候，你的最终目标就一定会有实现的可能。年轻人要对自己充满自信，要付出全部的努力，去实现自己的梦想，这才是活着的真正价值。

勇敢前行，对自己的决定负责

标志年轻人成熟与否不在于你的年龄和你经历过多少事，而在于你能不能将自己做决定的事勇敢地去实现。法律规定，18岁以后的人属于成年人，如果犯了罪，就要对自己的行为负全责，而在18岁以前，你的犯罪行为是由监护人和社会负一部分责任的。那么，在我们步入社会后，只有首先能对自己的决定负责才能成为对社会负责的年轻人。

如果我们对未来抱有远大的理想，我们希望自己的梦想能成为现实，就要学会靠自己决定重要的事。由于眼界、恐惧等因素，我们往往不敢自己下决定，觉得自己还很幼稚，自己的决定也许会对未来造成很坏的影响。父母更是把我们看成小孩子一样对待，凡事小心翼翼，事事为我们准备好、决定好。从小到大，我们很少有自己下决定的时候。功课的进度不是由我们决定，上不上学不是由我们决定，甚至兴趣爱好也是由家长代为挑选的。但是我们现在长大了，就要有自己的想法，自己的事情自己决定，自己的人生自己负责，才可能有大的成就。

每一个成功的人在走向成功的过程中，都会遇到各种各样反对的声音。如果我们下定决心去做某事，首先要在下决定之前好好地思考这件事带给我们的利弊关系，因为你突然要从大众的80%里跳出来，进入20%的队伍里，变化让人不安，尤其是你周围的人，他们会出于各种原因而对你提出质疑。但是你要知道，你自己决定了的事情，只要你坚持，勇敢地去实现就是你人生的成功。年轻人的字典里不需要有“后悔”二字，我们时刻要做到坚持自我，自己的人生自己决定。只有这样，才会让你在今后的道路上越来越成功。

那么，哪些决定对我们来说是人生中重要的决定呢?

1.年轻人要了解自己想过什么样的人生。

你想过怎样的人生，都是自己决定的。是希望功成名就还是平平淡淡?是希望轰轰烈烈还是默默无闻?每个人都有不一样的想法，也会做出不一样的决定。北京大学有一位以卖猪肉出名的毕业生，大家对他的职业议论纷纷，他却说：“北大能出俞敏洪那样的名人，也能出杀猪卖猪肉的，这是我们的不同选择，我们追求的人生目标不同。”比尔·盖茨在哈佛求学期间决定退学从事自己的电脑事业，他的父母、朋友，在最初都觉得他一定是疯了才做出这样的决定，而他决定了的事没有人能改变，于是，我们有了一位没有哈佛毕业证的世界首富。有人提议在哈佛校庆的时候邀请比尔·盖茨做演讲，但是被学校拒绝了。比尔·盖茨并不为当初的决定后悔，因为是他自己选择放弃学业，开创自己的事业的。

自己决定过怎样的生活，是一种勇气，也是一种智慧。李白说：“仰天大笑出门去，我辈岂是蓬蒿人。”那是一种入世的豪迈。陶渊明说：“采菊东篱下，悠然见南山。”那是一种出世的淡然。我们希望有怎样的人生，是我们自己决定的，也要自己去承担责任。入世的李白有“人生在世不称意，明朝散发弄扁舟”的苦恼，出世的陶渊明也有“草盛豆苗稀”的感慨。但他

们都为自己的生活承担了相当的责任，为自己的后世留下了不朽的作品，所以他们同样是成功的。

2.年轻人要清楚自己的职业、事业、学业的选择。

是继续求学，还是在社会中奋斗？是为别人打工，还是自己走向创业之路？是选择稳定、悠闲的事业单位，还是选择竞争激烈、升值空间大的私人企业？这些都要年轻人自己懂得选择，因为每个决定都影响着我们的人生目标，只有你自己衡量哪条路离你的梦想最进，对未来最有帮助，你才能在工作生活中付出百分之百的努力去实现。

3.年轻人要清楚自己想要什么样的爱情，什么样的婚姻。

爱情与婚姻对于年轻人来讲已经不是遥远的事，在我们的工作学习稳定后，有必要对自己的感情世界做个初步的规划。很多年轻人在选择自己人生的另一半的时候，不知道要用什么样的标准来衡量。有的人甚至用是否对自己的事业有帮助，是否能够为自己带来安逸的生活为标准。

在这方面，林徽因女士用自己的智慧做出了最好的选择。林徽因是我国近代最美丽的女士之一，曾有诗人徐志摩、建筑师梁思成同时爱慕她。而她选择的标准是自己想过一种什么样的生活。她想要的不是诗人浪漫的爱情，她要的是能够与自己有共同的语言、共同的事业爱好，平等的(当时徐志摩已有妻室)能给自己的生活带来发展的婚姻。因此，她嫁给了梁思成，梁思成也真的给她的事业带来了发展，他们共同设计了人民大会堂。诗人舒婷也为我们描绘了自己渴望的爱情，她渴望的不是藤蔓的缠绕，而是树木的共同依靠。

婚姻是一生的事情，在某种程度上，它比事业更为重要。不合适的婚姻，不但会造成自己在生活上的困扰，更可能给自己的事业带来巨大的负面影响。如果一个事业繁忙的男人，娶了一个希望时时刻刻待在老公身边的妻子或者不信任自己的妻子，那种挥之不去、斩之不舍的烦恼，对自己的事业会造成很大的困扰。相反，一个事业上的女强人，嫁给了一位希望妻子小鸟依人、照顾家庭的“斯文男”，也会消耗自己对于事业的热情。

如果年轻人觉得自己还没有做大决定的能力，那不如从决定自己的小事做起。当我们越来越清楚自己想走怎样的人生路，想过怎样的生活时，你自然会做出适合自己的决定，你也一定会为你的决定勇敢地前进。

用优势定位，别把熟悉当成一种习惯

年轻人在对自己的职业选择上一般是选择自己学习的专业，或者熟悉流程的职位，但我们也要知道，还有很多职业是我们不了解的，也许在其中就隐藏着最适合你、最感兴趣的职务呢。很多年轻人在工作了一段时间后，发现这个工作其实并不适合自己，但由于已经习惯了这项工作和周围的环境，就懒得再换新的工作，重新为自己建立人脉关系。其实你在这个岗位上并不能发挥出你的优势，这种习惯了的工作并不能为你的今后带来多大的帮助，倒不如趁着年轻为自己重新寻找机会。

无论何时，职场上都不可能存在一个可以让人从从容容工作的环境。从很早以前起，日本企业就已经开始以业绩来衡量员工了。如果我们是因为工作环境压力大而跳槽，只能说明你的能力有问题。但如果是因为企业不能够给你发展的平台，这样的跳槽就是必需的。

一位从事服装设计工作的白领，相比于每天都对着画稿改来改去，她更喜欢和别人沟通、交流。于是她考了一个“衣橱顾问”的执照，专门为自己的客户选购和搭配衣服。现在，她每天忙碌于为各种体型、气质、职业、爱好的顾客量身选购出席各类场合的服饰。一有时间，她还会飞到世界各地，做时装买手，虽忙碌却快乐地享受着。之前办公室的姐妹看她的生活过得丰富多彩，都不由得羡慕她的职业好，但是她们都没有像她那样，放弃月薪三四千元的稳定职业去做个自由职业者。

现在一定要学会向别人充分表现自己的才能，这样才能为自己带来成功的机会，企业也会变得更加强大。如果现在的公司无法提供我们展现自己的平台，那就可以考虑跳槽了。有句古话说：“真人不露相。”意思是说越有能力的人越谦虚，其实，与其理解为它要求我们不能表现自己，不如理解为一种免去后顾之忧的处事技巧。也许会有人觉得虽然看不到什么前途，但在公司的待遇还不错，而且还不知道跳槽会遇到什么样的待遇，因此不应该从公司辞职。

其实，只要年轻人有真本事就不用惧怕跳槽。在一个公司学到足够的东

西，发展前景又不失很好的情况下，就要尝试着跳槽，去寻找更适合自己的职业和发展平台。越早转换不同的行业，有不同的工作经验和人生历练，自己越能清楚地了解不同的领域，也会越来越明晰自己到底最擅长哪个行业，最喜欢哪种职业，找到最适合自己发展的平台。

习惯了，并不一定都是好的。你习惯于某项工作，只能说明你在现在的工作岗位上都是因为惯性去做着一些工作，这些工作可能本身是你不喜欢的，可能是你不擅长的，或是没有一点创造力的，但是因为习惯，你就会误以为这是适合你的。现代社会是一个竞争激烈的社会，你越是逃避竞争，你越会被企业淘汰。在企业淘汰你之前，为什么不占据主动去淘汰企业呢？每个企业内部，每个行业之间，都存在着竞争，我们跳槽的目的是要找一个更适合自己发展的平台，而不是在几乎同样的职位间跳来跳去。

林某从某大学外国语言系毕业，曾在不同的公司辗转做一些助理、文秘的工作。工作内容不过是打打英文文件、接接客户电话，公司的核心业务根本轮不到自己。她没有继续做着这些习惯了的工作，而是辞掉工作，去充电学习茶艺，因为她最大的愿望就是利用自己的外语优势去向外国朋友们介绍中国的茶艺。她的跳槽对于我们来说，就有借鉴意义。如果自身的条件限制了我们的发展，无论怎样跳槽也不能解决根本问题。

跳槽而不是换工作的前提就是不抛弃原有的优势，但绝不做与原来相同或者大同小异的工作。社会上的新职业越来越多，基本上都是从传统行业衍生出来的职业。如果我们能够利用自己原有的优势，再加上一些时尚元素，想必就能够进入一个新行业。而不是从事与原来八竿子打不着的行业。除非我们确定自己的确不适合原来的行业，我们才可以考虑转行。

转行除了是一个机会，还是一种冒险，不像跳槽那样简单，它要承担经济上的风险和精神上的压力，所以要成功转行，还需要细细思量。

年轻人要趁着年轻，多挖掘自己在不同方面的职业兴趣、职业气质和能力，了解自己是否适合在某一行业发展，找到自己的职业潜力在哪个领域才会得到更大限度地开发和挖掘，才能够使自己转行具有更明确的目标。还要对所选行业的发展趋势有一个全面的了解。例如，所选行业的发展前景。要知道只有朝阳行业才更有前途，才能带给你更多的机会。

全面、真实地了解，才会让我们避免盲目，不要随随便便地就跳进去了，才知道原以为的大海不过是一条稍宽一点的小溪。要真实、确切地了解行业内部的信息，就不能仅仅靠报纸或杂志的介绍，最好是有几个该行业的内线，随时提供最可靠的消息。清楚自己在各方面的各项能力，对自己有一个准确的定位，才能做到不跟风、不盲从，准确地跳槽、转行。找到一个好的切入点，也就是大公司的合适的空缺职位，会让自己的转行生涯更加顺利。

总之，无论跳槽还是转行对年轻人来讲都是一件重要的事，年轻人要敢于抛弃习惯了又不适合自己的工作，要尝试着去跳槽，才能找到真正适合自己发展的行业和职业，找到自己发展的合适的平台。

看清现实，年轻人请你理解生活

年轻的我们可以暂时屈服于现实之下，却不能对现实认命。对现实暂时低头，是因为我们在达到人生目标之前，一定会经历一些曲折的道路。而对现实认命则意味着你放弃了自己的梦想，放弃了人生的目标。所以，年轻的我们要学会勇敢地面对现实，端正我们对现实的态度，才能沿着一条正确的道路，走向我们心中的远方。

有太多的年轻人因为现实的生存问题，放弃了自己的梦想。虽然有时我们不得不学着向现实低头，但这并不意味着我们会放弃梦想。相反，我们正在通过一种特殊的方式慢慢地靠近梦想。有的人有理想，但现实中不存在实现理想的条件，而他又不肯向现实低头，最后只会抱怨世俗，甚至由于绝望而结束生命。

海子就是一个很好的例子。如果他能够忍受现实中卑微的生活，或者他能屈能伸，学着写能让自己生活很好的剧本，等条件好一点以后，再来写自己钟爱的诗，就不至于淹没在城市的水泥森林里。他写的诗歌很美，但这不是一个诗歌盛行的年代，为此，我宁愿他生在唐朝。认不清现实让他沦丧了，而我希望所有怀揣梦想的人，如果现实中不具备让你实现梦想的条件，

你就低一低头吧。

小曼在中学时写的作文特别好，经常被老师当做范文来讲解，有时甚至复印上百份上千份让全校同学学习。老师预言，她将是一个文学方面的天才。但是，她报考学校的时候只是报考了一所技校，同学们都很怀疑她的选择。她只是说："我的文字水平不足以引起北京大学或清华大学教授们的注意，我的家庭也不允许我上任何一所大学，所以，生存第一位。"后来，她靠自己的技术在一家事业单位当了一名科长，工作很轻松。业余时间，她就充电上一些文学补习班，有时还会写一些稿子投给杂志社，过得非常舒心。

当现实与理想发生矛盾时，先向现实低头，但不认命，解决了生存问题之后，用自己的努力和智慧使自己回归到过去理想的道路上去，这是最好的处理方式，也是最适合现代年轻人的方式。年轻人在闯荡社会的初期，肯定会有现实因素的困扰。我们不能太理想主义，像巴尔扎克为了自己的文学之路拒绝了父亲要求他做律师并对他经济上的援助，他在经济上也困难了一阵子，但凭借着他的才华，最终还是成为了文学大师。大多数人都有一定的理想，但是这个理想不一定能保证你的温饱，因为有极高天赋的人毕竟是少数。如果你对理想的实现没有一蹴而就的把握，那不如来个缓兵之计，先向现实低头吧。只有保证了自己的温饱问题，和对原始资金及经验的积累，脚踏实地地努力，我们才能实现最终的目标。

谁说年轻人自己不可以改变自己的命运？但是改变我们命运的前提是要建立在认清现实的基础之上。暂时地对现实低头，就意味着我们可以用我们的智慧去战胜现实的束缚。这是那些成天浑浑噩噩的年轻人做不到的事情，也是我们走向成熟的一种表现。

年轻人只有现在认清现实，才能在有所成就的时候不被现实束缚，才不会错过自己应有的幸福。只有我们认清现实，勇敢地面对现实，才能够通过不断努力，改变自己的处境。如果年轻时我们在荒唐和浑浑噩噩中度过，我们就会少了很多进步的机会，也就少了很多竞争优势。想一想，当你人到中年时还和公司新进的小员工一起竞争的情形，那将会多么尴尬、难堪，所以我们还是应该及早地认清现实，及早地拼搏进步。

我们要清楚只有靠不断地积累，才能够拥有更丰富的经验、更强的能力，才能够拥有更好的人生前景，这些是大家都能够意识到的。但是，有很多的年轻人还在理想和现实中徘徊，不知道是要坚持自己的理想道路，还是要向现实低头。其实，生存是最大的现实，也是最大的理想，离开了生存，一切都是空谈，所以，我们要学会向现实低头。认清现实，勇敢地面对现实，改变现实处境，才是年轻人应该做的事。人的一生很长，我们还有很多时间去实现理想，所以，不用很着急，俗话说，“留得青山在，不怕没柴烧”。所以，生存第一位。

年轻人要为了自己的前途考虑，认清现实，端正你对现实的看法，然后慢慢地改变自己的境遇。当现实条件具备了，我们实现理想的时候也就到了，属于我们的幸福也就不期而至了。

大千世界，多懂一些就多一分胜算

身处大千世界，人们的喜好也千变万化。每个人都有自己喜欢并能主动做的事情，也有不喜欢、不情愿做的事情。但是作为年轻人，为了要完成自己追逐的梦想，有时候就要做一些我们不太喜欢的事情。与其被动承受，不如我们主动去做。那些我们不愿意去做的事情，可能就是阻碍我们成功的弊端，什么都要了解一些，才会对我们今后的发展有一定的推动作用。

年轻人在初入社会的时候，对很多事情的选择不是自己能左右的，那么这其中必定有我们不喜欢做的事情，但是这就如同为了身体健康我们必须戒烟一样，在生活中，我们也必须要做一些自己不愿意做，但对我们的身体、精神或者前途事业有益的事。主动地做一些自己不情愿做的事，就是要求我们战胜自我、控制自己的理智。谁不喜欢温厚醇美、甘甜酥脆的食物和肥肉烈酒；谁不喜欢重重叠叠的轻软细柔、暖和厚实的衣服；谁不喜欢出入都乘坐轿车；谁不喜欢幽深的住宅、清凉的宫室；谁不喜欢前有越国的美女，后有齐国的佳人。但是，放纵耳目的嗜欲，恣肆肢体的安逸，只会损伤我们的身体，消磨我们的意志。

每一位成功人士都在社会上历练过，吃苦对于他们来讲是稀松平常的事

情。年轻人虽然怕吃苦，怕受累，但为了将来不吃苦，现在我们无论多么辛苦，都要学会接受。我们不但要忍受被动地吃苦，还要积极主动地吃苦。有时为了大局，我们更要积极地做一些不情愿做的事，做出大的牺牲。

李健原本在办公室做一些策划工作，虽然不是金领，但是华服美食肯定缺不了，自身也颇得领导的信任依赖。不久，公司上层决定在西部进行市场开发，在每个部门都必须选几个人去，公司里没有一个人愿意去新的部门，因为大家在这里不但物质条件优越，而且站稳了脚跟，谁能保证一次西部开发活动不会把自己的终身陷落在那里？李健的想法也是如此，但是他并没有明确地表示出自己的意愿，而是观察事态的发展，后来看到领导的眼光几次都落在他身上，一副欲言又止的样子。他明白自己这次是躲不过了，但他并没有被动地等待领导的吩咐，而是向上级主动请缨，并表现出一副激情四射的样子。当然看在他主动请缨、热血沸腾的份上，他成了整个西部市场的总经理。七年之后，他又回到了公司总部，但他已不再是那个办公室的毛头小伙，理所当然地成为了公司上层管理人之一。

血气方刚的年轻人谁不想在事业上有番成就？面对自己拿手的事情自然不用领导多说就能做得很出色，而对于自己不喜欢、不想做的事情，首先在信心上就会差一点，其次也怕自己这次做不好，会毁了以前的努力。其实，对于这些，年轻人不要有太多的心理负担，就把它当做一次历练的机会，毕竟初入社会的我们对什么事情都懂一点为好，这不仅为自己积累了经验，更为自己以后的发展多试了条路。

一个思想成熟的人，首先是一个能够自制的人，一个能用理智去驾驭自己的人。年轻的我们要试着驾驭自己，主动做一些不情愿做的事。学会不随心所欲，是一个人成熟的标志。

在日本，坪内寿夫家喻户晓，是日本经济界举足轻重的人物。然而年轻的时候，坪内寿夫曾经非常喜欢抽烟喝酒。每天要喝一升酒，抽80支烟。

有一天，他去银行办理贷款。银行的办理人员对他说："坪内先生，你抽烟这么厉害，我们很为你担忧呀。"听了此言，坪内十分吃惊："我自己抽烟跟你们有什么关系呀？""这当然有关系了，坪内先生。"对方指着桌上的一个烟灰缸，真诚地说道，"你看，只一小会儿的工夫，你就积存了满满一缸的烟灰，而且我注意到你每次来都是这样，长此下去，肯定会影响到

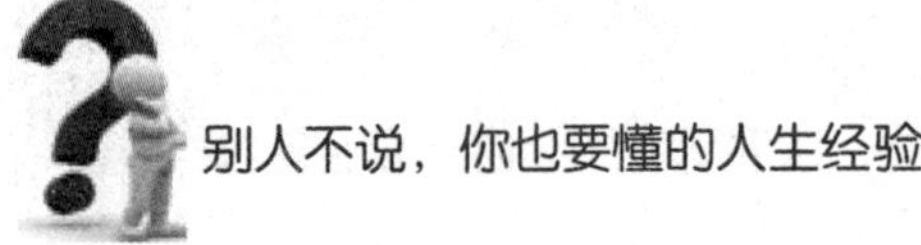

你的健康的，你可是我们的大客户呀！”坪内当然也从家人朋友那里听到过抽烟的坏处，但这一次他终于明白了：抽烟不仅对自己的健康有害，而且还会严重影响到自己的一系列商业行为。他当即决定戒烟，但对于他这样抽烟如此厉害的人来说，戒烟谈何容易？

第二天，他一连抽了200支烟，抽得自己口干舌燥，嗓子冒烟，直想呕吐。从此以后，他真的再也没有碰过烟。他又听从医生的建议，坚决地把酒也戒了。后来，坪内寿夫拥有了日本最大的造船厂和钢铁厂，还拥有银行、饭店等许多产业。在日本，他甚至被人们公认为“神”。

坪内寿夫之所以能有那样的成就，与他对自己的“狠劲”是分不开的。冷静的头脑和坚强的自制力是我们取得成就不可缺少的后盾。“心魔难除”，要战胜自己不是容易的事，关键时刻，我们要用理智克制自己的欲望，不为内外的诱惑所动。积极地做自己不愿意做的事，就是对自己克制力的锻炼，只有做到了随心所欲不逾矩，才会对我们未来的事业更有益。

年轻人常常在工作中挑肥拣瘦，总是给自己选择那些看起来风光的工作，对于表现不出自己的能力，或者大家都不愿意挑战的工作，自己也不会主动请缨，总会告诉自己多一事不如少一事。但是，年轻人，你有没有想过，在工作中做来做去就是那几件事，你又会有多大的成就呢？难道一直到你退休，你都要反复地做着你熟悉的事情，而对那些不熟悉、你不喜欢的工作就不闻不问吗？那么，试想一下，你的将来会是怎样的？你成功的概率又有多大？

所以，年轻人不如趁着现在多做一些事情，喜欢的也好，不喜欢的也罢，这些事情成功与否都会给你留下宝贵的经验。只做自己喜欢做的事，这样的人是非常狭隘、非常幼稚的，不可能有大的作为。在我们初入社会的时候，要以学习为主，多为自己的将来打基础，随着你年龄的增长、视野的开阔，势必会越来越接近属于你的目标。

Part 2

交际篇

捅破人际关系那层窗户纸

第03章

社交留心，做交际圈里的“聪明孩子”

走出社交第一步，年轻就有很多机遇

社交是年轻人在社会中闯荡必须学习的一课。我们要想在社会中有所作为，有所成就，就要靠人与人的相处和交流，良好的社会关系对于年轻人的事业和生活都有不小的帮助。年轻人要明白社交就像我们穿衣吃饭一样重要，我们不要害怕和他人接触，更不要担心在与他人交流的过程中会犯错，我们还年轻，还有的是重来的机会，最重要的是，你要敢于迈出社交的第一步。

当然，年轻的我们在与他人接触的过程中免不了还会带着一丝稚气，但是，你越不敢与人接触，你就越无法摆脱稚气的外衣，只有在社交中你才会慢慢地变得成熟，才会越来越善于交际。

生活中不乏一些因为胆怯而不敢去交际的年轻人，这是很严重的问题。有些年轻人在社交场合表现不出自己应有的水平和自在；而另一些年轻人却在社交中如鱼得水，做得非常好。这其中最重要的原因恐怕还是心理因素。只要我们通过锻炼，扫除社交失败的心理障碍，也许就能够在人际交往中更加轻松自如，也就能够拥有更多的朋友。

年轻人要通过社交为自己多创造一些机会，你要知道，如果你拒绝了社交，那么你也就拒绝了能成功的机会。心理学家指出：“每个人都有交往的

需要，但是否达成良好的沟通，关键在于你能否在接触的过程中，让对方产生与你交往的想法，而做到这一点，则有沟通技巧的问题。它直接影响彼此能否建立稳定的社交关系。”如果一个人因为情绪的原因，产生了在社交场合不敢交往、不愿交往、不能交往的状况，问题就很严重了。心理上的不愿意会让你丧失与人交流沟通的能力，严重者还可能导致自闭，因此必须扫除社交失败的心理障碍，这不仅是为你的社交着想，更重要的是，让你的精神生活更加健康和正常。

年轻人往往是因为在社交过程中把握不好与人交谈的时机，不能找到合适的话题，才让自己对社交产生了一定的恐惧心理。也许是因为太想成功交际，反而让自己产生了紧张情绪，最终影响了正常的交往。

只要我们弄明白自己社交失败的性格原因或者心理原因，就能够很容易地克服它。年轻人常常因为以下几个心理因素而导致社交失败：

1. 自卑心理

由于有严重的自卑心理，所以在和比自己优秀的人交往时产生障碍。一般表现有两种方式：一种是孤芳自赏，自命清高，不愿与人交往；另一种是有自卑的感觉，不愿意与人接触，总是被动地等待别人的邀请，从不肯主动地表现自己、认识别人以及结交朋友。这种人通常都缺乏自信，总认为自己什么都不行，缺乏交往的信心和勇气。

2.内向性格

害羞内向的性格总是给自己的一言一行都束缚在一定的条条框框里，过度地约束自己，致使自己无法充分地表达自己的感情和想法，使整个人看起来感觉木讷、沉闷，过于规矩却没有个性，阻碍了人际关系的发展。这种人交往的范围很窄，就是一些同事和同学，很少愿意和陌生人交谈和交往，也很少能够有知心朋友，最亲近的人一般就是亲人、从小一起长大的朋友等。人际关系也许比较和谐，但是交往面却比较窄，尤其在公众场合会更加沉默，甚至手足无措。

3.自我封闭

有的年轻人会和别人保持严格的距离，游离在人群之外，尤其在面对异性时，这种趋向更为严重。他们常常把自己的真实思想、真实感情掩藏起来，也许在表面上人际关系很好，但事实上，只把人脉作为一种工具，没有

知心朋友，也不会和别人谈到太深的问题。这种人表面上看来彬彬有礼，实质上却拒人于千里之外，对人冷漠。这种人在社交场合也不会受欢迎。

4.冷傲孤僻

这样的人通常性格乖张怪癖，让人不能接受，常常孤芳自赏，甚至是盛气凌人，对任何人都存有鄙视的态度，使人感觉他不好亲近，不愿意亲近他。长此以往就养成了孤僻的性格，而他本人却不认为这是心理缺陷，反而以此为荣，产生了一种“凤凰不与麻雀为伍”的想法。

其实，年轻人因为社会经验不足，或多或少都会存在一些社交上的困难，不适应是难免的、正常的，尤其对于年轻的女人来说，由于缺乏经验而破坏了自己在交往中的形象在所难免。然而，人际关系严重失调或者经常失调的人，往往存在着个性缺陷或者认知错误。年轻人必须找出自己的症结所在并对症下药，才能够成功地进行社交。

想要在社会上取得一定的成功，就要敢于和不同的人交际，年轻人不要因为害怕而拒绝交际，一定要通过适当的心理调节，扫除自己在社交过程中的心理障碍。你要记得，年轻就是你的砝码，不要因为一次的交际失败就产生心理阴影，只要你能重新来过，你就有的是机会。这样才能让自己在成功的道路上进退自如、游刃有余，也能让自己变得更加成熟。

别再任性孩子气，社交需要一颗包容的心

年轻人在进入社会后，都迫不及待地想褪去青涩的外衣，成为别人眼中成熟的人。你要知道，成熟不是一蹴而就的，它需要时间的累积，岁月的磨炼，然而这些都是在人际交往的过程中探索出来的。所以，年轻人想要尽快地褪去青涩的外衣，就要让自己在不断地与人交往中成长起来。

我们都知道，要想在社会中有一定的作为离不开与他人的成功交际。随着我们的成长，不同的人生阶段都会面对不同的社会环境，人际环境也开始从简单变得复杂。对于涉世之初的我们来说，有朋友的帮助，经历和境遇也

会有所差别。有人相助的人生旅程是幸福和幸运的旅程，没人相助的人生旅程是孤独寂寞的，谁都想拥有一段值得回忆的人生经历，所以，我们会交往不同的朋友，带我们去看不一样的世界。可以说，每一个人眼中的世界都是不一样的，交不同的朋友，可以拓展我们的视野，把我们的生命带到一个更广阔的境界。这是广泛交往的意义，当然有其现实功利的一面，例如，可以互相帮助；当然也有它积极的一面，例如，它可以带给我们更广阔的人生。

在相互交往、了解的过程中，我们会形成自己的人脉网络，这也会给我们创造出更多的机会。《穷爸爸，富爸爸》的作者罗伯特·清崎就是因为结识了同学的父亲，所以才了解到财务自由的重要性和怎样实现它。而他的父母则是教育家，所以，他的人生才会以财务教育为事业。幻想一下，如果他没有结识同学的父亲或者对财务问题根本没有兴趣，没有学到这方面的知识，那么他的视野可能就会小得多，他很可能成为和他的父亲一样的穷教育家，有数不清的债务，而不是一个在财务上实现了自由、在教育上也很成功的人士。所以，我们交友的意义就在于此，不同的职业会把我们带向不同的世界，我们要学会相互交融，相互交流，才会让我们的世界更广阔，更丰富多彩。

当我们还没有真正迈进社会大门的时候，我们的情感来源、人际来源都是家庭，一般都是父母单向的情感输出，我们习惯了享受父母的爱和付出，很少想到相互的付出或者回报。而学校的教育虽不同于家庭成员之间的交往，我们同时也要付出我们的情感，但这些毕竟是很单纯的交往，我们彼此不带有敌意，不涉及利益关系，这样的交往是极其简单的。我们只要付出同等的感情，并注意不要伤害到别人，就可以算是成功的交往。

然而，社会交往要比这复杂得多。因为社会交往起码涉及利益、竞争，一个人在社会上最终会有一个怎样的地位，所以，这种彼此交流、沟通、交往之间的目的要复杂得多，手段也会更繁多。我们开始很可能会目不暇接，最终，我们会在这样的交往中，变得冷静、从容、理智、成熟，最终我们会有一个牢固的有效的人际关系网。

那么，年轻人要怎么做才能从日常的人际交往中慢慢变得成熟起来呢？这就要求我们必须彻底地了解一个人，不但了解他的性情、职业、爱好，还要了解他所代表的个人或集团的利益。一个脾气再好的人，也不可能让你触

动到他的根本利益或者触到他的死穴。我们在了解他性情的过程中，不妨仔细地了解一下他最不能让人触及的部分，例如，家庭、子女，或者某次很尴尬的事，这样当我们选择交往话题的时候，就会选择比较安全的或者对方乐意提及的话题。而不是一下子使对方感到特别尴尬，以致我们的沟通陷入胶着状态。

年轻人在与人交往之初，总会以自己对他人的第一印象来选择要不要与这个人交往。成熟的人是不会以自己的性格作为愿不愿意和一个人交往的前提的。看到一个人太开放了或者太粗心了、或者太内向了、太偏激了、太骄傲了，所以不太想和他交往，这样的事情是常常发生的。我们既要避免自己的性格里面有不让人欢迎的因素出现，让人和你谈话时有如沐春风的感觉，又要愿意和性格有弱点的人交往。很多成功人士的性格中都有某种弱点，只要这些弱点不妨碍我们，不危害我们，我们就可以无视这些弱点和他们交往。我们与他人交往的过程，首先是双方互相接受的过程，如果我们只是为了取悦别人而和他交朋友，这样的友谊不但被对方看不起，而且自己也得不到快乐和任何好处。我们必须要理智地处理彼此之间的关系，把对方当成朋友，和自己在平等位置上的人交往，而不是无止境地付出和讨好、不等待回报的友情。每个人交往都有他的目的，不是情感上的，就是利益上的。如果我们在情感上让别人感觉到了被尊重和骄傲的感觉，我们就有必要得到同样的回报或者现实中的帮助，无论是短期还是长久的。如果我们仅仅付出而不求回报，这样的友情就会变得很不可靠，当你需要帮助时，对方也不可能帮你，因为如果朋友接受你的付出成为一种习惯，那么，不回报你也变成了一种习惯。

年轻人在与人交往的过程中，先要学会冷静地思考，不要仅凭自己一时的冲动就断定对方的好坏。无论是对于朋友的选择，还是对于交往方式的选择，我们必须要学会理智面对，只有这样，我们才能让自己客观地认识一个人，才能为自己的人脉网多添一份力，也才能渐渐褪去青涩的外衣，让自己变得成熟起来。

运用微笑，板着脸只会冷却人际关系

在与人交往中难免会遇到一些年轻人不想面对的尴尬场面，对于涉世未深的年轻人来讲，处理这种尴尬场面最好的方法就是时刻保持微笑。微笑给人一种亲切的感觉，这种亲和力是你在社交过程中的必备武器。一个微笑有时能胜过你解释十句、二十句：一个微笑有时能胜过你讲一个没有把握能打破尴尬的笑话；一个微笑有时能胜过你急于奉承的话。

成熟的年轻人在与人交往的过程中能给对方一种稳重、亲切的感觉，让对方感觉你是他的朋友，这就要求年轻人时刻保持微笑。脸上时刻挂着微笑的人，往往比长相漂亮的人更受欢迎。年轻人要培养自己时刻保持微笑的习惯，当然这个笑必须是发自内心的，不能让人看着不自然。

微笑不仅是种表情，更是种素质，让甜美的微笑和亲切温和的语言永远留在我们身边，帮我们聚拢朋友，赢得人缘。越是地位高的人，越应该表现出自己亲切和蔼的一面。要知道，亲和力是外在条件无法相比的。长相漂亮的人招人嫉妒，工作强势的人让人畏惧，心地善良的人受人欺负，而有亲和力的人却总是把微笑挂在脸上，永远不说别人的坏话，永远不发脾气，永远让人感觉与他很亲近。

可能有些年轻人已经认识到微笑的重要，也努力地想让自己有更亲切的态度，却不知从何做起，不知怎样才能让自己的笑更有亲和力。这就要从亲和力的本质说起。亲和力本质上是一种爱的情感，只有发自肺腑地爱别人，才能真正地亲近对方、关心对方。你的微笑也要发自肺腑，别人才会感受得到，才能获得对方的认同、信任和喜欢。有时候，亲和力就是放低自己的姿态，平等地与别人沟通交流，就是一种心与心的平等和互惠。只有拥有更宽广的胸怀，才能拥有更高的亲和力。

事实上，你的微笑就是表达你亲和力最好的方式。年轻人在与人交际时如果陷入了尴尬场面，自己又一时想不出解决的办法，那么，这时就要看你的微笑有没有给对方留下好印象了。如果对方从你的微笑中感受到了亲切，那他自然会帮你打破这种尴尬的局面；如果你的微笑不够自然，对方没能从

你的微笑中感到亲切或者诚恳，那么这种尴尬的场面只有你自己想办法来收拾了。微笑还能表现出你的淡定与从容，当你以从容的微笑面对尴尬的场面时，也能让他人感受到你成熟的一面。

微笑的根本是让对方能感受到你亲切的态度，那么，我们除了微笑还能从哪些方面培养自己呢?

1. 态度

在与人交谈的过程中，没有什么比充满亲和力的态度更重要了。许多人因为身份或者地位的改变，慢慢地就用傲慢骄横的态度来对待别人，甚至和原本很要好的朋友渐渐地冷淡了，他们以为这是权威的需要。其实，这样颐指气使，总是拒人于千里之外，只能让别人对你敬而远之，最终失去很多朋友和支持者。还有一种态度是不可取的，就是表面上看来温和有礼，实际上却总给别人一定的距离感，让人不敢靠得太近。这在亲和力方面会大打折扣，会失去你的魅力。

2. 表情和姿态

喜欢抱胸的人总给别人一些距离感，想要拉近两个人的距离，表现你的亲和力，就要用开放的姿态。例如，身体微微前倾，头微微侧向一旁，表示你对谈话有兴趣，正在集中精神听；在关键的时候点头微笑，注视别人的身体，这些都是一种有亲和力的表现。微笑是最好的表达亲和力的表情，在与人谈话时总是用友善的口气，脸上也总是保持着微笑，这样才能有效地消除人与人之间的隔膜，拉近彼此之间的距离。

3. 语言

这也是最重要的亲切因素。温和的语言表现为：说话语气亲切，语调柔和，语言含蓄，措辞委婉，说理自然。这样易于使对方感到亲切、愉悦。话题可以涉及一些家常话，既不深奥难懂，也不让人觉得高高在上。最平常的话，却蕴含着最深刻的哲理，让人体验到不一样的东西，会让人收获很多经验，产生“与君一席话，胜读十年书”的感慨。

年轻人在焦急中遇到尴尬的场面一定不要慌张，因为时刻保持微笑的你已经给对方留下了不错的印象。如果面对尴尬没有很好的解决措施，那么，不妨用你的微笑融化这尴尬的空气。微笑让年轻的你更有亲和力，更从容，也能让他人从微笑中感受到你的成熟魅力。

“夸人”是门学问，会赞美才能走进人心

年轻人想要迅速地拉近与他人的关系，就要说些赞美他人的话。没有不喜欢被赞美的人，只有不懂赞美的人。将赞美的话说得恰到好处，是一种人际交往的技巧，年轻人更需要利用好这一点，这会让你在人际交往中更加顺利，从而赢得他人的好感。

嘴巴甜一点的年轻人在人际交往中绝对不会吃亏，每个人都需要得到别人的认同，都希望得到别人的肯定，越是普通平凡的人，这样的需求就会越强烈。渴望得到赞美和认同是人性中根深蒂固的本性，所以，年轻人不如就说些对方喜欢听的话，你们之间的距离也会因为你的赞美而变得更近。

有些年轻人想问，赞美不就是阿谀奉承吗？我们怎么能将这种事情作为人际交往的技巧来学习呢？其实年轻人要放平心态，赞美别人并不虚伪，这只是一种交际手段。而且，诚心诚意地赞美一个人是一种交际的艺术。这种赞美具有神奇的力量，能够拉近两个陌生人之间的距离，能够鼓励和安慰一个人，能够为你带来更好的人缘，何乐而不为呢？

当男人要赞美一个女人时，由于女人和男人的性格特征截然不同，她们虽然渴望得到更多的关怀和爱护，渴望被聆听和被赞美，但是大多数女人感情丰富、敏感、细腻且脆弱，所以，如果你的赞美言过其实或者不衷心、不真诚，则会引起她的反感，而千篇一律的赞美更是令她有厌烦的感觉。一旦有了这种感觉，你就要花费更多的精力来获得她的好感了。其实赞美女人很简单，尤其在社交场合，围绕她的服饰打扮展开赞美就不会错，但是千篇一律的“你今天真漂亮”则会令人感觉枯燥。这里有个小窍门，如果注意到，你就能更好地赞美一个女人。

就是注意这个女人的肢体动作。一个女人如果对自己的某部分特别满意，希望引起人们的注意时，她就会下意识地用手去接触那个地方。例如，她对今天穿的礼服特别满意，就会不自觉地拉起裙摆，虽然动作也许不明显，但肯定很频繁；如果她觉得自己的头发很漂亮，就会多次用手去撩头发；如果她戴了漂亮的手镯或者手表，就会有更多的抬腕动作；如果她对自

己的耳饰特别满意，则会不断地抬手抚摸自己的耳垂。只要你观察到这个动作，再有针对性地对她的某一部分赞美，就会收到意想不到的效果。赞美不但会拉近你们彼此之间的距离，有时还会打开她的话匣子，感觉两个人特别投契，说不定就此结缘，成为很好的朋友。

当女人要赞美的对象是男人的时候，就要求女人讲究一定的技巧。既不要让男人想入非非，产生不必要的误会，又不能过于生硬地恭维别人。最好的方式就是“听某某说您非常优秀……”然后对他的功绩进行一番赞美。男人喜欢吹嘘，尤其在美丽的女人面前，所以，就算你的溢美之词加了一点水分，也不会被他看做是虚伪、阿谀奉承。但一定要夸到他真正的优点，有人说：“赞美是发现别人的优点，恭维是发明别人的优点。”如果你针对他没有的特性进行赞美，就算男人想听奉承话，也会对你的这种方式感觉很厌恶。所以，事前一定的熟悉程度是必要的，无论是从别人嘴里说出来的，还是自己观察到的，除非你赞美的是“你真帅”这类肤浅的话。

对于自己有好感、希望进一步发展的异性，赞美则要更加微妙，既不能过于露骨，也不能流于泛泛，而是要别出心裁。当年我的一位女友去和一位成功男士吃那种相亲宴，宴后，男人热情地邀她跳舞。那位女友在幽幽的乐声中对她欣赏的男人说：“我听别人说你成功的时候，还以为会看到一个城府深不可测的中年人，没想到你这么年轻，这么有朝气，这么健壮。”她把最后两个字的声音放得很低很低，然后羞涩地低下了头，她感到男人搂她腰的手紧了紧。不久，这位成功的男士就被我的那位女友俘获了。许多人称赞他的成功，但绝没有人称赞过他一个男人最本质、最渴望被异性赞美的东西。

赞美的话也要看清对象，分清场合，不能随便地夸奖别人。对于同性之间的赞美要以诚恳作为前提；对于异性的赞美要以把握好分寸作为准则；对于长辈的赞美要以尊重作为基石；对于领导的赞美要以不露声色作为要求。只要年轻人多学多看多听，就能慢慢地体会到赞美的分寸，也能体会到赞美回馈给你的好处。

赞美他人的本事不是一朝一夕就能领悟的，需要年轻人在工作生活中自己去揣摩，用好了就能帮你在事业上更上一层楼，能为你带来广阔的人脉，能让你的生活更加顺利。年轻人一定要学会多赞美他人，有一双能发现他人优点的眼睛，这样你的心情也会变好的。

把真心拿出来，友情是你的后盾

朋友是我们一生中最重要的伙伴，他们是生活中的良师益友，是事业中坚强的后盾，总是在我们最需要帮助的时候挺身而出。但是，复杂的社会已经让这种真心的友情渐渐地消失了，越来越多的人在利益的驱使下，出卖朋友，反目成仇。年轻人，如果你身边还有一些不为自己利益、真心对待你的朋友，请好好珍惜他们，因为他们就是你人生最大的财富。

现在社会上的竞争虽然激烈，虽然尔虞我诈的事情让你随时保持警惕，但是，你要给自己的心中留有一块净土，把你纯洁的友谊放在这里，好好地呵护它。不能因为朋友现在不发达就抛弃他，不能因为朋友不能给你带来更多的利益就忘记他。我们一定要有一种朋友，当你失败，当你灰心，当你欲哭无泪时，唯一的想法，就是找他倾诉。这样的朋友可以给我们安慰，可以平复我们内心的伤痕，可以给我们勇气。小时候，可以给我们这些的是妈妈；长大了，可以给我们这些的则是朋友。所以，我们要做的就是用自己的真情换取真心的朋友。社会上有很多书来教我们扩展人脉的方法，然而所有的技巧都要用我们的真心来执行。

真心的友情是这个世界上越来越缺少的东西，例如，有很多人给人的第一印象非常好，然而在交往一段时间以后，才发现这个人很虚伪，当面一套，背后一套；或者一旦遇到利益的考验，就会露出真面目。还有一些人，说话很中听，遇到关键的事却没了他的踪影；甚至有些人表面上跟你是很好的朋友，实际上却把你对他说过的私人话题到处传播或者背叛你，私底下打你的小报告等，令人防不胜防。年轻人在选择朋友的时候一定要非常小心，俗话说，“路遥知马力，日久见人心。”只有经过长期和重大的考验，我们才能看清楚一个人对我们是不是真心的，是不是奔着利益而来，或者存心想利用你。

但是，不能因为要试探对方就不真心地和他交往，年轻人一定要清楚，只有你真心地和对方交往，他才会真心地和你相处。

既要懂得感激别人，又要懂得以诚待人。交真心的朋友没有什么技巧，

唯一的办法就是用你的真心去对待他，并且在较长的时间里，坚持与他交往，无论他的地位权势是不是有变化，我们都一如既往地对待他。既不因为别人的落魄而人走茶凉，也不因为别人的升迁而突然热情高涨。因为这些会带给别人不好的印象，一旦有了这种印象，任何人都不再会愿意跟你交往。我们必须把人际交往看成是一种长期的事情，把维护友谊看成是每隔一段时间就必须做的事。而不是东一下、西一下交了很多朋友，对朋友又不善于维持住友谊，结果交了新朋友，忘了老朋友，说起来朋友一堆，关键时刻一个也用不上。

那么，年轻人要想与朋友维持良好的友谊，就要记住以下几点：

1.以真诚对待你的朋友

如果以利益为前提交往的朋友，一旦共同的利益没有了，双方就会出现裂痕；如果以相互利用为目的交往的朋友，一旦一方出现了利用价值的缺损，双方的友谊也会告终；而互相制衡的朋友，也会相互欺诈和推翻；只有用真心相互对待的朋友，才不会因利益的损失而闹翻，也不会出现相互陷害的情景。所以，我们想要结交真心的朋友，就要用自己的真心去对待别人。

2.真心朋友还需与自己志趣相投

虽然我们在选择朋友时要多接触那些与自己志趣不同，却对自己有利的人，但是，对于真心的朋友，能让你互诉衷肠的朋友还需要志趣相投，起码不要结交志向和自己相反的朋友。两个观念相左的人容易发生争执，这种争执会让我们的友情受损。尤其是当两个人的世界观和价值观不同时，更是如此。

3.持之以恒才能让友情长久

我们要赢得一个人的真心，就要用长期的耐心去和别人交往，而不是三天打鱼两天晒网，也不要时冷时热，而是要用保持不变的热情去对待一个人。这样即使对方起初对你有成见或误会，也会慢慢地减轻，即使对方是慢热的人或者是天生对人疏冷的人，也会渐渐地和你变成挚友。

4.在利益面前朋友间也要说清楚

我们交朋友还要遵循一个原则，就是凡是涉及利益的事，都要事先讲清楚，弄明白，不要为了义气问题，就把利益搁在脑后，一句“我们是好朋友，还分什么彼此”就完事。这样当我们合作完毕时，就会发现双方都不满意，都有损失。虽然我们是朋友，但每个人最看重的还是自己，因为自己才是自己最亲密的人，所以对自己的期望值会高一点，希望朋友可以让着自己，往往事后一算，才发现原来自己的期望值过高了，就会产生埋怨，埋怨的唯一对象就是和你合作的朋友，这样双方都会不满意，就会互相猜疑，最后反而连一般朋友都做不成。无论做什么，“先小人，后君子”，就会让双方都不至于太失望，友谊才能长久地维持下去。

年轻人一定要学会珍惜真心的友情，这种感情是我们在长期的相处中彼此互生的。这样的感情，是经过了利益的考验的。人脉贵有效，而不贵广泛，朋友贵精而不贵多，只要我们拥有在我们精力内能照顾过来的关系很铁的真心朋友，我们就可以获得很多帮助，做成很多事情。

“醒目”起来，让更多人发现你

年轻人如果自身优势明显，或者能力超群，那么在工作中也不用刻意地时时地保持低调，适当地曝光自己，让他人看到你的闪光点，并认可你，这样有助于扩大自己的影响力，为自己今后的成功埋下伏笔。

大多数年轻人在步入社会后都会觉得主动“曝光”自己，是对自己的吹捧，会给他人留下不好的印象，从而断绝和你的来往。其实，这样的想法并没有错，但是你有没有为自己的将来考虑过？你不将自己的优势公之于众，又有多少人真的会“慧眼识英雄”？年轻的你不要有所顾虑，只要你学会“曝光”的技巧，就能为自己争取到更多的机会。

无论是学校、老师、家长，都会告诫我们做人要低调。在你功成名就之后，你不妨做人低调，谦虚谨慎。但在这之前，你却要高调做人，增加自己“曝光”的概率，这是让上司注意到我们的一种方法。很多杰出的人士都很善于“曝光”自己。

唐朝将领薛仁贵每次领兵打仗都要穿一身白色战袍，身背弓箭，手握长刀。白色的战袍非常醒目，增加了他被杀掉的风险，但同时也增加了皇帝看

到他的勇猛表现的机会。结果，唐太宗果然注意到了他，并封他为将军，统领三军。他从此创造了自己生命的辉煌。

滔滔不绝的高谈阔论经常引起人们的反感；无所顾忌地谈论自己的目标，会让人误以为浅薄狂妄；不断地提及自己的交往人脉，会让人觉得你好吹嘘。那么，年轻人应该怎样把握好“曝光”自己的时机和“曝光”自己的尺度呢？这就需要你有一定的技巧，掌握一定的要领。

1.要学会寻找时机

适当的时机才会起到积极的效果，灰姑娘正是利用了王子宴会的时机好好地打扮自己，才获得了王子的青睐。如果她平时就特别注重打扮，以她的美貌和打扮非给自己带来杀身之祸不可。找准时机表现自己，才能让自己的影响力不断扩大，否则就会为自己树立不必要的敌人。不要在同事面前刻意地表现自己，那会引起嫉妒，而嫉妒正是人类破坏力最大的情感武器。“曝光”自己的志向和成功欲，最好在遇到了可能的“贵人”时，再表现出来。“曝光”自己的能力，只有在大家都解决不了的事情上去试一试，才能让大家折服。如果大家都在抢一个机遇，这时你“曝光”自己想要去抢，就可能遭到同事的嫉恨，得不到大家的认同，更不用说扩大自己的影响力了。

2.要把握“曝光”自己的方式

年轻人要以一种有分寸的、含蓄而不张扬的方式去曝光自己。比如说，“我认识你们王总，他是某某的好朋友，我与他有点交情。”还不如说“你是不是某某公司王总的助理，上次我和我们经理去谈事情，他向我们提过你，说你人很上进，帮了他很多忙。”这样既称赞了他，又点明了认识某人的事实，他很可能因为你们俩的交情和上司对他的评价就愿意和你交朋友。而采取第一种说法，他首先就会怀疑你，即使后来验证了那是真的，也会瞧不起你，“不就是认识个官吗，有什么了不起？”从而不愿意和你交往。

3.要会选择“曝光”自己的方向

年轻人要清楚自己的优势和劣势，曝光自己愿意被别人知道的一面，包括缺点。人人都有缺陷，有时曝光自己的缺点，更容易让人愿意接受你，和你交往。没有缺点的只有圣人和伪君子，大家都不是圣人，如果你不想大家觉得你是伪君子，就要适度地曝光自己的缺点和不擅长的东西。这样大家才会有平衡感，愿意帮助你，和你交往。但要确定自己曝光的缺点不会置自己于死地，否则就会被对手利用。拥有无关大雅的小缺陷，更容易让人接受，更容易帮你开拓人脉，扩大影响力。

当我们处在不同的场合，不同的环境下，就要采取不同的“曝光”策略。只有适时地主动地曝光你自己，让大家认识到你在各方面的价值，你才能有更大的影响力。让大家看到你的价值，大家才愿意和你交往。当然，这其中是要讲究技巧的，只要你不断地总结，总有规律可循。即使你因此得罪了他们，只要没有伤及他们的实质利益，也不会结下很大的仇怨，一旦你用自己的实力证明了你是值得提拔的、值得结交的，你是有实力站在聚光灯的下面的，他们就会反过来羡慕你，佩服你的勇气，更愿意与你结交。

我们都听过一句老话叫做“物以类聚，人以群分”。每个人的社交圈，实际上都是以自己为圆点，以年龄、爱好、经历、知识层次等共同点为半径构成的无数的同心圆。适时地“曝光”自己就等于把自己亮在了大家的眼皮子底下，那些与你有共同点的人就会主动找到你，与你交谈。这也是一种“化被动为主动”的方式，把自己放到聚光灯下，让更多的人看到你，认识你，你才会拥有更多的机会，拥有更多的人脉。

年轻人若想扩大自己的影响力、拓展自己的人脉，就要敢于“曝光”自己。要懂得将自己的价值展示在众人面前，只要你掌握好“曝光”的时机和分寸，就能得到更多的交往机会，积累更多的人脉资源。所以，我们要学会捕捉时机，让大家了解自己，要有“我是值得大家注意的”“我可以交到更多朋友”的自信心，用自己的“主动”为自己的人生迎来更多的机会。

女性须知，虚荣会让你无法自拔

每个人都有一定的虚荣心，无论他的年龄大小、身份高低，每个人都会通过不同的方面来满足自己的某种欲望，这便是虚荣心在作祟。其实对于年轻人来讲，有虚荣心不一定是坏事，有些人会为了自己的虚荣心而努力，但是你若将虚荣心运用得不恰当，那么，对自己来说，无疑是毁了自

己的前程。

对于女人来讲，虚荣会把自己的全部生活毁掉，虚荣是女人生命中的毒药，往往与自尊心过强有关，自尊心和好胜心过强，就会产生虚荣心。渐渐走向成熟的女人要戒掉虚荣心，不要做一些无聊的幻想，更不要有一些不切实际的企图，要知道，若将追求虚荣的心放在你生活中的重要位置，那么，最终你也将陷入泥潭，把自己毁灭。

我们不要看轻了虚荣的力量，有时电视电影中会有一些因为虚荣而一无所有的女人，可能你觉得这是编剧夸大了事实，实际上，虚荣的确会毁掉一个女人的一生。法国著名作家莫泊桑的代表作《项链》的开头这样写道：“世上漂亮动人的女子，往往由于命运的差错似的，出生在一个小职员的家庭……不能够讲求装饰，她是朴素的，但是不幸得像是一个降了等的女人；因为妇女们本没有阶级，没有门第之分，她们的美，她们的风韵和她们的诱惑力就是供她们做出身和家世之用的。她们天生的机警，出众的本能，柔顺的心灵，构成了她们唯一的等级，而且可以把民间的女子提得和最高的贵妇人一样高。”如果你是一个漂亮却出生在普通家庭的女人，你就能体会到上面描述的一切，你也会幻想过奢华的生活。然而，故事的女主角玛蒂尔德就为了自己一时的虚荣之心，毁灭了自己的一生。

玛蒂尔德渴望上层社会荣华富贵的生活，但她却只是一个小职员的太太，当她好不容易有了一个在上流社会的舞会上出风头的机会时，却弄丢了女友珍贵的项链，于是她有近十年的时间生活在了辛劳痛苦之中，而这仅仅是为了一件只值500法郎的假项链。我们每个人都有虚荣心，人有虚荣心并不一定是坏事，相反在一定程度上还是一个人上进心的表现。但凡事皆有度，超过合理的度，事情就会向相反的方向发展。玛蒂尔德正是因为虚荣心太强，才会有不幸的结局。女人的虚荣会把自己毁掉，把自己的生活弄得天翻地覆。虚荣是女人的毒药，有了虚荣心，就会用子虚乌有的语言和幻想来欺骗众人，安慰自己，当你把这种幻想付诸行动的时候，灾难也就跟着来了。

在生活中这样的陷阱不乏少数，利用的就是女人的虚荣心和渴望不劳而获的豪华生活。哪个女人不想过上令人羡慕的生活？哪个女人不希望和最优秀的男人交往，过着最甜蜜的生活？只是这一切必须用我们的双手去挣，盲目地爱慕虚荣，就会让我们掉入人生的陷阱。有多少女人因为爱慕虚荣而放弃了自己应有的婚姻？有多少女人只是为了让别人羡慕，而失去了自尊？有多少女人就此毁了自己的一生，还在洋洋得意于自己的价值观和现实？

年轻的女人社会经验尚少，宁可多花费些时间去经历也不要因虚荣上当。有的女人爱慕虚荣，于是把自己辛辛苦苦赚来的钱换成世界名牌，以此让自己变得更加漂亮，博取更优秀的男人；有的女人爱慕虚荣，不找到自己满意的异性绝不轻易地恋爱结婚，即使已经有了很好的对象，却为了寻找更好的，而白白地浪费了青春年华；有的女人为了得到更好的机会，和现在的男友分手去追逐，结果只落得一场空，究其根本，难道真的是孽缘吗？还不是自己的虚荣心在作怪？

女人要明白，自己有什么资本，就过什么样的生活。如果我们为了女人的虚荣心，而不惜花费巨大的代价来维持自己的形象，早晚会成为别人的笑柄的。

试想一下，当你穿着华服和有钱的男人约会时，你的父母正在生活的底线挣扎，你于心何忍？你就真的能够和那些所谓的有钱人有结果吗？与其在幻灭时痛苦遗憾，不如收起自己的虚荣之心吧。为了自己一时的虚荣撒谎是痛苦的，为了自己的一个谎言，而用更多的谎言去掩饰，是更痛苦的事。你欺骗得了别人，却骗不过自己的良心，人若自欺，祸必将至。

虚荣对女人来讲就像一剂毒药，当女人为了虚荣心“不懂装懂”时，你终究会成为大家的笑柄；当女人为了过上豪华的生活不断地和身边人攀比时，你只能让自己陷入无尽的痛苦中。女人一定要认清这一点，不要过度地爱慕虚荣，为了一时的炫耀，而让自己的一生陷入黑暗当中。如果你用手段满足了自己一时的虚荣心，你就不能够安于原有的生活，而对生活生出奢望之心，必然会用更多的手段来满足自己的虚荣心。想一想，如果玛蒂尔德没有丢掉她的项链，会不会有男士对她兴起追求之心？她能够坚决地拒绝吗？她真的就能过上她想象的令人羡慕的生活吗？她最终的下场可能要比丢掉项链后的生活更悲惨。

年轻的女人不要让虚荣心侵入你的整个生活，那样你只会因为攀比而消极，因为虚荣而痛苦，你最终的结局可能比玛蒂尔德还要惨。女人应该清醒一些，安安稳稳地过日子，不要做一些无聊的幻想，更不要有一些不切实际

的企图，戒掉虚荣，摆正你在生活中的位置，端正对生活的心态，才能让你看见生活的阳光，你才能在人生路上获得幸福。

适应孤独，不要被寂寞侵蚀灵魂

现在大多数家庭已经越来越小型化，年轻人也很少有亲兄弟姐妹，基本上都是家里的独生子女，那么，在这样的生长环境中，我们势必会成为家长唯一宠爱的对象，也就塑造了大多数年轻人害怕孤独的性格。

当年轻人走进社会，开始一个人打拼的时候，相对来讲，我们独处的时间也就增加了。我们可能一个人吃饭，一个人坐车，一个人看电视，一个人睡觉，一个人去超市……每当这种时候，年轻人会发现孤独感特别强烈。我们除了在生活上照顾好自己外，还要学会享受这些一个人的时光。不要让寂寞的感觉淹没自己，更不要让自己在孤独中做出错误的选择。

年轻人在独处的时候，要学会好好地利用时间，让我们的生活充实起来。如果利用得好，不仅我们不会感到寂寞，反而能在独处的时光中体会到生活的乐趣。我们可以做些有意义的事情，例如，看看书、听听音乐、自己做一顿美味的饭菜来犒劳自己，不用有朋友相伴，也不必找来别人鉴赏，只是自己欣赏自己，慰劳自己。感觉也许有些孤独，但我们就是要享受这样孤独的好时光，或者发一会儿呆，或者让自己的思想进入更深邃的境界，总之是安静的、独自享受独处的好时光。

学会享受独处的时光，就像要学会和陌生的客户应酬一样重要。年轻人需要学会独处，这不仅仅是现代的人际交往关系决定的，同样也是我们的精神渴望。就像渴望热闹一样，人也有独处的渴望，不但要在独处的时候照顾好自己，还要把独处作为一种精神需要和精神享受。能够忍受孤独的人是幸运的，能够享受孤独的人是幸福的。成熟的年轻人一定要学会让自己拥有良好的心态，无论是在热闹的社交场合还是在独处的时光，都让自己随时享受；不要让寂寞爬上心头，不要让孤寂长时间地占据你的心房，从而影响了

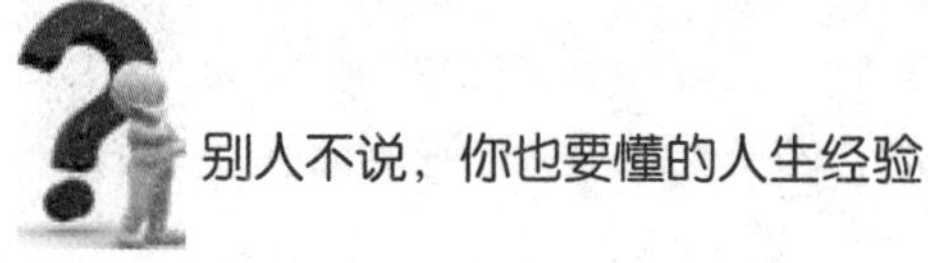

你前进的脚步。

随着社会的发展和进步，人们都在为自己的事业、生活忙碌着，友情这种东西就显得尤为珍贵。在周末或者节假日，约几个好友坐在一起吃吃饭、聊聊天，那是多么惬意的一件事。

年轻人在工作中也许会接触很多人，但是都只是一面之交、数面之缘，都是些熟悉的陌生人。平时看似热热闹闹，事实上真正的圈子很小，这就是现代人的实际交际状况。事实上，除了要改变自己的交往状况，交往不要太功利之外，我们还要看清这就是现实。忙碌的工作注定了我们不可能像上学时交到那么多知心的好朋友，有时候我们必须学会独处，学会自我安慰和享受生活，不要被孤寂淹没。有些年轻人一旦面对独处的寂寞，就会变得疯狂，拼命地思念亲人和好友，哪怕是陌生人的温暖。这时候的人是最脆弱的，最容易让陌生人乘虚而入，所以，社会经验不太丰富的年轻人在这种时候一定要提高警惕，要对自己的人生负责。

对于精力充沛的年轻人来说，寂寞可能真的会令他们不知所措，如果你不想被寂寞吞噬，就要学会和孤独愉快地相处。只要你想好好地享受孤独，就算一个人也可以活得很精彩。

1.专心地做一件事

在生活中我们都会发现，每当我们专心做一件事的时候，时间就总会显得不够用。如果我们有大把的独处时间，不妨来做一些只有静下心来慢慢做才能做好的事情。例如，亲自动手为家庭做一些装饰，小时候大多数人的动手能力和想象能力都很强，但是随着年龄的增长，越来越多的人都懒得再做一些手工制品，即便想做也没有太多的时间，那么，我们不妨趁着独处的时间，专心地做一件手工制品，既培养了动手能力，又能为我们的小家带来一位新成员，在完成后还会增强我们的满足感和成就感。

2.读一本感兴趣的书

读书是最好的消磨时间的方式之一。读一本好书，就是在和一个好朋友谈话，和好朋友聊天的时光总是过得分外快的。如果平时你都是因为对工作上有帮助才去读一些管理或者提升专业技能方面的书的话，那么，在你独处的时候不妨选择那些你感兴趣，或者轻松娱乐的书籍。一方面消磨了你的时间，另一方面也放松了你一贯紧张的情绪，舒缓了你的压力。

3.重新布置自己的房间

年轻人开始一个人生活的时候，免不了因为怕麻烦就没有好好地布置自己的小家。当我们有了独处的时间，不妨以一种快乐的心境把自己的空间布置得诗情画意些，营造出温馨舒适的氛围。年轻人都有构筑自己的小巢的美好愿望，如果在独处的时光，我们能够把自己的小窝变得更温馨一点，更有雅趣，想必也是一种很有成就感的事，这样你也不会感到太寂寞。

4.养只贴心的小宠物

小宠物总能在你最需要温暖的时候给你一些安慰。在你不快乐的时候，可以和它吐吐苦水；在你有秘密不能与他人分享的时候，可以和这个值得信赖的小朋友说说心里话；在你快乐的时候，可以把你的好心情分享给它听。有什么会比一个善解人意的小宠物更能让孤单的你感到亲人般的温暖呢？有什么会比一个讨人喜欢的小宠物更能让你的独处时光变得更快乐、更幸福呢？但是年轻人要记住，小宠物也是有生命的，既然你决定养它，就要为它负责，你的一生可能会养很多只宠物，但是你却是小宠物的唯一。

5.运动帮你强身健体

一个人的时候做些运动也是很不错的选择。年轻人由于工作节奏快、压力大，常常忽略了运动，又加上饮食不规律，导致大多数年轻人都处在一种亚健康的状态。那么，在我们独处的时候不妨做些运动，帮我们的身体恢复健康状态，在工作的时候，你的精神状态也会逐渐好起来。

年轻人要学会利用自己的时间，即便是独处，我们也可以让生活变得更有意义。现代都市，人们习惯了守着自己的小家庭过日子，许多在都市独处的年轻人寂寞了起来。学会享受独处的时光，利用独处的时光，才能让自己过得更好。我们不能让孤独扰乱我们前进的步伐，利用好它，你就是生活的成功者。

第04章

借人之力，因为年轻更要懂得寻求帮助

请教前辈你会得到最实用的启发

年轻人常听前辈说“我过的桥比你走的路还多”，虽然这是他们夸张的说法，但他们经历的的确要比我们经历的多得多，见过的事、懂得的人生道理也比我们多。当年轻人在工作生活中遇到什么困难时，前辈们总会用教育的口吻给你讲些道理，我们经历的年代虽然有差异，但多听听他们的意见对年轻人绝对没有害处，因为他们也经历过年轻人刚步入社会的阶段，体会过我们的感受。所以，当年轻人遇到困难，或者有什么解不开的烦恼时，多听听前辈的意见，或许这对你会有所启发。

我们对未来的憧憬是美好的，但是残酷的现实总会让我们感到不知所措，我们在生活中寻找自己适合的工作，寻找属于自己的爱情，当我们习惯了不停地向前，不停地寻找的时候，一个突如其来的打击或是意外，就会让我们束手无策，找不到打破这一局面的突破口。

我们涉世未深，没有足够的能力去把事情解决得完美，那么，这时我们可以向我们的前辈请教，让对方帮你一起分析事情形成的原因，一起讨论解决的办法，前辈会根据自己的经验尽可能地帮助你认清现实，这样你才能尽可能地将事情完美地解决。

一些年轻人会说，自己的路我们会自己走，有多难的事情我们自己想办

法解决。当然，有这样思想的年轻人是好样的，但是你需要花费多长的时间才能解决事情？解决的结果又会令人满意吗？多向前辈请教不仅能缩短你解决事情的时间，还能提高你的效率，更能让你在其中悟出道理，一举多得的事情何乐而不为？当我们的白日梦被现实击碎的时候，我们就应该明白在现实中寻找真正属于自己的幸福，寻找属于自己的机会。只有把握好我们拥有的，并用我们现有的资源，不断地博取进步，不断地赢取更多的实力，我们才能够实现自己的梦想。世俗的智慧告诉我们：只有适应现实世界，我们才能够找到人生的解法。

年轻人还要学会利用身边现成的资源，而前辈们就是你身边最好的资源矿。如果我是一个刚刚步入社会的年轻人，那么父母师长就是我的资源，我有着他们一路走来的经验和智慧，当我遇到什么困难的时候，他们能帮我一起度过。当然向前辈请教并不是让你依靠前辈，而是利用前辈的经验丰富自己的处世方式，当其他年轻人还在苦苦地寻求解决事情的途径时， 我们已经在为自己的命运打拼了。当其他人还在糊里糊涂地生活时，我们已经做出了最适合自己、最合理的规划，并为达成最终的目标而按照行程前行了。我们只需要按照自己制订的规划，踏踏实实地走好自己人生的每一步，当到了而立之年时，我们就会比其他人活得更轻松、更从容。这就是我们将有的命运，我们清楚地知道这一点。面对每一双轻视的眼睛，我们都能够回以最自信的笑容，坦然地告诉他们“十年后比比看”。

我们要知道，一个人的幸福不是来自于家庭的优越条件，也不是依靠于他人的施舍，而是来自于我们的人生经验，来自于自己的努力，意识到这一点非常重要。

现实本来是一种虚无缥缈的东西，但它却影响着每个人的一生。有一句话说得非常好：“现实就是生存、世俗、规则轮流上来抽你的耳光。”我相信这是一个由天真、不情愿地转向现实的人说的。但起码，有一点他说得很对，现实就是生存、世俗加上规则，一种很理智、很程序化、既不美也不浪漫的东西。如果我们早一点运用自己的智慧来化解现实，那么它就是一种规则的美。想象一下，如果我们的世界是按照某些人想象的那样安排，是那样的天真和浪漫，那么又由谁来承担生存的责任呢？我们的世界又会变得怎样混乱呢？许多人都说现实世界是不美丽的，是很残酷的，但是我们承担得起世界变得浪漫的责任吗？

为了我们能在现实生活中活得更加称心如意，我们就要学会在面对困难的时候及时地向前辈请教，我们可以不用完全听他们的话，但是他们的教导我们一定要会选择，留下真的能帮助自己的，让这些生活经验与时俱进，形成我们自己的人生经验，这样，我们才能在彷徨的时候找到属于我们自己的解决办法。

势单力薄，有人扶持才能走得更远

每个年轻人都想获得人生的成功，那么，在我们年轻的时候就要付出更多的努力。如果我们再孤军奋战，就会更加势单力薄，受到更多的冷眼和压力，所以年轻人的前程一定要靠别人的扶助。自己没头没脑地乱撞只会自毁前程，不如请别人帮忙，省去了时间，还省去了麻烦。

回望那些功成名就的人，他们的成功都离不开其他人的支持和帮助。如果在我们事业的关键时刻，有人肯帮我们一把，那么，就不仅仅是对我们的事业有帮助，还可能带给我们质的飞跃。虽然年轻人的路要靠自己去走，但是路上有个扶助你的人会使你躲过人生的陷阱，少摔几跤，又有什么不好呢？年轻人要靠自己的努力，那就是我们得拥有成就事业的才华、学识、气魄、毅力；除此之外，年轻人还要靠别人帮忙，就是必须具备良好的人际关系，尽可能地减少行进过程中的“摩擦系数”。

此时的年轻人一定要意识到人际关系的重要性，不要以为自己才华出众就不需要别人的帮忙，做出一副高傲冷漠的样子。中国有句古话：“小才不知有缘，且不懂用缘；中才知有缘，但不善用缘；只有大才，知缘且善用缘。”这句话就是说，有小才华的人，不知道人缘的重要性，不懂得广结善缘；只有才华出众的济世之才，才懂得人缘的重要性，才善于广结善缘，并善于利用自己的人缘，这时候的人缘就是财缘。

年轻人不要因为碍于面子，就拒绝他人的帮助，你要知道并不是所有人都会无条件地帮助我们，只有我们首先去帮助别人，才可能广结善缘，才可能积累更广泛的人脉。这样在关键时刻，我们才可能找到愿意帮助我们的人。这只是一种获得人脉的方式，用的就是人的“互惠互利”原则和“感恩”原则。这样，我们帮助了别人，无论是出于情理还是出于感恩，他们都会帮助我们。但这种帮助并不是绝对的，遇到小忙我们可以要求我们帮过的人帮助我们，但是遇到事关生死的大忙，我们最好还是不要找他们，因为那是“施恩望回报”的表现。

有人认为，年轻人要想成功，一靠修养，二靠努力，三靠人脉。意思就是说，年轻人只有处理好三方面的关系才能够成功：第一，处理好自我之间的关系，就是对自己有一个正确的定位，不断地自我修炼，让自己拥有良好的修养；第二，处理好自己和事业之间的关系，就是我们要努力工作；第三，处理好自己和他人之间的人际关系，也就是要有好的人脉。所以，我们不妨发挥自己的力量，做一个好命的、别人愿意帮助的人，这样就能够前程似锦。所以，已经步入社会的我们不能够再做虎头虎脑、愣头青式的年轻人，要善于发现自己的性别优势，让别人乐意帮助自己。

有些人认为，事业上的成功者，要靠强硬的手腕才能够取得胜利。所以，他们不屑于示弱，不向别人请求帮助，有事只会靠自己。这种习惯独立的人，往往性格孤僻，他们的高傲使别人觉得有压力，不容易亲近，人际关系也不和谐。除非他们处在很高的位置上，否则很容易和别人结仇，对他们的前程也很不利。

年轻人要意识到，我们的前程不是自己单枪匹马就可以闯出来的，更多的是需要别人的扶助，才可能有大的成就，一个人孤身奋战是很难有光明的前途的。如果我们能主动地结交好友，和别人建立良好的人际关系，就会为自己的成功插上翅膀。

广泛交友，适时扩大交际圈

步入社会初期，年轻人的朋友几乎都是自己平日朝夕相处的同学：步入社会之后，我们要结交不同的朋友，以扩展人脉，发展自己的事业，要知道朋友是社会关系的重新组合。

人一生下来便由父母带着进入一个社会关系圈，交朋友是在努力打破原有的关系圈而组织新的关系圈。建立良好的社交圈子，应尽可能地结交优于自己的人。事实证明，人们往往会遭伙伴同化，不管这样做是使自己的层次提高了，或是降低了，都摆脱不了这种影响，也就是我们所说的“近朱者赤，近墨者黑”，所以，交优秀的朋友可以使我们变得更优秀。但我们也不可能离开那些不如自己的好朋友，最好的方式就是，交往不同的朋友，和不同的朋友保持不同的远近亲疏关系，培养有用的人脉，回避无价值的人际关系。

那么，在工作中我们会遇到怎样的朋友，又要以怎样的态度去对待他们，才是正确的态度呢？

1.学着给自己的朋友分成三六九等

这不是说对朋友要区别对待，而是对于知心人、忘年交、可以小心翼翼交往的朋友、必须保持距离的伙伴、只有数面之交的人、对你有企图的异性朋友、只见过一面但神交已久的人、酒肉朋友，这些界限我们都要划分清楚，聊天的时候，哪些话可以对谁说，不能够对谁说，我们要小心地分清楚。绝对不能够因为在应酬时因为喝多了酒，而对酒肉朋友讲你的隐私，也没有必要把自己工作上的烦恼讲给无关紧要的人听。

我们更要注重的是以下几类朋友：

第一，会“警告”你的朋友，这种朋友是你人生的导师。虽然他们有时候会不留情面地批评我们，让我们不太高兴。但他们通常也会看到我们的缺点，给我们的人生事业提很好的建议。正像是贤明的君主一定会有直言劝谏的臣子一样。你越宽容、豁达，就越会有直言的朋友。如果你妄自尊大，听不进不同的意见，这类朋友就会渐渐地远离你。我们要尽量做到“闻过则喜”，这样的朋友才会聚集到我们身边。

第二，事业上的“贵人”。每个成功的人，都离不开来自上层的信任和支持。争取多位领导的共同赏识、信赖和提拔，你才能迅速地成功，千里马还需要伯乐的赏识。“贵人”可能是指某位居高位的人，也可能是指令你心仪、急欲模仿的对象，无论在经验、专长、知识、技能等各方面都比你略胜一筹。因此，他们通常是你的上司、师傅，也可能是教练或者引荐人。我们要多结交这样的比我们优秀、卓越的朋友。

第三，实力相当的对手。交朋友要有弹性，有时候敌人也可能成为朋友。让你的对手欣赏你、钦佩你是一件不容易的事。正大光明地和对手竞争，让对手自叹不如的人大有人在。俗话说，“同行是冤家。”但是有很多同行因为市场的激烈竞争而结成了“亲家”。我们平时做人也是这样，只要有了同样的目标，我们就会有合作的机会，如果因为一时的敌对而树立敌手，那么，我们就很可能因为心中的敌意，使日后的合作不顺利，处处碍手碍脚。所以，如果没有大的原则分歧，只是利益的不同导致的对立，我们就没有必要把关系闹得太僵。

第四，突然升高热度的朋友。对于这类朋友，我们一定要持小心谨慎的态度。如果我们升职了，就会有很多人对我们突然热络起来；如果我们生活中没有大的变动，更要仔细思索他突然热情高涨的理由。愿意突然升高友情热度的人，通常很可能也是“人走茶凉”的人。对于这类人，我们可以反感，却不能拒绝。最好的做法就是不推不迎、冷眼以观、礼尚往来。

2.对不太熟悉的朋友，我们也要掌握他们的情况

对于那些在应酬场合认识的朋友，我们要根据他们的性格、职业、外貌特征等做一个具体分类的档案。在闲暇时间，我们不妨约他们出来，进行单独的沟通，以加深我们在他心中的印象。当我们遇到什么麻烦或者需要帮助时，就可以向他们要求小小的帮助，或者请教他们熟悉的行业的状况。

3.新朋友要用技巧来看清他们的品格心性，决定他们在我们朋友档案中的等级

首先我们要从别人的议论中，了解一个人，把不同人对他的评价汇集起来，就可以了解这个人的大概；不要听他说什么，而要看他做什么；关键时刻，投其所好，他会不知不觉地把假面具摘掉；用时间来看人，时间是朋友

之间不自觉的检验师，所谓的“路遥知马力，日久见人心”就是这个意思。

我们从一个幼稚的少年，变成通达的成年人，其中一个重要的标志就是我们交友的标准有了很大的改变。我们不再任性地只结交“志趣相投的朋友”，而是追求人脉的拓展。只有尝试结交不同的朋友，人脉圈变宽广了，我们才能从其中找到可以帮助我们的人，才可以让我们更成熟。

结交贵人善友，才会有更多的机遇

人们通常把巴结投靠有权势的人以获取富贵称为“攀龙附凤”。年轻人要明白，攀龙附凤不是件坏事，你如果有能结交比自己地位高、作为大、有相当社会影响力的人士的话，那么摆在你面前的机会就会越来越多，你也会有主动选择的机会。

年轻的我们离大人物通常是很远的，这种遥远不仅是指位置上的距离，而且包括心理上的距离。由于自卑或者心高气傲，我们通常不愿意和比我们优秀的人交往，更何况是大人物。相同的是，那些大人物也不屑于和我们这些社会经验单薄的年轻人接触，因为这样也会耽误他们与大人物相识的机会。

但是作为年轻人，你要主动出击。首先我们一定要学会平衡自己的心理，把大人物的优秀当成别人的努力结果，而不是抱着“有钱了不起，我就不稀罕你的钱，我不想和你交往”“我不想因为和你交往被别人看不起”或者“我可不想攀高枝”这种态度来看待大人物。我们这种人的心态同样是不平和的，为了利用别人而和他们交往固然不好，而为了不遭某些人的冷眼而和他们撇清、划清界限，显然也是不明智的。

即使有了一定身份地位的人，也还是需要别人的认同，需要别人的肯定，否则，他们的价值同样无法确定。所以，我们要抱着一种平和的心态和他们交往，把他们当成平常人，把他们当做朋友，只有这样，我们才能够平静地对待和学习他们身上的优势，从和他们的交往中得到各种显性的或隐性的利益，前者，如你能够得到更多的朋友，拓展你的人脉；后者，如感染他们积极乐观的精神，学到他们身上的优点。

年轻人不要害怕和大人物交往，只要记住摆正自己的心态，就算把大人物变成了你的朋友，他也不能够发挥出你希望的作用。除此之外，还有技巧，一个普普通通的年轻人，认识一个大人物的可能性都不大，又怎么能够奢望和他们交朋友呢？这就要求我们运用一定的技巧，才可能认识他们，成为他们的朋友。

第一，我们要在一个还不错的公司工作，这样，你认识大人物的可能性就会大很多。

第二，要在一个还不错的位置，如果你只是个低级的小职员，上层的酒会聚餐根本不可能轮得到你来参加，你又有什么机会呢？好的位置可以为你制造许多认识大人物的时机。在公共场合认识一个人是最平常不过的，一般不会被认为是别有用心的小人，但是这也有一个缺点，那就是进一步的交往很不容易。通常在这种场合，我们会认识许多人，但不会交往很深，只能是点头之交，我们要用自己的智慧和耐心把点头之交变成至交好友。

第三，我们还可以让别人把我们带进“大人物”的社交圈，这当然要求我们有更广的人际关系网，找到可以提携你的那个人。当然，努力表现自己，引起大人物的欣赏和青睐，也是一种进入他的社交圈的好办法。方法有多种多样，关键是看我们如何能够做到以一颗平常心来对待我们的关系，既不要急功近利，也不能低三下四，只有长久地、真心地对待你身边的大人物，才可能和他们维持更好、更持久的关系。

功成名就的大人物当然是我们这些平凡的年轻人不可能轻易靠近的，他们一般都有自己固定的社交圈子，他们接纳一个年轻人的意愿并不高，除非你特别出类拔萃。如果你不是，那么还有一种方式可以让你与他接近，那就是在他遭遇困难的时候帮助他。每个人都会有暂时不方便或者陷入困境的时候，这时候，如果你守在他身边，给他鼓励和帮助，想必会在他的心目中留下一个深刻的印象。一旦他走出困境，是不可能忘记你的。无论是出于“感恩”心态，还是出于“培养接班人”的心态，他都会把你看做是自己人。

年轻人要结交更多优秀的人才，才有机会成为大人物的朋友。这样才能让我们认清自身的不足，加强自己的优势，从而也成为一个优秀人才。一个

聪明的年轻人要善于结交优秀人才，成为大人物身边的好友，这不仅有利于你的事业，有利于提高你的交友水平，还会让你日后的婚姻更加有保障。

由此，年轻人一定要知道，优秀的人才对于你的事业成功能够起到的作用是无法估量的，我们一定要接近更多的优秀人才，这样你才能有更多的选择人生的机会，而不是让人生选择你，你也才能更快地接近自己的梦想。

运用智慧，让他人心甘情愿为你做事

一个聪明的年轻人可以在不知不觉中，让他人心甘情愿地为你所用，其实这并不是说我们要随便把他人玩弄于股掌之间，而是聪明人在成长的过程中，可以凭借自己的处世技巧让他人帮你做一些你不方便、或者不好意思做的事情。不要因为这种“借力”方法而感到内疚，因为他在帮助你的时候，也从你身上看到了他想取的价值。

我们绝不可以依赖别人，但我们要学会让别人主动帮助自己，这样我们成功的概率才会更大。愿意被“借力”的人，一定对你存在着某种期盼或者希望从你身上得到某种价值，无论是长期的还是短期的。所以，我们想要别人心甘情愿地为我们做事，就要增加自身的“使用价值”，这是一种最普遍的做法。例如，女人把自己打扮得更美丽，或者让自己看起来路子很广，或者在上司面前表现自己的能力，都是基于这样一种平等交换的心理。

当然，我们也可以利用自己的优势和魅力，让别人心甘情愿地为我们服务。例如，女人可以利用比较娇柔的特点，用示弱的方法让男人为我们服务，这不仅是对自己的一种帮助，同时也是对男人自尊心的一种满足和炫耀；男人可以利用自己的聪明才智，用等价交换的方式达到借力的效果。无论是在生活上还是在工作中，我们都要留给对方表现自己的机会、献殷勤的机会，这不仅不会显得自己没用，而且还会增加自己人际关系的融洽程度。

最聪明的年轻人绝不让别人知道自己聪明，他会让每个人知道他是多么了不起，多么优秀，能者多劳嘛，于是那些笨重的工作永远有人为他分担，出了事也永远有别人站出来承担责任。而那些自命不凡的人则是凡事亲力亲为，虽然也得到了强者的称号，却成为别人不敢靠近、不敢帮助的人，自己则是一副“高处不胜寒”的姿态，何苦呢?

用你的智慧、宽容、雅量、魅力来征服一个人，让他们对你佩服得五体投地，这样他们就会按照你的意思去做，会服从你的吩咐或者命令，这是一种成熟者的做法。电视剧《大宅门》中的二奶奶就是这样一个女人。她用自己的手腕和处世的公正、宽容赢得了所有男人的服气，他们都乐意供她差遣，帮她的忙。这是另一种处世的智慧。在我们这些还没有一定历练也没有一定手腕的年轻人中一般是施展不开的，但是可以作为日后一种服人的方式。

每个人都有他独特的魅力，年轻人要学会适当地散发自己的魅力，能为自己“鞍前马后”的人，也可以逐渐培养成自己的亲信。这样在今后的工作中，总会有这么一个支持你的人，能互相借力，共同前进，这才是实现双赢的结果。

年轻人要清楚地了解到你想要利用的人的心理，就能够让别人心甘情愿地帮你，而不计较任何代价。不仅是男人的心理，还有女人的心理，我们要在讨好上级的同时不要引起其他人的嫉妒和公愤，这样才算成功。

如果一个女人能够让女人心甘情愿地为你做事，就是自己交际能力的最大成功。面对高傲的女人，我们既要佩服，又要摆出挑战的姿态，才能够获得她们的帮助；面对平凡的女人，我们要用请求的姿态来对待；面对那种热情、好心的女人，不用我们开口，她们就会因为同情来帮忙。

总之，当你遭遇难题时，不要让任何人以旁观的态度来看你的笑话，最好的方式是把他们“拉下水”来帮你，不仅会获得帮助，还会获得友谊，因为朋友就是应该互相帮忙的。年轻人也要学会忙里偷闲，让别人心甘情愿地为我们做事，就算不依赖任何人，我们依旧要学会借力使力，这样在关键时刻，才能有人和你一起使力。

Part 3 职场篇

职场不是你想得那么简单

第05章

领导心思，年轻人对待上司就这几招

摆正位置，对待领导尊重必不可少

20多岁的人一定要清楚，混职场每个人都有压力，不是只有你有，上司也有压力，上司的责任就是提点你，指导你完成工作。如果你做事完美，完全不需要别人的帮助，要上司何用？面对你的完美，上司无法发挥他的指导，无法显示他的才干，而你也就不会和进步或改正什么的词挂钩，这时候，完美就是你的缺点。而如果你时不时地犯一点小错，或在不懂的地方请示上司，给上司预留发挥的空间，让上司有成就感，即便日后升了职也会被骄傲地冠名为“我培养出来的”。这样的下属才能让上司产生骄傲感，也才有提拔的意愿。这样的下属也是懂得感恩的，不要以为你所有的成绩都是自己做出来的，如果离开上司的支持，你会做不下去，更不用说上司故意为难你了。

那么，我们怎样才能够给上司留下足够的指导空间呢？

第一，凡事不要自作主张，可以向领导提出建议，但不能代他下决断。

例如，我们在拟好了各种问题的解决方案以后，有必要请上司最后决定选择哪个方案，而不是自作主张，告诉上司，我决定怎样，我觉得哪个方案较好。除非上司也拿不定主意，要看你的选择，你才可以大胆地说出自己的看法，当然，最终还是要上司敲板。

当然，并不是面对所有的领导都必须这样做，也不是大小事都要请教，不然就会被视为能力差。当你刚刚进入某职场时，确实需要小心谨慎；当你遇到喜欢个人拿主意，一点也不想放权的上司时，也有必要事事请教；当你某方面的能力比你的主管强，而且已经被他知晓时，为了表示你对他的职权的尊重，你也必须勤于请教；最后，如果你的上司是新调过来的，一般喜欢新官上任三把火，为了这把火不烧到你的身上，你也要处处小心，不要自作主张，免得上司以为你自恃资历深，不服从他的调度。

所以，我们要想赢得上司的尊重，就必须有分寸地留给上司指导空间，让上司行使他决策的权力，而不能自作主张，自以为是。

第二，遇到工作上的困难，要懂得向上司请教，而不要自己解决，因为上司就是为你解决工作中的难题的。有时候，满足一下上司的虚荣心也算剑走偏锋的一招。

有时候，遇到我们左右为难的问题，我们也要请教上司，或者让上司协助解决，尤其是这种问题涉及高级领导，或者其他部门的领导，这时请上司协助不但有利于问题的解决，更会显示出上司的人脉宽广，同时也为上司拓展人脉找到了一个好借口，是有百利而无一害的解决方式。如果我们直接自己解决，就会有越级上报、炫耀自己等嫌疑，上司也会看你不顺眼，你的升职就会遥遥无期了。

例如，你们的方案已经进行到了关键时刻，但有一两个项目需要其他部门的配合，这时你可以向领导汇报，请领导帮忙找人协助，而如果你私下找人协助，别人有没有工作、肯不肯帮助你是一方面，领导也会觉得你跨领域求助，不把他的权威看在眼里，这样即使你完成了这个方案，没有他的任何功劳，他也会觉得郁闷，进而产生危机感。而一个人让上司产生危机感，他的升职路途就遥远了。

第三，犯一些小错误。当然这种错误不能是低级错误，否则就会在上司的心里留下你工作能力差的印象；也不能是造成严重后果的致命错误，否则，你就会变得很被动。我们要犯的就是那种在上司的挽救能力以内，不会给自己和上司带来严重后果，不会给公司利益带来损失的错误。当然原则性的错误更加不能犯。这样，从上司帮你改正错误的过程中，他也会得到满足感。

20多岁的年轻人一般很骄傲，不喜欢别人对自己的工作指手画脚，但上

司就是这样一群人，他的工作，就是对你指手画脚，帮你做决定，协助你觉得困难的工作，更正你的错误，提拔你成才，如果他们做不到这些，他们在公司里也就没有意义了。

所以，我们必须在自己的工作中预留出领导的权利空间，让领导有机会发挥指导的才能，这对我们双方都是有利的。22岁以后，我们一定要明白，每个人在一个位置上，都是有用的，如果我们让别人英雄无用武之地，那么，我们的用武之地也不会很大，所以，不要太能干，给别人留点空间吧。

走近领导，良好的私交助你的事业一臂之力

保持与上司的私交良好，的确对我们的职场生活更加有利，这是众所周知的。但我们也要保持一定的沟通方法和私交分寸，否则对我们的职场生涯不但无利，而且还会害了我们。

例如，李某与上司的私交非常好，两个人经常在私下里称兄道弟。但在一次对客户的宴会上，李某喝醉了，搂着上司的肩膀说："兄弟也敬你一杯。"结果上司的脸马上就黑了。最后，上司也渐渐地疏远了他。所以，和上司私交良好固然不错，但分寸掌握不好，就容易害了我们。

我们可以在公事上与上司进行充分的沟通，也可以在私下里和上司拥有良好的私交，甚至在私下里聊聊你们的爱好和家庭私事，但我们不能公私不分，在本来应该谈公事的场合称兄道弟，在下班休闲的时间里还称呼别人的职称，这些都是不明智的。

我们要在公事上多多与上司沟通，审时度势，制造机会让上司了解我们的想法和工作进度，进而让上司信任我们。

例如，我们原来的单位有一位女同事，特别善于和上司沟通。她一直稳稳当当地做着一份别人无法替代的最小的上司工作。因为公司里的一位重要领导时常过来找她聊天，这位领导虽然不是她的直接上司，但是他是公司的董事会成员，他的意见可以直接影响到每一位员工的去留。所以，这位女同

事的职位也没人敢动。

后来这位领导调离了公司，可是新上司照样对她青睐有加。原因无他，因为她总是能在楼道里、饭厅里，适时地与上司巧遇，看似有一搭、无一搭地说些工作上的想法，而且从不多说一句话，也不道人是非。就这样换了几任上司，她的人缘都很好，所有的上司见了她就高兴。当然，她的成绩也是有目共睹的，虽然还达不到最优的地步，但仅凭着她的善于沟通，不到三年，她就做到了中层上司。

一个公司的中层，往往担任着重要职责。他要承担上司交给的任务，还要带领本部门的人往前冲，要替“自己”的人谋求“好处”，在上司脾气不好、下属心情烦躁时，还要做“夹心饼干”，总之是件累心的活儿。所以，中层干部尤其应该多与上级交流、沟通，让上级随时都知道自己和自己的部门在做些什么，进展到了什么程度，做得好不好。所以，常常跟上司“唠嗑儿”几乎可以看做是他们的主要工作内容，而不仅仅是“拍马屁”那么简单。即使是一个普通员工，在见到上司的时候，也应该多说一说工作上的事情，告诉上司你想了些什么、想怎么做，一来是表明你对工作是很上心的，上司自然会认为你是个敬业的员工；二来他可能给你一些意见和建议，这对你的工作也会很有好处。

这些就是我们必须在公事中应该和上司保持的关系，勇于沟通，拉近关系，让上级及时地了解你，信任你。其次，我们在私人关系方面也应该与上司建立良好的关系。这就不是那么简单的事了，如果你冒冒失失地拉近与老板的距离，可能被老板认为你别有所图，或者目的不单纯，总之，是件得不偿失的事。如果想和上司建立良好的私交，最好从平日入手，就建立良好的公事关系，等到上司升职、加薪或者其他的庆祝活动开展时，我们就可以花点心思，拉近自己与上司之间的距离了。总之，我们要使这一切看起来都顺其自然、水到渠成，而不可以强拉关系，否则，就会受到领导和同事们的排斥。

例如，在我朋友的公司里，他是这样接近他的新老板，并和他建立良好的私交的。他每天都很早上班，除了他的老板以外，他比任何人都早。于是，当老板需要借打火机或者需要其他协助时，他就去帮助他，渐渐地老板就和他聊起了体育赛事，或者个人爱好，当然他们最友好的时候，也谈起过各自的家甚至私事。

不久，他就担任了公司的高级主管，当然这与他的业绩也是分不开的，但不仅仅是业绩的原因。他经常说的一句话就是“我喜欢无所不在，喜欢待在掌权人的视线里。和掌权人保持一种正常范畴内的亲密关系，对我的事业是大有好处的。”这就是他信奉的原则，所以，他在每一个公司里都很受上级的欢迎。在他26岁时，他就成为了公司的高级合伙人，和公司的上层始终保持着一种亲密的关系。

上司并不可怕，我们没有必要避之如蛇蝎。很多只有20多岁的人都觉得不好意思和上司打交道，以显示自己的清白和骄傲。其实，这完全没有必要，不会有同事因为你和上司走得近就排斥你，即使有，也是吃不到葡萄说葡萄酸的心理，大可不必理会。

有些年轻人是因为觉得自己是新人，还没有工作成绩，对自己缺乏自信，所以，总是勉强和上司打个招呼，不愿往深处沟通。其实，这大可不必，也许你是对自己要求太高，对自己总是不承认、不满意，也许上司并不像你自己认为的那样，也觉得你成绩不好；即使你真的是比别人差些，只要你工作努力了，上司也并不会看不起你，相反，把你的“痛苦”告诉他，他也许会给你一些好的建议，而且他会把你当自己人看待，因为你选择了信任他，他也会同样把信任给你。总之，我们要学会和上级沟通，把上级当普通人一样看待，和他建立良好的朋友关系。

如果你还是有心理障碍，就要鼓励自己，每一个人都需要朋友，越在高处的人反而越不胜寒，所以你和上司交朋友是在满足他的需要，是在安慰他，这样一想，你的心态就会平和许多。22岁以后，我们不要再受世俗的影响，要勇敢地和上级建立良好的私交，这样不但对我们的职场生涯有好处，将来对于我们的事业、我们的成功也是有莫大的帮助的。

级级有主导，汇报提议千万别越级

无论在哪个公司，越级报告都是职场上的一大禁忌，所以，不到万不得已，我们最好不要越级报告，如果你想要越级上报，就要做好走人的准备。

其实，一般的上司完全用不着我们有越级报告的事，因为他们的利益和我们的关系并不是很大。一般时候，下属觉得上司欺负他，很多时候是与一个人的性格脾气有关，而不是真正的欺负。而如果一个部门的人都感到受到上司的欺压，这个部门就可能要解散了，不必你越级上报，上级也会注意到这个部门的不对劲，继而撤掉这个部门领导。

职场上有一种生存法则，即“存在即合理”。无论你是否看得起你的上司，他的能力和人格是否被你认同和尊重，他在这个位置上就是有一定的道理的。也许有些事他的确不如下属，但是总有一些事是非他不可的，也许他担任着和某个部门的平衡关系，也许他用他的人脉为公司做出了不少贡献，也许他正是公司某个上位领导的耳目和喉舌，总之，总有你想不到的理由让他继续留在这个位置上。如果属于这样的情况，我们的越级上报，除了为我们增加上司这个敌人外，还会为我们增加不少潜在的敌人。

有一个购物中心市场部经理，在她工作的购物中心，她算是个新人，才工作了一年。她得向一个她觉得效率极其低下的总经理报告。在短暂的任期内，她取得了很大的成功，不断地升迁，得到了一次又一次的表彰。所有的客户都很喜欢她，总公司的人也很看好她。簇拥在这些成功的业绩、同事的赞美，还有总公司的表彰之中，她开始公开表示自己对上司的轻蔑和不屑；她开始缺席重要的管理会议，给总经理发电子邮件，公开质疑他的决定，同时还把这些邮件抄送给总公司的人。

就是这样间接式的越级报告，毁了她的前程。就在她工作差两星期就满一年的时候，总经理拿着一个空纸盒走进了她的办公室，坐到她的办公桌旁，开口简单地说：“你被开除了。把你的办公桌收拾干净。”几分钟后，在她把自己的东西收拾干净之后，她走进了总经理办公室，发现他正和副总裁一起坐着。“你不是一个有团队精神的人。”总裁告诉她，他们手里有一整张单子，列着她这几个月里说过的傻话，做过的傻事。那位市场部经理站在那里，哑口无言，终于认识到自己做了傻事。

也许总经理的效率不是最快的，工作做得也不是最好的，但他有他的优点，他兼顾各个部门，他是一剂黏合剂，他让不同的部门合作，快速地工作，他平衡得非常好。也许对于市场部来说，他不是一个好的总经理，但是

对于所有的部门，对于整个公司来说，他是不可或缺的。市场部经理就是因为错估了他的分量，看轻了他的作用，越级报告了总经理的无能，所以最终被炒掉了。

如果你觉得你的上司在某方面不如你，不妨首先考虑坐在他那个位置上，首先需要的能力是什么，是不是业务能力。如果你在这个位子上，是否会做得更好，他有没有一些优点是你不具有的，公司上层领导看中他哪方面的能力。只要弄清楚了这些，我相信，你就不会因为上级能力太差，而越级上报了。

还有一种情况是，下属与上司存在矛盾，认为上司故意刁难人，嫉贤妒能，争功诿过，所以才会越级上报，其实这完全没有必要。每一位上司怎样，公司的上层管理人员是完全清楚的，他之所以还没有从这个位置上走开，是矛盾还没有激化到一定程度；是他还有利用价值；是因为在这一职位上更换别的管理者代价太大，总之，公司的上层管理人员有他的理由。一旦条件成熟，相信无论是嫉贤妒能的上司还是能力太差又喜欢抢下属功劳的人都会被辞退或者降职，我们要做的就是暂时忍耐。

还有一种情况，就是下属觉得上司不够重视他，或者故意把他放在发挥不出价值的位置上。我认为遇到这种状况，我们的当务之急是反省自己的错误，或者反省一下自己是不是对于职位和事业操之过急，是不是对于功利太注重了，引起了上司的反感和警戒。如果是这样，即使越级上报，上级也是不会对你伸出援手的，因为上司上面还有上司。除非你是自己做事业，否则总会被上级冷落，放到不显眼的位置。这是你的性格所致，只有经过一段时间的磨炼，你才能变得更稳重，更识大体。遇到这样的状况，我们不妨自省，上司是不会无缘无故地冷落我们，挤兑我们的。

所以，越级上报是绝对的职场禁忌，只有幼稚的人才会碰这个禁忌。这件事本身对你绝对没有好处，不要以为赶走了无能的上司，他的职位就会属于你；不要以为让上级了解到上司的无理取闹，你就会得到公平；更不要天真地以为换一个上司，你的日子就会好过。越级上报的结果不外乎三个：上司得到了批评，但仍留在岗位上，这时候你的日子就难过了；上级认为你没有合作精神，你就做了一件傻事，最坏的结果是你辞职；上司被炒了，同时，别人被提拔了，你为他人做了一件嫁衣，而且坐上这个职位的人会千方百计地贬低你，甚至赶走你，因为你有越级上报的前科，谁也无法保证你不会背叛他。

无论如何，越级上报都不会有好下场，除非你真正地不计较得失，只要把坏上司拉下来，不让他欺压同仁就好。如果你抱着这样的想法，那就可以做。所谓的“舍得一身剐，要把皇帝拉下马。”能够做到这样，是否越级上报，就无所谓了。但我相信每一个在职场的人，每一个20多岁的人都是为着利益的，都是比较理智的，不会有这样幼稚、天真的想法。所以，我们还是避一避这样的禁忌，不要做出越级上报的行为吧。

赢得上司的信任，先要管好嘴巴

作为一个职场人，我们应该尊重任何人的隐私，尤其是上司的隐私，更加不能曝光。无论是在公事上的小心思，还是在私下里的私人的事，我们即使清楚，也要学会装糊涂，不要让别有用心的人被利用了。

对于上司在公事上的某些小心思，我们可以在私下里讨论，我们可以爱怎么想就怎么想。但是在公众场合，我们必须学会保留上司的体面。如果你对上司作出的某一个决定十分不满意，或者完全不同意他说的某些话，可以去和他私下里讨论，也可以和同事们悄悄地评论，但绝对不要把事情公开化，否则就会使你吃不了兜着走。

例如，在某次管理培训课程中，某个经理告诉培训师，他信奉一种合作性的管理方式。他的一个员工正好站在能听见他说话的范围里，那人回嘴说：“那是当然的了。如果事情发展得好，你就可以把所有的成绩都归功于自己！”这很显然是经理和员工之间的争论内容，但是因为那个下属把这事公开化了，而且还在培训师面前提起了这事，这就使得那个经理感到十分尴尬。当然结果不用说，我们也能够猜测到，那个多嘴的员工绝对不会有好果子吃的。

把别人的小心思说出来，无论是故意的还是无意的，不仅会让上级提防

你，不再信任你，也会让同事对你退避三舍。现在的人都很精明，能够出卖别人的人同样有可能会出卖自己。所以，无论是谁的隐私，谁的小心眼，最好都不要透露，更不要在公共场合说出来。

在私事方面，我们更要管好自己的嘴巴，最好不要乱说。尤其是一个20多岁，刚刚进入职场的人，更不要随便把信任你的上司讲给你的隐私话题讲给女同事们听，即使是你的女朋友。因为女人保守秘密的时间只有72小时，也就是三天。过了这个期限，保守秘密对于她来说就是一种折磨，这绝不是杜撰，是有科学依据的。所以，如果你不想上司的隐私传得天下皆知，就要捂紧自己的嘴巴。尤其，当这件隐私只有你知道时，你更不可以辜负了上司的信任。

一般来说，对于一个下属，上司肯将隐私说给你听，他对你就是绝对地信任了。同时，他也肯定你对他是绝对忠心的。如果属于这种情况，上司在讲隐私的第二天就劝你把这件事当成一个笑话，或者忘掉它，而不要传播出去。如果你不是一个传播者，而只是一个听闻上司隐私的人，也不要在私下里讨论。如果你同样不喜欢别人讨论你的隐私的话。当然，有一种隐私是欢迎传播的，就是关于上司的喜讯，而又和大家的利益相连接，这样不伤害他人的隐私欢迎传播。

在公事方面，有一些事我们最好讳言。第一种是上司和其他人的斗争，无论是和下属的、和平级的，还是和更上层的领导的斗争和派系斗争。我们只要冷眼旁观就好，没有必要参与，更没有必要讨论，最好是当它没有发生。如果涉及个人的利益，我们可以私下和上司讨论或者争辩，却没有必要公之于众，更不要当众顶撞侮辱上司，除非你不想在公司混下去了。第二种是涉及上级在本公司和其他公司之间的关系，所扮演的角色，没有实质的证据，我们不可以妄自揣测，更不可以宣扬。

在私事方面，也有几件事是需要我们保密，不可以四处宣扬的。第一种是情感上的事，无论是关于上司的家庭婚变，还是婚外恋情，还是其他某种家庭纠纷痛苦，比如，在父母与妻子之间受夹板气，或者惧内等都是不光彩的事，既与我们的利益无关，又和公司的利益无冲突，属于个人范畴内的事，我们没有必要制造舆论，也没有必要为谁鸣不平，而是躲得越远越好。第二种是生理上的缺陷或者病症等，包括心理上的疾病，比如，抑郁症、轻微的精神分裂、人格分裂等。我们要尊重别人，不可以随便讨论和曝光。第三种是老板的疮疤不要揭，尤其是上司早年遭遇失败或者在人生中留下的一些污点，如果被我们知道了，我们也不要随便宣扬。毕竟只要是人就不希望旧日的伤疤暴露在众人的面前。

每一个人都避免不了被别人议论隐私的问题，每个人在处理这些事的时候也不尽相同。你可能仇恨议论你隐私的人，但是你不可能对他造成实质性的伤害，因为你的手中没有权柄，所以你可能给他人造成的伤害是有限的。而上司不同，他手中有权利，他完全可以利用手中的权力，报复任何可能议论他隐私的人，这就是我们为什么要特别注意尊重上司的隐私。

事实上，无论如何，我们都不可能完全杜绝上司的隐私被曝光。我们唯一可以做的就是尊重上司的心理距离，不要与上司谈论过于私密的事。

22岁以后，我们要学着更加成熟，更加尊重别人的隐私，不要逾越任何人，尤其是上司的心理底线，这才是一个聪明成熟的职场人士应该把握的与上司相处的分寸。尊重他的隐私，尊重他的心思。“他也许不够好，但他是你的上司”，只要记住这句话，我们的职场生涯就会相对好过些。

做好本职，上司的心你别乱猜

在职场中只有三种人：同事、下属和上司。对年轻人来讲，若想自己的职场生涯顺利，就必须学会和上司愉快地相处，因为他才是关系到你升职、加薪的大事。年轻人在工作中最忌讳的就是随便揣摩上司的心意，你越是猜测上司的想法，越会被上司认为你是别有用心，从而提防你，那么，你的升职、加薪都将会成为泡影。

年轻人不要觉得如果自己没有揣测上司的心思就是没有为上司着想，其实，换做是我们自己也能够想明白。你希望自己身边有一个在所有的事情上都熟悉自己的人吗？希望这个人和你有直接或间接的利益关系吗？或者说，你希望有一颗定时炸弹随时在你身边吗？即使那颗炸弹是你的，如果你不

同意，它永远不会爆炸。每个人都不希望如此，同样领导也不希望如此。能够读懂一个人，就说明你比他聪明，把他潜意识里的事都能够说出来，当然会令其感到不安，所以，我们只要能够做好分内的事，其他的，就只有多做事、少说话比较妥当了。

当然能先于上司想到一些事情固然是好的，积极的，重点是我们不可以随便地表现出来。更不能以自己揣度出别人的心思为依据来做事。太过聪明，别人就会对你产生提防心理，我们在揣测别人的心思之前，不妨先看清自己的心思，我们想要的是什么，我们要对事情做什么样的反应，是装一装糊涂，还是明明白白地表现出来。“不知者无罪”，就算我们做错了事，也是情有可原的，就怕我们做错了事还沾沾自喜，以为自己做了一件一定符合领导心意的事。

对于老板的性格，年轻人还是要通过自己的观察揣测一些，根据这样的性格，他会对某些事情做怎样的处理，他希望提拔怎样的人，在这件事上要怎样反应，怎样处理，才符合老板的性格，而事后也不会被责怪。而不是随便地揣测老板在某件事上会怎样处理，然后代他处理。我们要做的是听从命令做事，而不是根据自己揣测的结果做事，否则，即使我们的揣测是对的，也会给自己带来麻烦。曹操的主簿杨修最终被杀害，就在于他太善于揣测别人的心思，但又太不善于根据性格做事。他最终被杀的原因是根据曹操传出的口令“鸡肋”而揣测出曹操觉得这场战争是一根鸡肋，“食之无味，弃之可惜”，于是命令下属收拾行囊，告诉他们不日将北归。但是他忘了，他不是将军，他没有得到任何关于撤退的命令，他只是根据一个口令揣测出不日北归的结果，他甚至没有向曹操禀告，也没有和上级讨论，就这样鲁莽地让下属们收拾行囊。这样的行为，随时可以给他带来危险。

其实，这也与他平时自以为聪明有很大的关系，这是他不断地挑战曹操的底线，不断积累的结果。且看看他做了哪些事，才引起了领导的反感。首先，别人修了一座园子，曹操在门上写了一个活字，别人不知其意，杨修说是曹操嫌门太阔了，这个事本来没错，不过是文字游戏而已，但他不去跟曹操印证，就觉得自己猜对了，直接让匠人修改门。以曹操的性格，必然嫉妒他的才能，怀疑他挑战自己的威信。第二件事，别国供奉一盒酥饼，曹操手书“一合酥”，置于案上。杨修却说写的是“一人一口酥”，与众人分食了。那不是简单的一盒酥的问题，而是敢于钻上级的空子，而且让人无话可说的问题。再一件事，他教曹植与兄长竞争世子地位，为了在曹操心中留好印象处心积虑，这直接触及到了领导的底线。历代以来，地位的传承都是最重大的内部问题，参与内斗绝没有好下场。况且，即使一个人凭借才智赢得了青睐，也不能是别人的才智，若借助别人之才，即使最终继承了权势地位，也还得受制于人，这是曹操想清楚了的，所以，可以说是杨修直接断送了曹植的前程也不为过。然而，就算他犯了这么多错误，曹操也没有鲁莽地杀了他。原因是什么呢？是因为曹操珍惜自己爱才重贤的名声。杨修正是抓住了这一点，才能以此威胁曹操，屡屡做出挑战曹操底线的事情来，这所有的一切，都让曹操恨得牙痒痒，但又寻不出具体能杀他的罪名，最终“鸡肋”一事让曹操找到了杀死他的借口。

身处职场的年轻人，要能从这些事例中吸取一定的教训，不轻易地揣测领导的心思，更不要挑战老板的底线，不管你有什么样的凭恃，都要记得职场的禁忌，不要凭着自己的小聪明就无视规则，而犯了老板的忌讳，这样我们的职场生涯才会更顺畅。

每个人无论是否情愿，都会度过一段职场生涯，我们要想让职场生涯如鱼得水，就要遵守和上司相处的规矩，既不要只做上司吩咐的事，也不要擅作主张，凭揣测做事。上司会命令我们、指导我们、暗示我们，但我们一定要得到了指示，才能够做事。

推功揽过，风头一定要让给领导

年轻人在职场中都希望有个不错的表现，这样才能让我们尽快地升职加薪。良好的表现能体现出一个年轻人积极工作的心态，能体现出一个年轻人充满活力的干劲，还能体现出一个年轻人无穷无尽的潜能，但是，在你洋洋得意的时候，切记不要抢了领导的风头。你要知道，只有领导的看重，你才能加薪，只有领导的提拔，你才能升职。

第一，在职场上做事，注意形象、善于表现是必须的，但从着装上讲，我们也要适可而止，不能抢了领导的风头。记得曾有一个电视广告，说一个人西装革履、油头粉面地坐在宴会桌前，面前摆着最好的手提电脑，手提着几万块一部的手机，劈里啪啦地讲着外语，大家都在等着点菜，这时只见侍者进来，首先把菜单递给了眼前这位“日理万机”的“领导”。身边真正的领导马上脸黑了下来，这个助理也万分尴尬地瞪着侍者。认错领导固然有侍者的错，但是那个抢风头的助理也推脱不了责任。您一副财大气粗的领导相，任谁都会看错。所以，我们平时着装一定要注意，着装固然要一丝不苟，但绝没有必要满身名牌。同时还要看清场合，清楚这个场合中都有谁出席，有必要保持低调的，就不要高调。

第二，在使用交通工具方面，我们也要注意。比如，一位老板和他的助理出差坐的是经济舱，在回来的途中遇到了他的经理们，经理定的票是豪华舱的，结果老板就在经济舱待着，然而觉得很不是滋味。其实，豪华舱并不比经济舱好多少，不过是座位舒适些，餐饭好一点，周围环境安静一点，却比经济舱昂贵很多。豪华舱里的经理们也觉得不合适，因此陆续退掉了豪华舱的票，改坐经济舱。后来尽管老板和经理们聊得不错，但最后，老板还是找身边的助理换了经济舱的票，坐上了豪华舱，这才觉得心里平衡了一些。其实，这并不难理解，老板坐飞机花的是自己的钱，当然节省，而他手下的经理们出差花的是公司的钱，当然奢靡一点。但就是这样几百块钱的差距，让彼此都很不舒服。

这些细节上的要求在职场中是很有必要的，如果我们不想出风头，尤其在公共场所，一定要注意自己在衣食住行方面的水平不要比领导的规格高。在形象方面也要注意不要超越领导，当然个人的修养和魅力是无法改变的，领导无法因此而对你怀恨，只要我们注意自己的态度，对领导尊重就可以了。自我表现也必须注意场合和必要性，而不要一味地表现，忘了领导的心理感受。因为这种表现令领导尴尬，是领导所不欢迎的。

有一次，一位客户希望与他合作的公司的总裁对他们的公司概况做一些介绍，当时总裁的助理也在场，总裁清清嗓子，看似向客户介绍。

总裁说：我们公司大概有五百名员工。

执行助理就跳出来提醒他：是五百八十五个。

总裁：从1982年起，本公司就开始营业了。

助理：实际上，是1980年。

总裁：最近几年里，公司发展得很快，总体来说，士气很高。

助理：有时候压力也很大。

总裁：我们今年引进了很多新产品。

助理：九种。没有去年多。

这种情况持续了半个小时之后，直到总裁起身站着说："对不起，请你给我们倒一杯水，下午我会在办公室里和你谈谈。"从此之后，在那个公司再也没出现过那个执行助理的身影。

这位执行助理就做了一件令总裁十分恼火的事，有些人在工作上过于执著和认真，即使是无关紧要的小事，他也要出风头，尤其是面对客户时，领导更不喜欢这样的员工。

比如，在一些会场，本来该上司作的报告，却由你这个小助手来作；本来该上司交给高层人员领取奖励的策划，却由你这个直接负责人交给了高层领导；再如，你和合作公司谈判本来应当由主管担当责任，而你却在那里滔滔不绝，把别人的话都抢走了，这类的风头都是出不得的。

表现自己要讲究场合和策略，否则就会被视为喜欢出风头。你见过比新娘还漂亮的伴娘吗？你见过明星出场，他身边的工作人员却频频挥手的吗？有时候，有些场合是不适合我们出风头的，尤其是抢领导的风头，更是要不得。

年轻人一定要懂得分清孰轻孰重，在表现自己和抢领导风头之间权衡一下。在领导在场的情况下，尽量躲开出风头的机会，尤其是参加一些大型商业聚会或者在客户面前，否则你的职场生涯也会就此结束。

学会巧妙地引起领导的注意

我们要做出努力，为公司做出贡献，做出最好的业绩，才能够得到升

职，这是必然的。然而并不是埋头苦干，就是好同志。一般来说，领导是很难发现那些埋头苦干的员工的，反而是那些喜欢出风头的员工，更容易引起领导的注意。

22岁以后，人要注意有能力有业绩，更要善于适时地表现自己。让领导看到我们，意识到我们的存在，这样才能引起领导的注意力，而不是被动地等待领导的赏识。有的员工固执地认为上司和老板应该主动发现员工里的人才。如果抱着这种想法，就算换了不少工作和领导，也依然会怀才不遇。

做一名勤奋工作的员工并不意味着你就一定可以获得应有的回报。要想在众多的人中间得到领导目光的注视，那么你只有超出领导所想象，在人群中脱颖而出。只有这样，你才能获得领导的好感，吸引领导的眼神，得到领导的信任和器重。正如鹤立鸡群一样，只有和别人不一样，你才能从拥挤的员工中“跳出来”，让领导的眼球对你行“注目礼”。

老李现在是一家建筑公司的建筑工程师，但他开始在这家公司工作时，并没有突出的能力，和许多泥瓦匠一样，只能从事最普通的体力工作。但是，他是一个特别有心的人，公司的员工身上一般都穿着灰色或深蓝色的服装，而且又都在房顶上工作，老板一般不会认识他们。于是，年轻的李某穿了一身红色的衣服。老板来到工地之后，第一个看到的就是他，收工之后别人都是匆匆忙忙地走了，只有他会把工具都整理收好，放在固定的地方，然后收拾好全身再离开。因此，尽管他只是一个泥瓦匠，却总是干干净净精精神神地出现在人们的视线里。不久，老板就提拔他做了监工。后来，经过几次提升和小李自己的努力，他终于成为了一个建筑工程师。

李某之所以能够受到提拔，与他总是被老板注意是分不开的，所以，我们也要适时地表现自己，让领导看到我们，意识到我们的存在，只有先引起领导的注意，才能够得到他的信任，才能够被器重，得到提升。

那么，怎样才能让领导注意到你，而又不过于招摇出风头，引来同事们的敌意呢？

第一，勇于主动地接受挑战，这是引起领导注意的一个好方法。只要我们时时刻刻积极热情地对待工作，我们就会在工作中取得巨大的进步。这样当领导面临一个棘手的难题时，你就能够帮助他。这是一个表现自身才能的绝佳机会，如果觉得自己有能力拿下来，一定要毫不客气地主动争取。不要等领导来安排你去做，这样的话，既使做好了，也是你的分内之事，显得很被动。最好在衡量工作难度后，毛遂自荐。

第二，主动地和领导进行工作上的沟通。抓住时机向领导汇报工作，让老板知道你在干什么，做了什么，工作进展到什么程度，遇到哪些难题，至少不会是没有一点成绩，天天闲着，而且这样的话，你也可以获得不少启发和信息，或者领导还会在你遇到的难题方面给你一个好的解决方式。

第三，在领导面前，主动发表自己的看法，向领导提出建设性的意见，比如，关于公司的前途、如何实现利益最大化等，这样领导就知道你的脑子一直在思考问题，观察事情，而且能把握大局。

第四，不要过分谦虚，适当地显露自己是让上司认识你的绝好机会，比如，我们可以把这一段时间我们取得的成绩以图表或者数据的方式向领导报告一下，当然这种汇报不能太频繁，也不能太露骨，更不要恃业绩而骄，或者以此向上司提条件。最好以工作报告的形式，让领导了解你取得的成绩。

第五，适时地让自己站在聚光灯下。比如说，在一些公共场合、年终聚会上表现一下自己的才华，总结一下在这一年中取得的成绩，受到的表扬，说几件自己比较得意的业务是怎样做成的，就当做是授小辈经验，这样，时不时地“秀”一下自己的能力和成绩，领导迟早会注意到你。

在现在这个人才济济的社会，如果你不主动表现自我，你的领导绝不会无缘无故地注意到你。所以，一个人要出人头地、成就一番事业，除了要有一身真本事外，还要不断地推销自己，向人们展示你的才华。这些无疑是一种走向成功的捷径。

我们这一代年轻人，原本就是比较现实的，我们接受新事物的能力也是很强的，所以，我觉得我们不应该在表现自我方面有什么心理障碍。充其量是技巧不够，把握不好分寸而已，然而分寸把握不好也会给我们的职场升职带来不可估量的影响，所以，我们要在平日里就注意培养自己受人关注、让人注意的能力，这样在关键时刻，领导才能看到你，才能重用你。

展现忠诚，领导偏爱忠诚的员工

对于领导来说，忠诚甚至比能力更加重要，因为如果他辛辛苦苦地培养了一个人才，却不小心被别人挖走了，或者自己提拔起来的人最终超越了自己，这情何以堪？所以，对于上司来说，一个下属的忠诚度比他的能力要重要，如果能够恰到好处地表现出对上司的忠诚，就会给我们的升职加分。

20世纪80年代以后的年轻人一般都缺少忠诚于谁，或者忠诚于哪个公司的观念，所以对于现代企业来说，忠诚是一种稀缺品质。如果我们遇到了我们喜欢的工作和令我们满意的公司环境，我们就要表现出忠诚的品德。

所有的领导都希望员工对自己忠诚，所以，员工要想获得领导的赏识，进而赢得加薪和晋升的机会，对领导忠诚是最基本的条件。一般领导会从几个方面观察我们对他是否忠诚。

1.是否不带任何条件地执行上司的命令

很多领导都有刁难员工的习惯，他们总是喜欢把一些连自己都做不到的事情交给你来做，希望从你的身上发现奇迹。你怎么办？一个忠诚的下属应该丝毫不犹豫地听从领导的命令，不找任何借口推托：比如，“我正在忙手头上的事”，或者“我实在不能胜任”，等等。因为在公司中，领导就是公司运行的指挥官，他们的命令就如同军令，他们的威信是不容侵犯的，你做不好没关系，但是一定要让领导看到你尽力了。

一个真正忠诚的员工，首先是一个执行力强的员工，无论领导下达了什么样的任务，你都要抱着百分之二百的热情去做。对于自己胜任的工作，你一定要做到尽善尽美；对于自己实在不能胜任的工作，也不要推卸、拖延，而是虚心地向同事或者领导请教。如果你真的出乎领导的意料完成了任务，就会受到领导的重用。

其次，有一些员工会在工作前跟上司讨价还价，“如果我完成了这项任务，是不是可以加薪？”“我可以解决这个难题，但我想我的职位不方便让我完成这项任务。”或者是“我希望某某部门，某人能配合我”等这类的话。对于这样的员工，领导往往会非常反感，还没有做事先要功劳，以不做事、推脱、拖延来威胁领导。

2.领导会观察，我们是否会侵吞公司的利益

比如，有占公司便宜的小缺陷，或者有拿折扣的坏毛病，或者因为无知和有意泄漏公司的秘密，这样的行为都是不忠诚的，不被公司允许的。因为公司的利益高于一切，对公司忠诚就是对领导忠诚。

3.是否能与公司同舟共济，共同渡过困难时期

有的员工会在公司效益不好，走下坡路的时候，跳槽；或者公司陷入困境的时候，在背后推一把。这样的员工无论走到哪里，都很难获得领导的器重，永远不会有大的发展。你应该在公司遭遇困难的时候，积极地帮助领导出谋划策，共渡难关。你的行为一定会得到领导的赏识，在公司走出困境后，一旦出现加薪和晋升的机会，领导想到的第一个人选就会是你。所以，当一个公司陷入暂时的困境时，就是我们表现自己忠诚的机会，我们一定要把握住机会，与公司共进退，风雨同舟。

还有的员工，总是觉得公司的环境或者待遇不尽如人意，总想着跳槽，对于这种“这山望着那山高”的行为，领导是比较反感的。如果我们总是抱着“骑驴找马”的心态找工作，又抱着“迟早要走掉”的态度对待工作，那么，我们永远不会成功，因为我们缺少一点忠诚意识，领导当然不会信任我们，更不会重用我们。

当然，忠诚并不代表着唯命是从，更不代表着恭维谄媚。领导宁愿相信一个正直倔强而忠实的下属，也不会相信一个圆滑世故、捧高踩低的小人。所以，为了恭维上司而贬低自己是完全没有必要的，你自己心里不舒服，别人也觉得别扭，上司更会因此看低你。所以，我们要表达忠诚，没必要以溜须拍马的方式表达。我们只要在工作中多多地与上司交流沟通，让上司慢慢地了解、信任就可以。也切不可急于表忠心而赌咒发誓，做出承诺等，这只会让别人觉得你格调低下。我们要慢慢地把忠诚渗入日常工作中，慢慢地让领导信任我们，重视我们。

比如，我们可以在工作中多听听领导的意见；在遇到难以决定的事情时，请教领导；在重要的决策上请示领导，首先重视他，尊重领导的权威，然后才能获得上司的信任和器重。

22岁以后，我们一定要把握几种表达忠诚的方法，特别是，我们本人要

有忠诚的观念，才会在职场上善始善终，才能够得到提拔。

实实在在干活才能赢得领导器重

做事的时候，知道领导的目的，能够让我们更有针对性，更全面，做事也就会更加符合领导的心思，做事更加到位，升职也会更容易。这是我们办公做事的基本准则，可是有很多人只是听令行事而忘了问领导的目的。尤其是一些刚进入职场的年轻人，常常会无所适从，手忙脚乱之下，忘了这一点。

有一个领导要求他新提升的助手王某去市场上看看有没有大闸蟹，结果王某很快地回来告诉他，有。老板又问他："多少钱一斤？"然后他又匆匆离去。回来后老板又问他大闸蟹多大个，结果他又跑了一趟，就这样来来回回三四趟，他才把事情办完。老板很不满意，于是唤来了他原来的助理，现在升任副经理的刘某，说："看看刘副经理是怎样做事的，然后学着这样做事。"领导吩咐刘助理去买闸蟹，刘助理问老板："我能问问它做什么用吗？""我要选购一些送给客户，还要自己买一些。"于是刘副经理就去了市场。不久，他就回来了，手里拎着一个大袋子。"我问清楚了，市场中只有两家的大闸蟹比较好，一家的是100元一斤，一家的是120元一斤，质量都不错，很新鲜，只不过120元一斤的个头要大一点，如果是自己家吃，100元一斤的比较合适，如果是送客户的话，还是120元一斤的更好看一些，显得更重视别人。这个袋子里是我拿回来的两个样品，您看看要哪家的？"领导满意地点了点头，让他走了，然后对自己的新助理说："看懂了吗？"

助理还是有点摸不着头脑，老板摇摇头说："如果以后你不知道，我吩咐你做这件事有什么目的，不知道我的意图，你就要请教我，而不是自作主张地跑了一趟又一趟。"经过此事以后，助理终于开了一点窍，做事才让老板比较满意了。

我们在职场上做事，勤奋、努力固然重要，但是如果不顾领导的意图，就会做出与领导的意图不符的事，更有甚者，会坏了领导的大事。所以，我

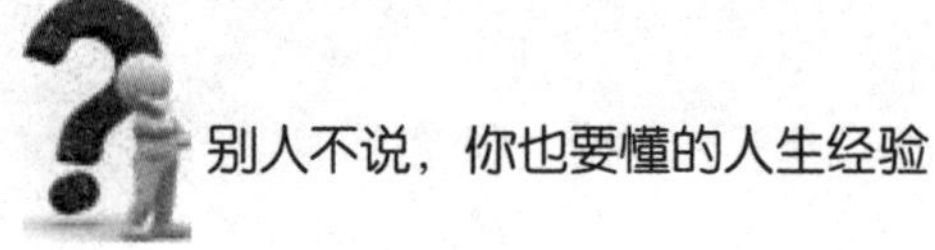

们必须在做事之前就了解领导的意图，抬头苦干。怎样才能清楚领导的意图呢？一般情况下我们会用到5W2H法快速地记录工作要点。

一项工作在确定了大致的方向和目标之后，上司通常会指定专人来负责该项工作。如果上司明确指示你去完成某项工作，那你一定要用最简洁有效的方式明白上司的意图和工作重点。此时你不妨利用传统的5W2H方法来快速记录工作要点，即弄清楚该命令的时间（when）、地点（where）、执行者（who）、为了什么目的（why）、需要做什么工作（what）、怎么样去做（how）、需要多少工作量(howmany)。在上司下达完命令之后，立即将自己的记录进行整理，再次简明扼要地向上司复述一遍，看是否还有遗漏或者自己没有领会清楚的地方，并请上司加以确认。

只要这样，我们就可以确定，绝对弄明白了领导的意图和工作的程序。如果上司确认了你的复述，也就是对你关于目标的理解点头认可了，你就可以进行你的工作了。

这是在工作当中，我们要清楚领导的意图。在工作以外，我们还要学会大地胆揣测领导此时需要什么。比如，当上司完成了一件他特别得意的工作，他最需要的就是下属的赞美，比如，“您干得太漂亮了”。而在领导做了一件他不可以肯定自己对错的事的时候，他需要的是下属的认同，如果你在这时及时地对上司说“我觉得您处理得很好”，他在内心里，就会觉得自己真的处理得非常好，而对你有遇到“知音”的感觉。

再次，我们还要正确地领会上司的言外之意，比如，领导说“去倒一杯茶来，我需要和某某仔细谈谈”。这就是要清场的意思，建议你泡好茶后，立刻离开办公室，而不是不开窍地继续坐在那里等待领导的吩咐。领导如果说某件事我尽快要你完成很可能是嫌你这件事拖得时间太久了，即使今天加班，也要完成领导吩咐的这件事。

我们最终能否升职，说实话最终还是要看上司是否认可。要获得上司的认可，就要学会正确地领会领导的意图，这就需要我们抬头听吩咐，低头做工作。

20多岁的年轻人对于职场上的事还不是特别熟悉，所以更要首先熟悉自己的上司，正确领会上司的意图，才能够顺利地登上职场的顶端。

第06章

看清同事，“战友”与“对手”只是一步之遥

同事关系要懂得亲密有间

一定的心理距离是我们和每个人相处都有必要的，而和同事相处更需要我们保持相当的距离，因为我们之间涉及利益关系，在很多事情上，我们是存在矛盾，存在竞争的，所以我们之间更应当保持距离，尤其男同事更应如此。

职场不适合勾肩搭背，女同事很亲密会被人认为是“闺蜜”，而男同事太亲密则会容易引起别人的误会。男人称兄道弟是很平常的事，然而大家都会心照不宣地保持一定的肢体和心理距离。所以，刚刚进入职场，我们最好也和别人保持不即不离、不远不近的同事关系才是明智之举。

与同事相处，终日正襟危坐，严肃、客气固然不好，这样，人家会认为你不合群、孤僻、不易交往；而太近乎、太“知无不言”了也不好，容易让别人说闲话，也容易让上司误解，认为你是在搞小圈子，动机不良。当然最坏的后果还在后边，当你对别人说出你的隐私之后，容易被有心人利用。因为同事之间毕竟存在着利益竞争关系，而不是纯哥们。所以，与同事交情良好固然不错，但也绝对不能暴露自己的隐私，以免被人抓住把柄，或者被有心人利用。

王某曾是一个公司的部门主任，平时和另一名主管李某的交情很好，他

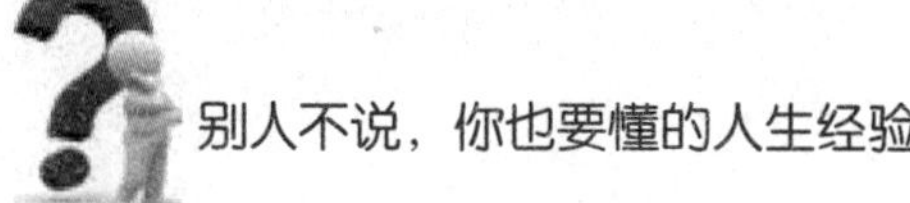

们经常在一起吃饭喝酒、应酬客人等。王某也彻底地把李某当成是自己的好朋友，经常讲一些生活上的烦恼给他听，也不见他泄漏“秘密”，更是对他信任有加。有一次两人喝多了，酒酣耳热之际，王某在酒席间向他透露了自己的一个大隐私，早年他曾经因为犯错误做过一年牢。这个隐私原本没有被暴露，王某也很庆幸，觉得自己终于找到了知己好友。但不久以后，公司决定提升一名主管做经理，另一名做副手，就这样矛盾爆发了。原本上司很看好王某，但就在决定下发以后，公司渐渐地流传起了王某的某些小道消息，当然，都是对王某不利的。最终他坐过牢的隐私也传到了上司的耳朵里。公司不能让有污点的人做领导，于是和他同级的李某做了经理，而他则降职成为了一名普通员工。王某后悔不已，但也怨不得别人，他是自愿告诉朋友的，只是别人没把他当朋友而已。

同事之间，有太多的微妙关系存在，大部分是亦敌亦友的，无论私交如何要好，但在利益面前，总要有竞争，甚至斗争，数不完的斗争。办公室外的“铁哥们儿”，也许正是办公室里的“冤家对头”。所以说，职场上的同事并不是好朋友，平时我们可能觉得关系还不错，彼此之间也愿意沟通和“保密”，而一旦你们中间有了“利益”做饵，双方就会出现竞争和矛盾。在竞争中，就会有人不守规则，把你的致命伤暴露出来。而隐私几乎就是所有人的致命伤。所以，同事中的交往，最好保持适当的距离，绝不涉及隐私。

和同事相交，我们要保持“君子之交淡如水”的原则，不要过分亲近。同时，在公事方面我们也要做好协调，不偏不倚。不论职位高低，每个人都有自己的工作范围和责任。我们不能因为私交不错，就胡乱地在公事上做和事老。

比如，我见过三个好朋友，甲和乙既是朋友，也是上下级，乙是甲的助手。而他们同时和丙交好，当然他们都在一个公司工作，他们之间全是同事关系。但甲的领导方式和工作能力并不强，常常因为他导致工作混乱，任务完不成，乙虽然怕影响自己的前程，但碍于私交，也不便开口表示不满。不久，因为甲休病假，交代一切工作由乙负责完成，但乙任务繁重，一时疏忽，便出了许多漏洞。甲上班后，对此事不闻不问，甚至连本来他曾插手的部分也一概声称不知，并在人前人后总说任务一直是交给乙全权负责的，言外之意“黑锅”一定要乙背，与他无关。

乙愤怒之下，就去找丙评理，正好甲也在，于是两个人狭路相逢了。丙却异常平静，装作一切不知，仍像以前一样轻松地和甲乙聊天调侃。甲按捺不住指责丙幸灾乐祸，隔岸观火，丙并没有因此退缩，只是轻松地说：“大家合作贵在愉快，我看你们二位不妨冷静地坐下来讨论一番，好好谈谈，否则我是帮不上忙的。”言毕端茶送客。

同事之间私交好是一回事，但不能因为交情好，就干涉别人工作范围之内的事。同事之间帮忙是应该的，但也不能无分寸无底限地帮助别人。

所以说，我们一定要谨记自己和同事在公私两方面的距离，不能随便逾越。这既尊重了别人，也尊重了自己，同时也会让你们之间的相处更自在，更长久。

22岁以后，我们一定要重视“距离产生美”这句话，因为太亲近就意味着双方的优势缺点都一目了然，当你们反目的时候，甚至会变成仇人。自古以来，因亲近成仇的例子并不少。所以，我们还是与同事保持像冬天里相互取暖的刺猬那样的距离比较好。

心眼别太直，小心“两面派”的同事

在职场上表里不一是太正常的事了，我们没有必要因此而感到伤心难过，只要警觉戒备这样的人就可以了。当然更没有必要非要和他们较真，揭露他们伪君子的真面目。否则的话，他们会恼羞成怒，那你就不好过了。

20多岁的人大多刚刚进入职场，还处在非常幼稚的阶段，对同事不免想得过于简单和直接。我们是率性的，热情的，不习惯委婉和含蓄，脑子里更没有那么多弯弯绕。然而“害人之心不可有，防人之心不可无”，为了避免我们受到伤害，还是了解一些职场上的事比较好。

我个人认为，有时候职场上的真小人远比伪君子来得可爱，他可能害你，可能对你很凶，很粗暴，甚至会让你当众下不来台。但这一切，他都是明刀明枪地和你过招，自己技不如人，只好忍气吞声。一旦你的能力比他强

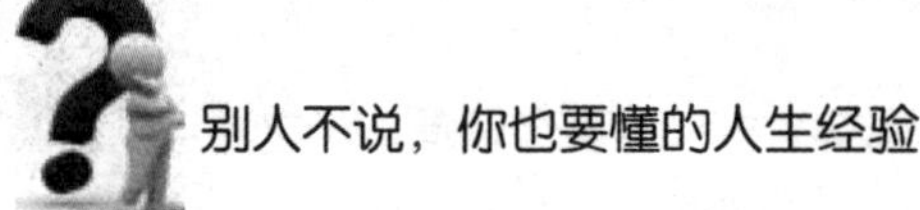

就可以立即反攻过去，你起码知道敌人是谁，他在哪，可能在耍哪些手段。而一个职场上的伪君子，你会不知道他是谁，也许正是那个笑眯眯跟你谈天说地的好朋友，也许正是那个可爱的让你绝不会想到是他的人。他们善于两面三刀，善于当面一套背后一套，即使你在骂他，他也绝对不会还嘴，而是笑嘻嘻地看着你，让你觉得自己多么罪恶，而一旦你转身过去，他们就会在背后捅你一刀。他们无辜地看着你，觉得事事都在为你着想，然而，却有人听信他的话来攻击你，这样的人防不胜防，实在是职场上的一颗大毒瘤，却又没有人能够彻底地切掉他。

当然，我们每个人的身上都有着表里不一的一面，但并不是所有人的表里不一，都会害到别人，有时只不过是为了自我保护而已。我们怎样才能分辨那些会伤害到你的表里不一的同事，同时去回避他，戒备他呢？又怎样才能达到我们戒备提防的目的，不让他妨碍到我们的前程呢？这就需要针对不同的人采取不同的方法。

第一种人，他是领导面前的红人，领导的心腹，他的意见甚至是随便的几句话，就会影响到领导的决策。对于这种人，如果他是一个严重的表里不一的人，我们就应该提防。因为这种人他直接影响到你在上司心中的形象，直接关乎到你的升职加薪等切身利益，所以，我们必须学会应付这种人，而不是全然地提防状态。

其实，所谓的“红人”“心腹”只不过是一个俗人，他们通常心思细腻，能够及时地体察到领导的心理和需要；他们的心机也很重，你说一句话，他们都要反复思索，直至确定你没有伤害他们或者嘲笑他们的意思。他们更喜欢暗箭伤人和在背地里搞小动作，绝不会轻易地与人当面发生冲突；他们的心眼很小，报复心也很重，绝没有容忍的雅量，所以我们不能对他们说任何带刺的话。

与这样的人打交道，你最好不要学他们那一套阿谀术，他们比你更能驾轻就熟；也绝不能一味地攻击他们，因为他们善于在表面不动声色，却在暗地里使绊子，如果受到了攻击，他们表面大度，暂时不与你计较，让周围的人都觉得他们宽容，而实际上你以后的日子就会过得战战兢兢，你会处处出错，鸡蛋里也能挑出骨头来；当然，你更不能一味地退缩，否则你就会在上司面前永远没有出头之日，公司利益也会受损；一味地提防他们，保持距

离，滴水不漏更会让他们内心不快，认为你不是自己人，看不起他，或者有别的心思。

我们既要以理解他的方式，让他认同你，又要保持一定的警戒，不让他完全了解你的隐私和野心等。总之，是你理解他，了解他，而不让他深刻地了解到你，是单方面地付出你的安慰和理解，并不让他有机会对你做同样的事。这样，你越深不可测，他就越不敢动你，和你玩两面三刀的游戏。

第二种人，喜欢传播伤害他人的谣言或者流言飞语的人，如果他善于无中生有，又非常虚伪地笑脸迎人，对于这样的人我们要退避三舍，因为他会让我们在舆论中毁掉。

每个人都会有意无意地说别人的闲话，关键是这个闲话是否能伤害到你。尤其是对于传播一些无聊的涉及他人隐私和谎言的人，我们更要多加提防，不要随便提及自己的私事。有些人传播伤害他人的流言，是出于嫉妒、恶意；有些人是为了借揭示他人不知道的秘密抬高自己的身价；有的人是“言者无心”地充当了一把传播者；有的人是故意把对你不利的谣言通过一些“大嘴巴”传播出去。最可恶的一种是，他千方百计地和你保持良好的私交，不过要从你的嘴里套出一些话，并利用这些来制造是非，当你意识到这些对于你的人际关系产生了怎样的危害时，他又会非常无辜地说她不是故意的，他没有想到后果会这么严重等让你打不得骂不得的话。有些人更是在表面上和你亲近得不得了，一转身就利用和你的亲近关系来散播谣言，让你在众人的舆论中变得人格奇差，你简直会被这些逼疯，这就是他的目的。

这些人最好玩“阴”的，他们从不拿工作或业绩表现来和你正面交锋，也没什么真枪实弹，真材实料，而是善于运用各种谩骂、造谣使对方为流言所伤，这正是“暗箭伤人”的最好写照。善于利用众人的舆论来诋毁一个人的人，本身是不可小觑的，但我们只要与他们保持足够的距离，不提供私事被他们中伤，同时淡然处之，谣言自然不攻自破。时间久了，大家就会了解到这个人的为人，自然也就不轻易相信他的话，受他的鼓动了。

只要操守无可争议，没有伦理上的失足。不腐败、不颓废，没有私生活的出轨，被造谣的机会必然会大大减少；做事若谨慎认真、处处紧扣规矩方圆，没有任何闪失和漏洞，就不用害怕众人一时的评头论足，也不用害怕小人的诋毁。

相对于这些来说，那些在我们面前嘴巴里抹了蜜，而一转头就会说我们的坏话；或者当着我们的面承诺得无比美好，背过身去就毫不理会，在这些人面前，那种表里不一不过是小菜一碟，丝毫不会给我们造成更大的伤害。

总之，22岁以后，面对职场上各种表里不一的表现，我们要更冷静，更理智，只要重点预防那些可能给我们的利益造成伤害的虚伪小人就可以了。而不必事事追求真实，人人要求表里如一，这是很苛刻的。

和同事开玩笑要谨慎

办公室里适当地开几句玩笑，可以调节严肃的办公气氛，润滑人际关系，拉近彼此间的距离，何乐而不为呢？事实上证明，那些喜欢和同事领导们开玩笑的人，他们的人际关系总是更和谐一些，大家也乐意与他们相处。但同时，办公室又是一个无风也起浪的地方，所以，我们开玩笑一定要非常谨慎，要讲究分寸、把握好火候可是件非常不容易的事。

刚刚进入职场的我们，对于办公室里千丝万缕的人际关系还不是很了解，所以，开玩笑还是以谨慎为妙，以免你一个不小心的玩笑，别人却放在了心里，以为你在讽刺他，那就得不偿失了。我就曾经遭遇过这种尴尬。记得我们在办公室的时候，刚巧一个同事给我们读了一份幽默的报纸，上面是有关于小姑子的种种不孝，我们都被逗得哈哈大笑。我先问了一句“你们都有小姑子吗”，结果没人答应，于是我开玩笑地说“我要有这样的小姑子，马上扫地出门。要不就整得她痛不欲生”。不料那个读报的女生马上黑了脸，“你真狠呀，幸亏我不是你的小姑子。”经过别人一番开解我终于知道，原来她正是别人的小姑子，目前居住在他大哥家中，真是欲哭无泪啊！幸亏，我的那个同事非常明礼，最终我们还成为了好朋友。

当然这只是最轻微的后果，如果我们开玩笑过了分寸，而又不讲究场合，不分人地随意开玩笑，就会有更严重的后果等着我们。总之，玩笑要开得恰到好处而不触及个人隐私；愉悦情绪而不伤害彼此情感；让别人发笑，

而不是感觉被涮；内容高雅而不低级庸俗。这样的玩笑才能够增进彼此间的感情，使我们的人际关系更融洽。

当然，开玩笑还要注意对象，讲究场合，讲究时间。同事正在工作，你却不知忙闲地开玩笑，不是等着挨白眼吗？在严肃的会场，你无所顾忌地开玩笑，不是明摆着招领导批评，遭同事反感吗？最后，开玩笑要注意度，并不是越多越好，那些经常嬉皮笑脸的人，不会得到同事们的尊重，也不会得到上司的信任和欣赏，这就损失太大了。

在办公室中，有几类玩笑不宜开，这样的玩笑或者会惹怒被开玩笑的人，或者会让别人感到尴尬，或者会伤害别人的感情，因此我们必须回避这样的玩笑。

1.职场上的黑玩笑

这种玩笑在私下里看也许没有什么，却会使当事人感到不悦和尴尬，因此应该杜绝。有一次，某下属请上司李总签一份文件，李总签好文件后，下属恭维说:“你的签名写得真好，可以和明星的签名比了。”李总正洋洋得意之际，他的助手正好走过来开玩笑地说“是啊，都练了一个月了，不好也难。”李总尴尬地笑笑，脸马上黑了下来。这种玩笑也就是所谓的黑色幽默，同事会很不高兴，更会引起你的人际关系的紧张。不利于办公室的气氛和谐，久而久之，上司也会对你有意见。

2.拿他人的缺陷开玩笑

人无完人，我们不能够随便拿同事的缺点或不足开玩笑。你自以为和他很熟，就随意地取笑对方的缺点。而这些玩笑话在对方那里却变成了冷嘲热讽，倘若对方又是个比较敏感的人，你会因一句无心的话而触怒他，使同事关系变得紧张；即使对方并不介意，也难免会受到有心人的暗示，而变得敏感。而这种玩笑话一旦说出去，是无法收回的，也无法郑重地解释。相反，越解释就会越麻烦，只能随着以后的接触慢慢地让误会消散。而如果你不接受教训，继续愚蠢地犯这个错误，就会严重地伤害对方的自尊心，再一再二不可再三，如果你改不掉这个坏毛病，不但会毁掉你与同事间的友谊，而且还会给自己的职场生涯带来不良影响。

3.不要和异性开过分的玩笑

尤其是20出头的男同事喜欢说一些黄色笑话，如果在一些单纯的男性场合，当然无所谓；在和年纪大一点的女同事相处时，她也可能一笑置之，而在有年轻未婚女士在场的场合最好不要讲黄色笑话，也不要开过分的玩笑，以免引起对方的尴尬或者误会。当然，这只是最轻的后果。据新闻报道，甚至有因为在办公室黄色笑话引发性骚扰的官司，最终索赔14亿美元的呢，这可就不仅仅是玩笑了，也不是笑话了，所以我们尽可能地杜绝黄色笑话。

所以说，在办公室中开玩笑一定要谨慎，我们要的是在玩笑中达到我们的目的，或者是在玩笑中让人记住他的风采，对他产生亲近感；或者是开个玩笑缓解紧张的局面，使同事间消除敌意；或者是以玩笑委婉地拒绝同事的要求，进行善意的批评等。总之，一个好的玩笑，可以帮助我们达到种种目的。如果我们仅仅为了取悦别人，那就大可不必，如果仅仅为了取悦自己，我们不妨常开开自己的玩笑。

22岁以后，人一定要明白，在办公室的一举一动都要小心，甚至开玩笑也要有原则和尺度。只有一开始就谨慎做人，才能够在职场中站稳脚步，屹立不倒。

职场少点账，别和同事扯上金钱关系

职场上的朋友本来就涉及利益关系，如果再涉及金钱，和同事有金钱上的来往，就会更加混乱。如果是好借好还还可以，而一旦涉及还钱难，迟早会因为这个原因，而让你们撕破脸皮，不但好同事做不成，还会惹来一身不是。

大多数20来岁的年轻人，没有家庭负担，所以每个月都会有一些盈余。而职场上的同事们大多数会和我们开口借钱。借吧，怕别人赖账；不借吧，又抹不开面子，实在是为难。那么，怎样处理金钱和同事之间的关系，才能够让双方都不尴尬，又不会伤害彼此的感情呢？

第一种情况，如果有人向你借钱，首先，就要看他借的金额大不大，一般同事间的金钱来往不会超过1000元。这样的话，如果金额较小，少了这笔

钱对你的生活也不会有丝毫影响，就可以借给他。然后当做没有这回事，切不可三天两头地暗示别人还钱。既然大方了，就大方到底，最终是否还你就是他的事了。如果他还了，你还可以借给他，如果他赖账了，你也不过只受一次骗。

如果数额较大，你承担不起，就不要借；如果数额较大，但是在你的承受范围内，就要看他这笔钱的用途，看他是否有借钱不还的不良记录；如果是他第二次向你借钱，而第一次已经还清了，就可以借给他；如果他第一次借的钱还没有还清，就来向你借第二笔钱，这时候就坚决不借。当然关于数目比较巨大的金额，一定要有借条为证据，以免对方赖账。

尴尬的是那些数目不大不小的借钱，让他写借据吧，显得你小气，不让他写借据吧，又怕他赖账。只好这样处理，如果对方借5000元，你就借给他10000元，让他写借据；如果对方借3000元，你就只借给他1000元，告诉他你只有这些。当然这是对于那些初次向你借钱，而又习惯于借钱的人；对于那些信誉良好或者轻易不向别人开口的人，则要另当别论。

其次，看钱的用途，我们必须遵守救急不救穷的原则。一个人家中始终贫困，肯定有他的原因，或者是懒惰，或者是目光短浅，或者是愚蠢，你救济得了一次，救济不了两次；而无论是谁都会有为难的时候，所以我们要救急不救穷。

再次，看一个人的为人如何，一方面是信誉问题，另一方面是有的人天生喜欢东借西补，总喜欢300元、500元的向别人借钱，尽管也会按时还上，却是每个月都要别人救济。对于这样的月光族，我们不妨拒绝他们，这样也可以遏制一下他们的坏习惯。

第二种情况，如果你向别的同事借钱，当然尽量不要借，如果在无可奈何的情况下，你借了别人的钱，一定要尽快还上，不要等别人的暗示；1000元以上的账一定要有欠条，还钱以后一定要把欠条收回。

第三种情况，不要借混乱账。比如，你的朋友向你借钱，你一时没有，就去和同事借。或者同事的朋友要借钱，他没有就向你借。作为中间人，你是很难做人的。或者你向甲借了300元，乙向你借了300元，你就要甲乙两人去平账，让乙还钱给甲。这样的混乱账最好不要搞出来，否则就会破坏我们的同事情谊。

第四种情况，也是一种最普遍的情况，就是同事一起出去，先由一个人出钱，最后AA分账的情况，最容易发生金钱纠葛的就是这种情况。

我的一位朋友小凡，和同事李某关系很好，经常和李某一起出去逛街、购物。两个人买同样的东西时经常会一个人付钱，回来后再清账（AA）。没有零钱的时候会把账记好，下次一起结算。但李某经常会忘了记账，几十块钱，小凡也不好总问她。

日子长了，突然有一天俩人吵了起来。当朋友小凡建议李某要对下账时，李某不耐烦道："我没有欠你的钱，全都结清了（因为小凡的账上没有划去她还过的钱，也不记得有还钱的情况，想试着和李某回忆一下她是何时还的）！"李某大吼："我不记得什么时候还的，总之就是给你了！你自己回去想清楚！"小凡说："我记得很清楚啊，只是对过账，但你并没有给钱我啊。"李某继续吼道："你是想再蒙我多给一次吗？"

全办公室的同事都听到了，我朋友小凡很委屈也很纳闷，怎么欠钱的比要钱的还大声。最终两个人不欢而散，关系也彻底破裂了。

这样的情况我们经常遇到，只能说，如果是我们出钱，想要索回的话，就要马上对账平分；如果事情过去了，就只好大方到底；如果是对方出钱，就要马上对账平摊，然后建议对方把账划掉，不要留下后患。

办公室里本来竞争就多，与同事有金钱上的往来，就会增加过多的竞争，会让竞争更加激烈或者因为人情而错失了竞争机会。我们工作的目的就是为了赚取金钱。所以，由金钱产生的矛盾是普遍存在和屡见不鲜的，我们要加倍小心。面对金钱方面的纠纷一定要小心，千万别因小失大，把小事变成大问题，同事之间的借债问题，能避免的尽量避免，要委婉地回绝；不能避免的，也要妥善处理，才不会引起同事间的纠纷。

刚刚进入职场的年轻人往往会碍于面子，跟同事间的交往涉及金钱，而人又普遍粗心，以至于忘了还钱的事常有，如果我们不想同事间的关系错位或变味，就要在金钱交往中加倍小心，最好不要涉及金钱的往来。

莫论人非，同事间的聊天话题要有所禁忌

领导的是非随时有很多人都在谈论，而我们要切记不可谈论领导的是非。因为我们还是职场上的新人，而新人通常对于办公室里面的复杂关系一无所知，所以我们是没有资格和老人一样谈论领导是非的。

常言道：“静坐常思己过，闲谈莫论人非！”很多时候，在办公室说话口无遮掩，议论领导的是非，最后不仅得罪了上司，甚至也毁了自己的前程。

有的人认为领导不在身边，就可以毫不顾忌地说领导的闲话，议论长短。殊不知身边与你一起谈论领导是非的人，他们和领导的关系怎样？会不会因为利益关系出卖你？再者，即使身边的人不说，世界上也没有不透风的墙，也许领导正在一边不小心听到了，也许是其他的有心人通过各种渠道弯弯曲曲地传到了上司的耳朵里。况且办公室本来就是一个明争暗斗的是非之地，处处小心谨慎还来不及，更何况总是和别人乱嚼舌头，议论上司的是非呢？即使你没有丑化上司、与他为敌的意思，只不过开开玩笑，也难保有心人会扭曲你的言辞，兵不血刃就算计了你。

有的人仗着自己和上司的关系铁，就和同事肆无忌惮地议论老板的是非。殊不知，老板和你的关系的确很铁，但他和其他人的关系又怎么样呢？你这样议论上司，让他还有什么威信去约束下属？再者，任何人都是要面子的，尤其是领导，他们把自己的面子看得更重。就算你的领导在性格或者脾气上真的有某些缺点，你拿出来当做笑柄在办公室讨论，就会让他在众人中丢脸。当某一天有人告密，或者不小心被他得知了，你就在劫难逃了，就算幸免炒你鱿鱼，你也会处处碰到麻烦，使你得不偿失。

有时我们还会因为议论他人的是非，而扫到在场人的台风尾，就更加得不偿失了。比如，两个人在餐桌上议论甲的上司，“那个老巫婆太难搞了，整天找别人的麻烦。”“是不是因为三十多岁了还没有结婚，心理变态呀？要不就是更年期提前了？”就是这样一句话被乙的上司听见了，后来上司就问他“你是不是觉得我也很难搞，经常找你们麻烦，你觉得我变态吗？”当然，乙的上司也是一个三十几岁没有结婚，而且很麻烦的女人。乙哑口无言，就这样他频频被上司找麻烦，后来不得不辞职了。

当然，这一切都有一个共同的后顾之忧，如果你平时和大家聊天时经常口无遮拦，这样同事们就会在暗地里提防你，疏远你，免得日后成为被你诋毁的人。同事不信任你，不愿意和你合作，你的工作就难以展开，就会遇到重重障碍，这样你就会离升职加薪越来越远，当然这还是在没有小人调唆和利用你的情况下。如果遇到有心人的利用，他就会故意把上司的缺陷或者隐私透露给你，让你去传播，这样不仅害了你，也害了上司，而最终得利的就是他。

我们在和别人聊天的时候，一定要记得“多听少说”。即使是说话，也尽量少涉及别人，更不要在闲聊的时候议论领导的是非，无论何时都一定要记得“祸从口出”。

工作中的人际交往，切忌交浅言深。你自以为和别人关系不错，就对他吐露内心的不满，抱怨你的上司，他却不一定怀着和你一样的心思。也许他认为你和他的交情不过尔尔呢。还有说话的时候一定要让自己的话经过大脑，避开和上司有关的话题。否则，你连自己说了些什么都不知道，或者说过了就忘记了。而别人却对你说的每一句话都记得一清二楚，甚至会把你说的话添油加醋地传到老板那里，无论栽赃也好，陷害也罢，这个时候你真的是百口莫辩，后果更是不堪设想！

你不是记仇的人，也许议论上司只为了小小地抱怨一下，但不是所有的人都不记仇，尤其是上司。那可是直接关系到你的前途的人。

20多岁的人一定要学会成熟稳重，不要轻易地开口评论一个人，尤其是一个不那么光明正大的人。一个君子可能会对你的几句抱怨一笑置之，而一个小人或者女人心胸却会狭窄得多，有时你得罪了人，却不自知，就不妨考虑一下你自己是否爱私下议论他人的是非吧。

职场中不要小看任何人

我们常常听一些人说“某某整天不做事，只顾着和别人聊天玩笑，他的

位子就是个虚衔，既没有事做，也没有职权。”等等。如果我们因此就小看他，那你就错了，办公室里永远没有虚衔。那些职位小的人，不一定权限也小，通常重要职位上的小助手拥有的权限比下一级领导的权限还大，是我们得罪不起的人物。

办公室里没有虚衔，只要有一个职位，这个人就有一定的权限，而大领导身边的小助手、小秘书，别看职位不显眼，就算办公室主管也要逢迎好他们。我们千万不可因为他们只是一个小秘书就看不起他们，甚至得罪他们。

他们的事务虽然只是帮高级领导们沏茶、倒水、订餐、安排行程、打打文件等小事，但是如果得罪了他们，我们的下场也会很难看。助手或者秘书几乎是和领导们接触时间最长、最清楚领导性格的人，虽然领导不会让他们直接参与人员的去留、方案的策划，他们的薪金也不会与业务直接挂钩，但是每一个人的升职，领导们几乎都会下意识地问旁边人的意见。如果这些小秘书们只要开玩笑地说你一句坏话，或者把你的事当做趣事讲给领导听，你就会给领导留下一个好或不好的间接印象。而这些印象就会在升职加薪的关键时刻毁掉你或者帮到你。所以，别看职位小，他们的影响力却是不小的。

还有一些单位，助手或者秘书会帮助领导处理具体的事务；或做好决策后，请领导批准；或在领导不在的情况下，有处理紧急事务的权力。对于这样的助手，领导一旦升职或者离开后，最熟悉这个岗位上的一切事务的，非助理、秘书莫属，他们很可能就会升职，坐上这个领导职位。当然，这通常是官场上的习惯，不过也有公司会这样做，让经理助理升职为经理。如果这样的话，你别看他今天只是一个小助理，其实潜力大得很。他不但能间接地影响到你的职场生涯，也许有朝一日，你还要尊称一声“头”，那时，他就可以直接决定你的职场命运了。而那些昔日看不起他的人，很可能被报复，尤其当这位助手是个心胸狭窄、睚眦必报的人。

还有一些人本职工作上的事虽然做得不好，但是他有一些特殊才能，使得整个部门的人都能够快乐积极地为公司工作，并为工作感到真心的愉快。这个人也许会一些激励手段，也许特别有激情，也许他的快乐可以感染很多人。这样的人也许并不是待在某个特别显眼的位置上，却是这个部门不可或缺的人。如果你得罪了这个人，就不仅仅是得罪了你的上司，而是得罪了整个部门的人。

还有一些人不能够得罪，就是某些负责上达下传的人，你的工作必须要经过他才可能传到上司那里，上司的意见也会通过他表述出来。他通常是这个部门的二把手，重要的决策不是他做的，具体工作他也不负责，本来他的职位可有可无，但是一些得罪下属的事要求他去处理，一些上司的失误要求他来背黑锅，所以，他不但是这个部门不可或缺的人，还是老板的“心腹”。如果得罪了这样的人，你的意见就会被上司无意地忽视，你的工作就总是漏洞百出，你的麻烦就多了。

有一些平庸的同事，他们的业务能力非常差，还经常不务正业，吊儿郎当，但是上司很看重他。甚至有意无意地对他卑躬屈膝，这样的人，我们也要非常重视，绝不能够蔑视他的存在。既然他在这个位置上，就肯定有一定的原因，说不定他是某位高级领导的亲人，或者是你的大老板、你的公司的股东。或者通过这个人，你们公司可以结识不少的高级客户等。

总之，公司里一般没有一个人是吃闲饭的，也没有一个人的位置是没有职权的。职场上没有所谓的有名无实的职位，也没有名头大、权力小的职位。

所以，无论一个人的职位如何小，能力如何平庸，只要他在这个位置上，就是合理的。只要是同事，我们就不应该小瞧，更不能随随便便地得罪一个人。如果一个人指使你为他做事，无论他的职位是不是比你小，他的能力是不是比你差，只要他命令了，他大概就是有资格的。毕竟每一个人都清楚自己的分量，不会随便使唤人，也不会随便得罪人。

22岁以后，我们一定要清楚这一点，一个人的权力大小，并不都是根据职位来确定的，也不都是根据他为公司作出的贡献来确定的。有时是根据他所在位置的重要性，有时是根据他的作用大小，有时是根据他和高级领导们的关系。所以，不要看不起小职位的人，只有这样，我们才能左右逢源，在职场上过得如鱼得水。

学会团结同事，并要懂得保持适当距离

职场中很少有人能单枪匹马地打拼就获得成功，更没有在众敌环绕的情况下能够突出重围的。竞争越来越激烈的职场，每个人的成功都需要上司的提携、同事的帮助，大家一起合作才能把事情做好，才有升职加薪的可能。年轻人在职场中一定要与同事保持安全的距离，既不能太近，又不能太疏远，合适的距离才能让你左右逢源的同时，躲避同事的暗箭。

在职场上，表里不一是太正常的事了，我们没有必要因此而感到伤心难过，只要警觉戒备这样的人就可以了。当然更没有必要非要和他们较真儿，揭露他们伪君子的真面目，否则，他们会恼羞成怒，那你就不好过了。年轻人要掌握在职场上和上司、同事相处的技巧，才能让别人心甘情愿地帮助你。我们是率性的、热情的，不习惯委婉和含蓄，脑子里更没有那么多弯弯绕。然而“害人之心不可有，防人之心不可无”，为了避免我们受到伤害，还是了解一些职场上的事比较好。

1.不要树敌

年轻人在竞争中有自己的特点，虽然也可能因为利益关系而产生矛盾，而且根本不可能避免，要知道利益矛盾就是职场上的根本矛盾，除非你不打算竞争，否则矛盾就少不了。怎样处理这种矛盾呢？如果你不打算竞争，或者是目前的实力还不够，为了避免树敌，那么主动退出，山不转水转，日后你还可能成为他的下属，为什么要因为根本得不到的东西而得罪人呢？若一个人处处不肯吃亏，处处想占便宜，于是骄心日盛，迟早会落入四面楚歌之中，就算你爬到了顶峰，也是失败的。

如果你和对手势均力敌，你的能力、人脉和他不分上下，那就要注意公平竞争。任何时候，情分不能践踏，不能侮辱别人的人格、能力，更不能用诡计取胜。若你日后胜出了，要主动请大家吃饭，给予别人关照，尽量抚平因竞争引起的不快。如果日后有人不服，也要尽量地和他们交流，通过帮助他们而获得彼此合作的意向，不要因为别人的不合作而毁掉了你的前程。要知道，一个单位最怕上司与下属不能合作，尤其是年轻人担当领导，别人未免不服气，既不能纵容他们，也不能对他们施威施压，更不能要求领导出面调停，一定要运用自己的智慧，让大家心服口服。

如果你失败了，也要大方地恭贺你的对手，为对手叫好喝彩，尽量不要因此产生不快，最终结为死仇。为对手叫好是一种智慧，是一种谋略，能做到放低姿态为对手叫好的人，在做人做事上才算是成功。年轻人最容易因为一时的好胜心强而和对手结仇，事后不服输，总是宣扬别人是以阴谋取胜，最终结为死仇。这是最不理智的，即使别人因为耍手段胜出了，也要理解为“存在即合理”，更何况没有证据就不要随便宣扬，输得起也是一种本事。

2.对付小人要有自己的方法

有些人是领导面前的“红人”，但是却当着领导一面，背着领导一面。对于这种人，最聪明的办法就是吸收他们的过人之处，与他们推心置腹地交流、沟通，体谅对方的苦衷：他们没有自我，靠着卑躬屈膝，谨慎地过日子，对上要看别人的脸色，对同事还要万分提防，以免别人取代了自己的位置，还要承受众人蔑视的眼光，也实在可怜。当然推心置腹并不是口无遮拦地与他们做朋友，而是要取得对方的认同和信任，同时保持距离，不出卖自己。

3.避免同事间的非利益竞争

不要太骄傲，太爱炫耀自己；不要做漂亮的孔雀，总爱炫耀自己的过人之处。不要总是一副高高在上、不屑与别人交往的样子，亲切的年轻人更招人喜欢；不要随便向你爱慕的人表白，尤其这个人是大众情人的时候，在没有弄清楚他的意图之前，不要自讨没趣。

4.拉近同事间的关系

和上司、同事的亲近关系要从日常做起，否则，突然亲近会让别人觉得你别有所图。刚刚进入职场的年轻人其实有很多机会去亲近同事：遇到不能解决的问题去请教同事；别人给予你帮助之后，答谢别人，一来一往就多了和别人的接触机会，接触机会多了，想拉近关系自然就容易了很多。比如，下班时间请别人吃饭、娱乐；记住某个人的生日或者特别的日子，送上一份祝福和关怀。这些都可以拉近自己和同事之间的距离。

至于和上司拉近关系，那也很容易，最好要从公事开始发展。最初的时候，不妨从多汇报工作进度、汇报自己的想法、向上司讨教更好的处理方法

开始。然后慢慢地聊一些兴趣爱好、娱乐方面的事情，最后才能发展私交。要注意的是，和异性上司交往的时候，要注意保持距离，不要让别人产生误解，也不要让上司产生非分之想，尤其当他有家庭的时候。要做朋友，不要做知己，不要听他的私事，更不要参与他的家庭纠纷。

只要年轻人行得正，走得直，不贪功，被同事陷害的机会就会大大减少。一定要学会轻松地游走在上司与同事之间，才能做到让人羡慕但不嫉妒，做到靠交际、靠情商而取胜。但最重要的就是要和上司、同事保持适当的距离，不能太近。左右逢源，才能事事顺畅。

左右逢源，避免在职场中“参战”

职场如战场，由于经验不足，年轻人在刚步入职场时要尽量避免参与办公室内的“战争”。年轻人在进入职场后都有比较高的心气，想着升职，想着成功，但是一定要避免急于求成的心让自己过早地卷入办公室的权力之争。尤其在还不明白对方的实力，同时上司也没有明确地表示或暗示之时，我们更不宜卷入权力的战争。

年轻人要清楚，对于权力之争从来没有真正的胜利者，最终得利的永远是上司和公司，只有很小的利益属于我们本人，而这对于你以后在职场上的发展不一定有多大的好处。比如，会为以后的人际关系纷扰添上可怕的一笔。那么，怎样才能避免过早地卷入权力战争呢?

1.避免显示自己的优越性

如果你在学历、能力、人脉或者其他方面比起同事来有优越性，最好不要显露出来，更不能一副高高在上的姿态。否则，这些优越性，就会为你带来敌人。德国有这样一句谚语：“最纯粹的快乐，是我们从别人的麻烦中所得到的快乐。”是的，很多人，甚至包括我们自己在内，从别人的麻烦中得到的快乐，都可能远比从自己的胜利中得到的快乐大得多。这是人类本身的劣根性，而且是难以改变的劣根性。

相对来说，“最纯粹的痛苦，也就是从别人的炫耀中，意识到自己无能的痛苦。”所以无论是快乐还是痛苦，都来自比较，如果我们处处显示自己高人一等，就会引起公愤。这样我们很轻易地就会陷入与周围同事的战争中无法自拔，更不用说，如果前面还有一个让人受益的职位等着我们。

在交往的世界里，人与人之间应该是平等和互惠的，所以那些谦让而豁达的人总能赢得更多的朋友，而那些妄自尊大、高看自己、小看别人的人总会引起别人的反感，最终在交往中使自己走到孤立无援的地步，让别人都敬而远之，甚至厌而远之。所以，无论我们有着怎样的优势，都要学会韬光养晦，不要让人感到狂妄，否则就会失去你在同事间的威信和信任，得不到同事的认可，甚至在办公室树立很多的敌人。

2.切记不可急于求成

年轻人刚刚走入职场，对职场的法则还不是太了解。在我们看来，努力把自己最优秀的一切都展现出来是理所应当的。我们认为职场的成功就是要努力工作，要为公司做出最大的贡献，刚进入职场，我们的确有必要表现自己，但必须有分寸，太过锋芒毕露反而会给同事和领导留下激进的印象。如果你凡事都要先发制人，还动不动就来个“抢跑”，就会使自己处于竞争中的不利地位。主要原因是：过早地卷入竞争，就会过早地暴露自己的实力，同时也会显出自己的缺陷，以致在竞争中处于被动境地。而且锋芒尽露的你很可能会因为升迁之争的淘汰制而提早出局。

所以，不妨暂时隐藏你的锋芒，来个后发制人。这样做的好处有三方面：

第一，适当地放低姿态，以谦卑的态度向职场上的前辈学习，我们不会过早地树敌。敌意之所以出现，就在于我们太优秀。在交往中，任何人都希望得到别人的肯定，都在不自觉地强烈地维护着自己的形象和尊严，如果我们表现得过于优秀，那么无形之中是对别人自尊和自信的一种挑战与轻视，别人的敌意也就不自觉地产生了。如果我们不让别人感觉到我们对于他们的职位的威胁，我们自己也就少了很多压力，同时也就少了很多把你当做竞争对手的人。这样你的工作才好做，你才能顺利地进步和积累经验。

第二，如果我们一开始就将自己的所学全部表现出来，人们在一开始就会对我们形成起点高、能力强的看法，而如果我们在以后的工作中不能如

人们所愿地表现出自己的超强能力，同事们包括上司就会对你产生失望的感觉。所以，我们应该适当地保存实力，这样我们今后如果有进步和发展，才会让人看得清楚，才会让上司和同事觉得你有无穷的发展潜力，你的升职是理所当然的，也是阻挡不住的，这样对你的升职才有帮助。

第三，我们刚刚进入职场，即使能力非常好，我们同样还是缺乏做事经验的。所以，我们的当务之急就是给自己足够的时间积累资本，打牢根基，争取“厚积薄发，一鸣惊人”，而不是急于做“出头鸟”，成为众矢之的。

对于进入职场的年轻人，你将会看到形形色色的办公室战争，如果我们不想在这个没有硝烟的战场上一败涂地，就不要过早地卷入权力的战争中去，以免因经验不够丰富或者实力不够强大而惨遭淘汰。我们要学会在竞争中保持冷静，对比自己与对手的优势和不足，冷眼旁观，后发先至，才可能在竞争中出人意料地获胜，这就是“职场黑马”的修炼秘诀。

年轻人要学会在办公室之争中控制自己，用冷静的态度让自己看清没有硝烟的战争。要从这些战争中慢慢地成熟起来，而不是一味地争强好胜。只有忍得下一时之气，才能在未来的跑道上取得胜利。

朋友篇

用点心开始编织“朋友网”

第07章

赢取人心，懂点人情世故更能站稳脚跟

你不给别人余地，自己就会无路可走

年轻人在与他人相处的过程中，一定不能将事情做绝，你要清楚，你还年轻，以后还有很长的路要走，把事情做得太绝，无疑是断了自己的后路。懂得给他人留有余地，不只是放他人一马，更是为自己的将来多留条路。不把事情做绝，不把话说满，是年轻人必须懂得的与人交际之道。

步入社会的年轻人在与人交往的过程中，一定要注意给别人留余地、留面子。有位哲人说："不要把痰吐在井里，哪天你口渴的时候，也要来井边喝水的。"这就是让人们不要把事做绝，不要把话说满，懂得给别人留点余地，方能让自己从容转圜。如果你此刻不给别人留余地，当你有困窘的一天时，就要小心别人不给你留余地。久历江湖、人情练达的人都知道，不要把对手逼到绝地，否则迟早有一天，你也会被逼到悬崖边上。说话做事不给别人留有余地，也就是不给自己留有余地。

那么，对于年轻人来讲，如何才能给他人留有余地呢？交往说话的时候，要多地使用模糊语言，才能够不给别人攻击的空间。如果话说得太满，就不免被人有机可乘。最著名的就是"自相矛盾"的例子。卖兵器的人说："我的矛是世界上最尖锐的，什么盾都能攻破。""我的盾是世界上最坚固的，什么矛都戳不穿。"他的话被别人抓住了把柄："以子之矛，攻子之盾

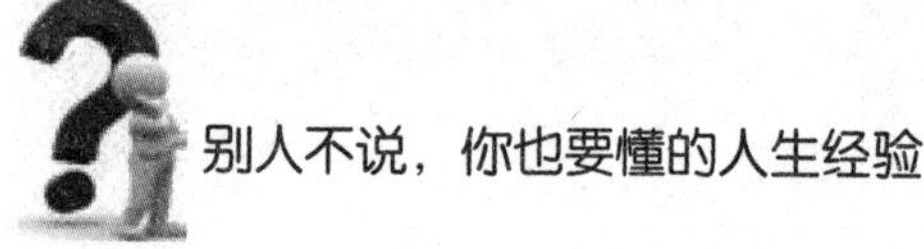

呢？”最后搞得这个人满面通红，好不尴尬。如果他说话不是那么满，就会有回旋的余地，也不至于到最后自己下不来台。所以，许多名人在面对记者的询问时，都爱用这些字眼，如可能、尽量、或许、研究、考虑、评估、征询各方意见……这些都不是肯定的字眼。他们之所以如此，就是为了留一点儿空间好容纳“意外”；否则一下子把话说死了，结果事与愿违，那不是很难堪吗？普通人与人交往时，最好也用好“我试试”“我尽量”这些可以随机应变的、有余地的语言，否则就会让人觉得你不可靠，给别人留下说大话、不守诺言的不良印象。

有一匹马挣脱了缰绳，吃了菜园中的菜。主人为了惩罚它，把它鞭打了一顿，鞭打得血迹斑斑，马跪下来向主人求情。但是主人并没有停下手中的鞭子，直到这匹马变得气息奄奄才停下来。午夜的时候，睡梦中的主人被惊醒了，原来是那匹马恢复了体力，咬断了缰绳，最终闯入主人的卧室，咬断了主人的脖子。主人也拔下挂在墙上的长剑，刺入了马的胸膛。不给对方留余地的一人一马，最终两败俱伤。

如果当初主人在盛怒之下，留点余地，饶恕那匹马，马就不会报复他；如果马匹不报复主人，而是偷偷地走掉，最后也就不会丧命。

当然，给别人留余地就是年轻人无论在什么情况下，都不能直接地把他人推向风口浪尖，万不可置人于死地，否则别人就会做出极端的反抗，这对双方都没有好处。事事给别人留一点余地，也就是给自己留下了生存的缝隙。凡事总有意外，留有余地，就是为了容纳这些意外。现今社会更是如此，“十年河东，十年河西”，你在今天把别人逼得走投无路，就要小心有一天位置交换，对方会把你逼得走投无路。如果杯子没有空间，加入水就会溢出来；如果气球没有空间，就会爆炸。人只有说话做事留有余地，才不会由于意外出现而下不来台。留有空间，留有余地，一个人才能从容转身，使自己不至于陷入绝境。有进有退，收放自如，才能更机动灵活地处理和解决更复杂的问题。

对于给他人留有余地这个道理，年轻人一定要明白，这是在人际交往中非常重要的一点。给他人留有余地，留下退路，就是给自己的未来留下后路。

人情交往中不得不懂的“礼尚往来”

步入社会的年轻人，在与他人交往的过程中，少不了相互帮助的时候，那么，我们自然要懂得“回礼”的重要。不要吝啬，你在对他人表示感谢的时候，也就奠定了你们下一次的合作。

年轻人一定要认清与人交往的现实，没有人会平白无故地帮助你，会无缘无故地对你好，没有一种赠予是应该的，也没有一种接受不需要回报。互相结交的两个人，都希望从对方那里得到什么，无论是功利性质的，还是精神方面的。如果长时间里你对别人没有帮助，对方对你也没有表示出任何帮助的迹象，你们的友谊就会慢慢地干枯，甚至你们会变成陌生人。

从古至今，社交都是礼尚往来的，无论是先表示出希望别人帮忙，还是表示出想帮助别人，都是一种友好的交往过程，朋友总是越交往越亲密的。然而最残酷的事实是，许多人既拉不下脸来请求别人帮助，又不甘主动地去帮助别人，于是彼此之间的关系渐行渐远。还有一些人，只期望对方能给自己一些什么，却从来吝于帮助别人，吝于主动付出，于是因为过度地索取而不知感恩，被对方抛弃了。在交往的过程中，想要双方都相处得好，就必须有付出、有索取，这才能够平衡。

从本质上讲，社交是一个互相帮助和感激的过程。交往的双方，往往因为面子的关系，谁也不肯主动去帮助别人，最终不免走向生疏。如果不想关系变得陌生，你就要记得一句话：“赠人玫瑰，手有余香。”这并不是讲简单地帮助他人，在朋友交往中同样有效。“赠人玫瑰，手有余香”是英国的一句谚语，意思是：一件很平凡微小的事情，哪怕如同赠人一枝玫瑰一样微不足道，但它带来的温馨会在赠花人和受花人的心中慢慢升腾、弥漫、覆盖。在交往中，我们就应该这样，主动地为别人提供帮助，哪怕是很微小的一个帮助，都能让你们的感情升温。这不但让别人得到帮助，也会增加你以后请求帮助的机会，你的心灵同时也得到一次净化，何乐而不为呢？

年轻人要在他人有需要的时候伸出援助之手，如果你没有伸出自己的友谊之手，那当你需要帮助的时候，就会陷入孤立无援的窘境。这就是自私者的下场，有多少人因为“事不关己，高高挂起”，直到别人的专制侵犯到你的头上时，才奋起反抗，可是为时已晚，因为大家都学会了冷眼旁观。很多时候，命运就是我们头上的压迫者，只有相互帮助，这个世界才不会变得那么冷漠。“交往”的目的就是希望自己将来在某件事情上无能为力的时候，别人能够扶持一把；如果在别人陷入困境时，你无动于衷，别人就会冷眼旁观你陷入窘境的时刻。

我们在交际中要记住：给予就会被给予，信任就会被信任，爱就会被爱——行为孕育行动，这就是心理学中的互惠关系定律。在他人需要帮助时，不要冷漠地看笑话，而是要伸出援助之手，这样才能够在你陷入尴尬的时候，别人也来帮助你。帮助别人，不仅使彼此交往的两个人关系更加亲近，也能够使帮人的一方精神得到充盈，得到慰藉。

懂得礼尚往来的年轻人，才能够通过与人的交流留住他人的心，才能够为自己编织更大的人脉网络，有人情味的人才会赢得他人的尊重。

看清对方，不要对谁都说心里话

年轻人没有多少社会经验，接触过的人相对来讲还是有限的，在你没有完全了解一个人的情况下，不要把自己的心里话随便说给对方听。这是人际交往中的大忌，因为也许你在不知不觉中就说了自己或他人的隐私。

当然，对于充满倾诉欲的年轻人来讲，把一个秘密留在自己的心中，甚至连和自己关系最好的人都不能说，这是一种多么难受的心情啊！不能够与人分享一件事，的确是很难受的，既然知道这种感受，就应该明白，如果你对一位朋友说：“我告诉你一个秘密，千万不要讲出去啊。”这对于对方是一件多么残忍的事。当然，他也许会不守承诺，把这个秘密说出去，那就会对你造成很大的伤害，他也会因此而惭愧，但是你们之间的关系也就结束了。

所以，处理这种情况最好的方式就是不随便对人说掏心话，不是因为身边朋友的人格不够可靠，而是因为他们和你的生活或者工作息息相关，起码是有交集，如果这些话通过他们泄露出去，对你的生活和事业影响会很大。反倒是那些无关紧要的人，比如，心理医生。

其实，如果年轻人真不能保证自己不向别人吐露你的一些心里话，那么不如用以下三点来帮助自己。

第一，把自己要说的话讲得有技巧些，既能给别人留下很大的想象空间，又抓不住真正的把柄；既能引起别人的认同，又绝不会减小你的魅力。据心理学家调查，女人比男人更容易泄露秘密，这是她们迅速地和别人打成一片的秘密武器，但是同时，也会让自己的魅力和信用减分。向别人泄露你的隐私，固然能够让你迅速地和别人打成一片，引起别人、至少是女人的认同。但是，相对的，别人对你知道得越多，对你认识得越清晰，就对你越少了想象。留一点儿隐私给自己，也就是留一点儿想象空间给别人，这不但增加了你自己的神秘感和魅力，同时也保全了你的隐私。

第二，写日记。如果觉得某件事给自己造成了很大的压力，如果不倾诉出来就会憋出病来，那么不妨把这些事写成日记，也能够缓和自己内心的一些压力。这虽然不如向别人倾诉来得更放松，但也是一种方式。或者用给自己某个非常信任的人写信的方式表达出来，也是非常好的，想象他就在你身边倾听你的诉说，或者就在另一个地方读这封信，你的心情就会好起来。但最重要的就是，这件事过去以后，别忘了毁尸灭迹，日记要撕掉，信件也要烧掉，不要真的寄出去。要知道这只是一种让自己放松的方式，一种保全自己隐私的方式，如果让别人抓住确凿的证据——有时候笔墨比语言更有说服力——那不是自投罗网吗？要知道，肯定会有人不尊重别人的隐私的，否则怎么会有那么多翻孩子抽屉的家长呢？在你的周围肯定也有这样的人，毁尸灭迹是使用这种方式首先要注意的事。

第三，说秘密的对象换成人。女人喜欢把秘密讲给闺蜜，男人也喜欢把秘密讲给自己的红颜知己，可是相对于女人来讲，男人是保守秘密更可靠的对象。因为男人不可能轻易地泄密，喜欢嚼别人舌根的男人是很少的，所以，不涉及其他人的秘密，还是“泄露”给男人更可靠。而且，即使男人不小心泄露了你的秘密，也极少会添油加醋，一是因为他们的性格决定他们说话的时候，更像就事论事；再者，一般人的想象力有限，就算添油加醋，也会因为不符合一些人的逻辑思维和行为方式很容易就会被拆穿，到时候直接否认一切就可以了。有谁会相信一个人会对男人倾诉自己的心事呢？大多数人不过认为他在吹嘘罢了。

年轻人在走入社会后，一定要学会为自己保守秘密，当然，方法不一定只有以上三种，只要能保守自己的隐私，又不破坏朋友之间关系的方法就可以。年轻人要慢慢地学会有点心计，职场中竞争激烈，你对别人推心置腹，没准转过脸他就会抓住你的把柄出卖你，不要觉得这是不可能的事情，学会为自己保守秘密，就是对自己的人生负责。

给双方一个舒服的相处距离

刚进入社会的年轻人经常会做出一些比较直率的事情，比如，看到不平的事，就喜欢提醒别人，最终却因为自己的直言而得罪了别人。与他人保持适当的距离，才是年轻人要懂得的与人相处之道。

年轻人不能率性而为、无所顾忌，话语出口前，考虑一下别人的感受，这是一种成熟的人的处世方法。中国人处世常常遵循这样一种原则：以自己为中心，和别人的关系就像是自己进水里荡出的波纹，以远近分亲疏，越是离自己近的人就越和自己息息相关，越是离自己远的也就越无关痛痒，因此，人们最信任身边的人，讨厌别人的挑拨是非。

有一天夜里下了一场大雨，雨打坏了一个富人家的墙。富人的儿子说：“不修好，一定会有人来偷东西。”隔壁的老头儿也说：“不修好，一定会有人来偷东西。”果真就有人来偷东西了。富人觉得自己的儿子有先见之明，而隔壁的老头儿则是心怀不轨。

这便是因为人们都愿意相信和自己比较亲近的人，对于不亲近的人比较没那么容易对其产生信任。在人际交往中，年轻人一定要注意自己在别人心目中的地位，不要做出一些交浅言深的事。如果和别人的关系没有达到一定

的程度，还是不要乱说话的好，这分为以下三种情况：

1.对交情浅的人不说深的话

交情浅，难免人微言轻，就算你的意见再好，别人也会不以为然，甚至以为你别有用心，另有企图。所以，对于交情浅的人，我们不但不能透露自己的私人状况，也最好不要提建议和意见。有这样一句话：“除非是人命关天或者受人邀请，否则不要随便说出你的建议。”

“逢人只说三分话，不可全抛一片心。”就是要人们说话须看对方是什么人，对方不是可以尽言的人、不是亲近的人，你说三分，已经够多了，更何况是全盘托出？对方倘不是深相知的人，你也畅所欲言、以快一时，对方的反应是如何呢？你说的话是属于你自己的事，对方愿意听你说吗？彼此关系浅薄，你却与之深谈，显出你没有修养。你说的话是关于对方的，你不是他的挚友，不配与他深谈，忠言逆耳，却显出你的冒昧。所以说，和别人交浅言深是一件很没礼貌的事，和别人交情浅的时候，很多话就不必说、不该说、不要说了。

2. 不要说得太透彻、太露骨，不要凡事如实相告

不要以为凡事如实相告，别人就会感激你，在说之前不妨想一想别人听了这件事，是什么感受，然后再决定说不说。就像很多婚变，往往是别人道出了真情，致使妻子下不来台，所以才导致家庭破裂。不要以为凡事只有你最清楚，要知道日日夜夜待在一起的两个人，对方有什么变化，有什么不对劲，当事人永远是最先知道、最先感受到的那个人，问题是，当事人是否愿意拆穿，是否愿意计较。所以，那些所谓的闺蜜，小心翼翼地告诉朋友：“我看到你老公……”完全是自作多情，使别人没面子，不闹开都不可能了。如果别人不提，她完全可以装作蒙在鼓里，等待对方的回心转意；一说破，则没有了回旋的余地。凡事不要说破，说破则让对方没有了退路，甚至会记恨你。再者，如果对方不知道，你不免被认为是挑拨离间之徒。

3. 不要掺和别人的家事

有一句话叫做“清官难断家务事”，何况是朋友？今天，她在你面前狠狠地说老公不体贴、婆婆偏心眼、妯娌自私、儿子不听话，这些只不过是一时气愤的话，他们照样是一家人。所以，在别人说气话的时候，不要附和她，更不要帮着出主意，否则你就会变得里外不是人。和别人交往就是这

样，尤其和女人交往，能不涉及家事就不要涉及家事，否则就真的变成了“三姑六婆”。

年轻人在与别人交往的时候，要清楚别人之间相处的事情是容不得你插手的，尤其是当你和这个人的关系比另一个人疏远时，更是如此，要知道疏不间亲。这种规则在中国已经流传了几千年，还要不断地流传下去，想要自己过得好，就要远离是非，遵守规则。与他人能保持恰当的距离，不只是对方，自己也会感到轻松自然得多。

敢当配角，让对方感到备受重视

人生的舞台上不都是主角，总有一些人要做一阵子绿叶。作为年轻人，你不会一步入社会就成为红花，一定要先从绿叶做起，这样你才有成功的机会。总是把自己放在第一位，不顾他人感受的人，永远抓不到成功的手。

在相声的舞台上，有捧哏和逗哏之分，在生活中也需要一些“捧哏”。在老板、上司风光的背后，少不了默默耕作，配合他工作的人。这样的人得不到众多的羡慕，但他的贡献不可缺少。在工作中，我们有时是主角，有时却要配合别人的工作。在职场上有时我们升职了、加薪了，会受到别人的祝贺；有时我们却要在别人升职加薪时学会“捧哏”，祝贺别人。“花花轿子人抬人”，我们不但要学会坐轿，更要学会适时地“抬轿”。

与人相处，年轻人总要学会这点，你捧别人，别人才会捧你。每个人都不能事事以自己为中心，在适当的时候我们也要学会配合别人，让别人当主角。

曾经在学校里，我们可能是公认的好学生；在家里又是被爸妈捧在手里的珍宝；在以前的单位可能有过那么一两回出色的表现。但是，与人交往的时候，时刻要记得你们是平等的，不要总把自己当初的成功拿出来显摆，在别人成功的时候，适当地为他喝上一声彩，真心地恭喜他，是必需的。只有学会诚心诚意地为别人喝彩，恭喜别人，才能赢得众人的尊敬。

人际关系就是从这些点滴的小细节中体现出来的，为别人喝彩助威，配合别人工作并不等于贬低了自己，相反是成全了自己。每一位成功的人都曾经是成功的人的助手。每一个接受别人恭贺的人，都曾经恭贺过别人。锦上添花是一种大胸怀。善于在别人胜利时为他摇旗呐喊，会得到更多人的尊敬，不嫉妒别人而真心地恭贺别人的人，不仅是君子，更是圣人。一个人成功了，恭喜他的人多，攻击他的人更多，而疏远他的人是恭喜之人和攻击之人的几倍。更多的人喜欢雪中送炭，而不是锦上添花。因为雪中送炭更能显示一个人的优势，而锦上添花往往使自己更失落。有几个人是为别人的胜利真心高兴的呢？做别人做不到的，就是对我们人格魅力的一种磨炼。

那么，年轻人如何在与人相处的过程中做好绿叶呢？

1.平和的心态

那些对于别人的成就眼红嫉妒的人是做不好绿叶的，无论是对别人工作的配合，还是对别人功成名就的恭贺，没有平和的心态绝对做不好。朱时茂和陈佩斯的小品《主角和配角》中，因为配角嫉妒主角赢得的掌声和观众的目光，不喜欢当配角，一再地捣蛋抢戏，导致本来好好的一幕戏，拍了几遍都不成功，这就是不好的心态带来的后果。在现实中，往往也有些人不甘心配合别人的工作，在私底下捣乱，或纠结众人聚众闹事，致使上司的工作做不好；或者采取“非暴力不合作”的态度，对工作不冷不热，不积极主动地配合领导，也会在上司的心中留下不好的印象。当你意识到自己是绿叶时，就要用平和的心态去看待这件事，无论你捧得这个人能力是好还是坏，比你是高还是低，都有他的道理。既然你是配角，就要用配角的心态来做事，如果不能好好地配合别人，又怎能委你以大任呢？

2.不要夺了别人的光彩

当绿叶的目的就是为了突出当红花的人，你见过伴娘抢了新娘的风头的吗？如果有，肯定会被新娘记恨。奥斯卡有最佳男女配角奖，但最佳的配角正是能最好地突出主角的人，而不是埋没了主角的光彩，抢夺了主角戏份的人。在相声中，好的捧哏能让逗哏的人说得更加精彩，不好的捧哏能让逗哏的人张口无言。原因就是他们往往忘了自己配角的身份，夺了别人的光彩，堵住了别人的出路。工作做不好，有时候不仅仅是因为主角的能力差，往往是因为配角不配合。下属常常分不清谁重谁轻，要听谁的吩咐，有了分歧以谁的意见为准，所以工作往往做不好。而有些场合明明别人才是主角，他偏偏打扮得光彩照人，说话谈吐也抢在前面，所以往往使人误解，引起主角的不快。试想，如果一个记者采访明星，明星不说话，而他的经纪人则喋喋不休，是不是会引得大家都不愉快？所以当绿叶者要注意自己的身份，切忌抢夺别人的光彩。

相声中，一般逗哏的人会得到观众更多的掌声，更受观众的喜爱，然而没有捧哏的在旁边配合、敲边鼓，逗哏的人无论多么能“忽悠”，观众也不会自己笑起来。捧哏通常说一些哼哼哈哈、无关紧要的话，但这些无关紧要的话恰恰也是观众内心想要知道的事，所以捧哏至关重要，人生中也缺少不了这个角色。年轻的绿叶们就像相声中的捧哏者，你也是生活中不可或缺的部分。

绿叶不一定只能躲在红花后面，它们也有可能因为长得茂盛儿遮住红花的光芒。年轻人要向着这一目标努力，踏下心来做你的绿叶，一个成功的绿叶也会让他人觉得你的高大。把自己从中心的位置拿下来，你会发现你可以看到更多面的生活。

诚信为先，没有信任就别谈交往

诚信，是人与人交往的必要前提。作为年轻人就是要学会信任他人，这个信任自然不能是盲目地信任。信任是讲诚信的表现，是我们对自己信誉的要求。如果想要他人信任自己，那么，就要求我们先学会信任别人，这样我们才能在交往中赢得他人的欢迎。

盲目地信任他人很可能导致受骗，尤其是对于那些来历不明的陌生人，我们更要保持警惕，但是对于我们身边的熟人，选择信任他们会让他们感到感激。在这个信任危机的时代，任何一种盲目地信任都要付出代价，而任何一种对于交往对象的猜疑，都会使人受到伤害。我们有辨别是非的能力，就要睁大双眼，辨别那些值得我们信任的人，给他们以安全感和可靠感。信

任他们，认可他们，才会得到他们的赞同。尔虞我诈的欺骗和虚伪的敷衍是对人际关系的亵渎，任何人都不会无缘无故地喜欢、认同一个人，他们的喜欢、认同都是建立在我们对他的信任、认同之上的。所以，真诚地对待一个人、相信一个人才可以让别人产生敬佩、赞同的感情。

当然和信任截然相反的就是多疑和猜忌，很多人都有猜忌他人的坏习惯，这固然与一个人的心胸有关，同时也是一个人不自信的表现。一个喜欢猜忌他人的人，通常有着很深的自卑心理，导致他不能客观地对待别人，总是以先入为主的偏见对待他人。

有个人丢失了一把斧子，他怀疑是邻居偷了。因此留心观察邻居的所作所为，觉得邻居走路、说话、神态都像是偷了他的斧子，他肯定邻居就是那个小偷。不久，他在自家的地里找到了斧子，再观察邻居，这时觉得他说话、走路、神态全然不像小偷的样子了。

同样的一个人，只是因为你看他的心理发生了变化，才会对这个人有不一样的结论。猜忌正是一种主观想象和推测，不以事实为根据。你遇没遇到过类似的情况？总以为谁在背后说你的坏话，总以为别人聚在一起是在取笑你，总以为有人在你背后陷害你，结果事实上根本没有那回事。事实上，每个人都有他猜忌多疑的一面，越是遇到和自己亲密的人，和自己敌对的人，猜忌心理越是严重。

《红楼梦》中的林黛玉便是非常爱猜疑的人，史湘云不过说了一句她像戏子，她就大哭大闹，认为湘云看不起她。薛宝钗不过劝贾宝玉酒要温过再喝，她就怀疑薛宝钗喜欢她的宝哥哥，结果草木皆兵，到处树敌，动不动就流泪伤情，被人看做第一小心眼的人。虽然谨慎行事是很有必要的，但是谨慎不能和猜疑画等号。猜疑只会让我们一事无成，只有真诚地信任他人，才可以让你的人际关系更加和谐。

信任他人能看出一个人的品质，一个人的修养，它就像你的一个习惯，能帮你提升礼仪，提高教养，戒掉猜疑别人的毛病，相信他人的善意会让你更从容。任何人际关系都是建立在相互往来的基础之上的，如果你不信任别人，猜忌别人，就很可能招来别人的怀疑。想要信任一个人，首先要从相信他所说的话开始。如果你觉得他说话谨慎，不夸口、不张扬，这样的人，一定值得你信任。相反，通常说得天花乱坠的人，他的话的可信度就要打个折扣。

人们对一个人的信任，通常有一个循序渐进的过程。首先是相信他的话语、态度，然后相信他的能力，最后相信他的人品。信任他人，就是信任自己的眼光，而怀疑别人的态度，也是对自己的眼光和生活态度审视、怀疑的态度。相信别人就要相信他的能力，一个人的能力得到他人的认同和信任时，就会把你当做知遇之人。给一个年轻人一项大任，他通常会赋予100%的热情与精力而不求任何回报。在语言上表示对他人的认同，不如以实际行动来表达更好。面对他人的请求，迟疑的态度无疑会刺伤对方的自尊心，这时，绝对的信任才会激发一个人的热情。

年轻人在与人交往的过程中，要用善意的眼光看待他，不要因为一些小事就对对方起了猜疑之心。善良、公正的人才会赢得他人的好感。信任是种礼貌，是种尊重，它会对你今后的人生发展都有重要的帮助。

善于分享，人心就会向你靠拢

年轻人在与人相处的时候，要懂得和他人分享。许多年轻人不懂得分享的好处，喜欢一个人享受成功的喜悦、劳动的果实，其实这从很大程度上来说，是我们这一代人的缺陷，因为我们大多数都是独生子女，从小不懂得和别人分享。但我们已经长大了，我们要善于同别人分享我们所拥有的，才可能得到大家的认可，才会使大家更愿意和你交往。

对于刚工作的年轻人来讲，分享就是让同事成为自己的合作伙伴；对于参加聚会的年轻人来讲，分享就是赢得他人心的最好方法。能够赢得人脉的人都是有共同点的，最重要的一点就是与人分享。因此，要做一个善于同别人分享的人，大家彼此交往的目的就是要共同分享某些信息。

有位母亲曾经告诉自己的孩子，他们小时候有七个兄弟姐妹，嘴甜的就会得到父母更多的疼爱，但有东西分给大家吃，不会独吞的，大家才会愿意跟他玩，奉他为老大。所以他们几乎一生下来就在用心地经营人际关系，

跟父母、跟兄妹之间。不像我们，直到碰得头破血流才懂得人际关系的重要性。亲父母之间尚且有偏爱，亲兄妹之间尚且有亲疏，何况是没有任何血缘关系的人之间呢？

年轻人只有学会真心地对待他人才能获得真正的友情，善于分享的人，更容易赢得那些利益关系的人脉。无论与人合作，还是为人工作，甚至是别人为你工作，善于同别人分享劳动果实，才能得到更多的支持与信任，得到别人的尊重，才能积累更多的人脉。“同利”的朋友只有在互利、有用的时候才能相处得很好，这种友情是建立在利害关系上的，只有善于与人分享其中的利益，不伤害彼此的利益，这种关系才能够牢固。你才能赢得更多的这种“同利”关系。如果你只想到自己的利益，不太愿意和别人分享，一旦伤害了别人的利益，就会伤害你们之间的关系，也会让那些想要与你建立“互利”关系的人止步，这对经营人脉是极其有害的。

很多高瞻远瞩的企业家并不把企业当成自己家族的财产，而是以企业能够获得更好的发展，能够为社会做出贡献为原则，并不把财富和事业留给自己的家族，而是和所有有能力的员工一起分享自己的企业。

微软的CEO（首席执行官）史蒂夫是一个善于和员工分享激情的人，他总是在每次的会议上用不同的方式喊出“I love this company（我爱这个公司）”，他希望所有的员工和他一起分享对产品和服务的热情，让所有的员工分享他对微软的激情。虽然大家没有分享到实质的东西，但大家都分享到了他对工作的激情，这对大家起到了激励作用，大家都很喜欢他们这个激情的CEO（首席执行官）。

善于与别人分享是感恩的一种表现。如果别人给了你帮助，你不但在口头上表示感谢，而且在他需要帮助的时候，与他共同分享信息、资源，也就等于帮助了他、回报了他，就能够赢得他的好感，增加你们关系的深厚度，想必他下一次更愿意帮助你。

东晋时期，有一名和尚希望得到大书法家王羲之的字，他知道王羲之喜欢鹅，就养了一群鹅，在王羲之平时散步的小河边放牧，等到王羲之向他求鹅时，他才向王羲之提出要字的要求，王羲之欣喜地答应了。

善于与别人分享，意味着你将拥有更多的机遇与别人交往，与有资本的人分享你的创意，你就多了一个合作伙伴；与同事分享你的成功，你就多了

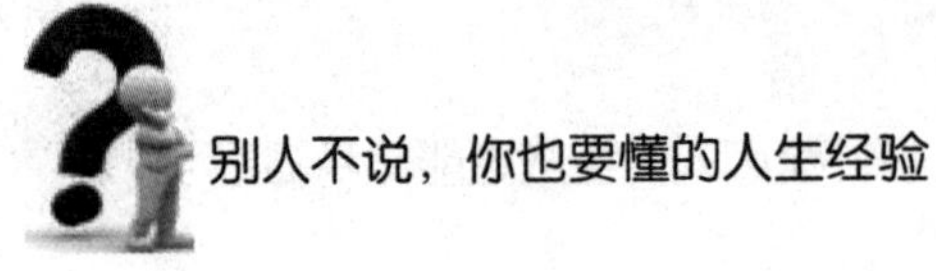

一个朋友；与老板分享你的策略，你就多了一份机遇，就可能多了一个欣赏你的“伯乐”；与员工分享，你就获得了“人气”，就有更多的人才愿意为你服务。所以，善于与人分享，是拓展人脉的关键。

想要分享别人的社交圈子，就要向别人敞开你的社交圈；想要别人向你提供信息，你就要提供他们需要的信息给他们。这就是资源共享，只有这样，才能实现双赢、多赢。

年轻人要善于与他人分享彼此拥有的东西，互利互惠才是现代人与你分享的真正原因。和别人分享一份快乐，快乐就变成了两份；和别人分享一份忧伤，忧伤就只剩下一半。分享不一定是物质性的分配，还有可能是你奋进的态度、你工作的激情、你与众不同的感染力。无论怎样，年轻人要善于分享，彼此互相帮助，才会交到更多对你有帮助的人士，你才会为自己带来更多的人脉资源。

第08章

结交朋友，朋友多了坐上成功的电梯

主动点，低调含蓄会被他人遗忘

年轻人在为人处世的时候，总以低调作为既尊重对方又保全自己的良策。但是，我们身处竞争激烈的社会，你总是保持低调就不会有出头的一天。该出手时就出手，争取自己的未来没有什么好低调的。当我们面对机遇时，一定要能够主动出击，别因为你的低调，你的含蓄，把机会“让”给别人。

年轻人无论是为别人打工还是自己创业，我们都应该学会主动做事、主动思考、主动交际，而不是听从别人的吩咐。积极主动地做事，会赢来上司的欣赏，把未知的祸患消灭在初级阶段，更是一个人聪明智慧的表现。我们一定要学会主动思考、主动做事，这不仅是一个人对生活积极主动的态度，更反映了一个人的主人翁意识和主动的心态。听从别人的吩咐做事和主动做事的心理绝对是不一样的，而事情的结果也会不一样。

我们在做事情的时候总是带有一定的逆反心理，尤其是在听从别人吩咐做事的时候，总觉得这件事是别人要求的，不是自己的意愿，结果好坏也与自己无关，因此也不会特别努力。做事敷衍别人，结果自然差强人意。而一个人积极主动地要做一件事，通常就对这件事特别上心，亲力亲为，特别仔细、认真。所有的人都有可能敷衍别人，却不会敷衍自己。只要自己立志要做一件事，无论经历怎样的困难，都要把它做好。而如果别人要求你做某件事，你通常会再三推脱，实在推脱不掉，也不会下很大的工夫。

其实，这也完全可以从小孩子的学习看出来。很多小孩对老师留下的家庭作业不屑一顾，不是匆匆忙忙地花几分钟做完，就是一拖再拖，等到第二天上学之前，匆忙地把作业做完。而对于他自己主动要求做的事，比如，看童话书、画画、背唐诗、打游戏，甚至是做奥数题、学英语都特别认真，往往一看就是一个小时，还要家长提醒他休息一会儿，他才会休息，不一会儿，又沉浸到里面去了。

当年轻人在工作中遇到难题，可以主动请缨，在此之中我们必定会查阅很多的资料，付出很多的时间，但是，当我们把难题圆满解决的时候，那种成就感就会将这些冲淡，甚至我们可以为此心甘情愿地免费加班。做完自己主动要求做的事，之后的心情也绝对是不一样的，我们通常都会有特别满足的感觉，很有成就感。这和听从别人的吩咐做事也是绝对不一样的。如果我们常常自己主动找一些感兴趣的事来做，我们就会常常感到满足，有成功的感觉。如果我们连续地在同一个领域主动思考和做事，我们就会在这个领域取得不小的成就。

所以，年轻人要培养自己主动交际、主动做事的品质，这样才有利于你在与他人交往中占据主导位置。从简单一点的角度来讲，主动做事，主动交际，通常就是所谓的“攻”。“先发制人，后发制于人”，主动交际的人本来就比人先发一步，当然更容易成功。积极主动的心态是所有成功人士必须具备的，要想不吃剩渣滓，要想做领头羊，就要先发一步，主动做事，主动交际，才可能处在领先地位。

如果我们想要获得人生的成功，不如先看看成功人士的做法。一个人之所以能成功，首先是他积极主动地想要干出一番事业。如果一个人没有这样的意愿，即使你把全天下的好运送到他面前，他也不会有多大出息的。所以，我们更应该积极行动，要培养自己这种积极的心态，才能够在未来担当大任。

有三个人在砌墙，有一个商人模样的人问他们：“你们在干什么？”第一个人打量了他一番，就转头继续砌墙。第二个人头也没回地说道：“我在盖房子。”第三个人则转头微笑着对他答道：“您看不出来吗？我在建造我们的城市……”并给商人讲了他们这个工程的整体规划。

结果二十年后，第一个人仍然在砌墙，不过他已经变成了指挥者；第二个人成了建筑工程师，所有的建筑都是由他设计的；第三个人由于和商人聊了很多他对这个工程的看法，商人觉得他很有想法，就把他招到自己的建筑公司，就这样，他已经变成了整个城市的规划师，在哪里建什么建筑物，都要由他来决定。

这就是年轻人要学会的主动交际，在该主动的时候一定不能含蓄，就像第三个砌墙工一样，就因为他的主动，他才为自己迎来了比前两个人更重要的工作。

年轻人就是要学会主动出击，这样在人际交往，或者做人做事上才能占据主动位置。主动思考自己的人生，既体现了主人翁的意识，又体现了你积极的态度，只有这样，你才会取得更大的成就。

不要树敌，年轻人需要融洽的氛围

年轻人都知道要想在社会中站稳脚跟就不能让自己的生活四处树敌，与其多个敌人，不如多个朋友的道理我想年轻人都了解。为此我们就要避免因为自身的原因给自己的生活，带来的不顺心，巧妙地化解误会和仇恨，才能让我们的生活氛围变得融洽。

一个聪明的年轻人与他人相处的过程中总是保持温和的态度，合理的距离，让他人有温暖又不过分亲密的感觉，从不把自己骄傲、强势的一面展现在大家面前。而且总是会面带微笑地要求你的帮助，对于麻烦你，她总会感到歉意，让你不忍心拒绝，即使你再辛苦，也会被她的一个感激的微笑、一个真诚的眼神、一句温暖的话、一杯热咖啡融化掉。聪明的人会用最富有智慧的、幽默诙谐的语言解除你的尴尬，让你感激她；会用自己独特的魅力把整个办公室的气氛调节得融洽而和谐；会把自己的办公桌收拾得整洁而有情趣。

那么，什么样的年轻人容易给自己树敌呢？要知道其真正的原因才能在

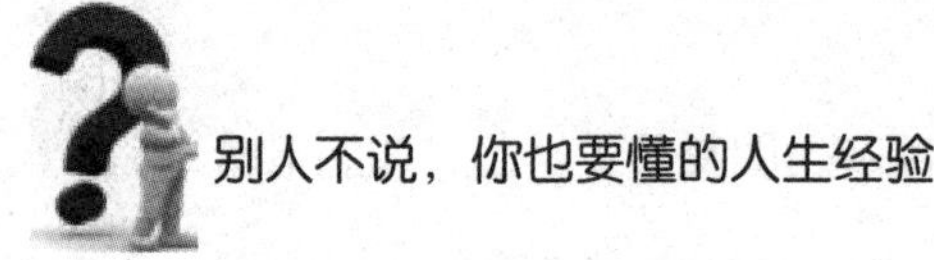

生活中为自己多找几个朋友。

1. 高傲

高傲的年轻人容易伤害别人的自尊心，使别人被他的骄傲所伤。高傲的人一般都比较优秀，优秀又不加掩饰，最容易成为众矢之的，处处树敌。高傲的人通常“鼻孔朝天”，不但得罪同事，在上司面前也不会讨巧，不但同事嫉妒他，上司也会认为他自视清高，高攀不起而不敢结交，这样优秀而高傲的人最容易错过良机。所以，越是优秀有才华的人，越要学会随和，学会亲切。

2. 冷漠

冷漠的人表面上看起来并不骄傲，但是他的内心比谁都骄傲，他会笑嘻嘻地和每个人保持一定的距离，看起来很亲切，实际上却是遥不可及。当你走近他时，他会用冷漠、疏离提醒你，从来不向你提及工作以外的事，遇到事情则“事不关己，高高挂起”，和所有的人谈论都很谨慎，等等。这样的人虽然不会闯什么大祸，但是和同事们也不会相处得很好，不会和所有人打成一片，甚至对公司也没有归属感。这样的年轻人不会被领导器重，也不会很快得到升职，所以，人们虽然不敌视他，但对他也没多少好感。

3. 自私刻薄

自私的人只顾自己的利益，不顾别人的感受，最容易因为利益关系和竞争对手树敌。只要他们稍微顾及一下别人的感受，就能够做一个“不讨人厌的利己主义者”。刻薄的人通常喜欢以犀利的语言嘲笑或者捉弄别人，重要的是他们喜欢“哪壶不开提哪壶”，所以会到处树敌。《红楼梦》中的王熙凤、林黛玉就是典型的爱刻薄人的例子，所以，她们两个的人缘都不是很好。

4. 强势

强势的人会让人感到威胁，他们的我行我素和不容他人质疑会让许多人受不了。因此，尽管只是工作意见上的不同，他们也会拼命地维护自己的观点，因此和许多人结怨，更不用说许多其他方面的争执了。他们让女人感到害怕，让男人感到有压力，让有资历的人感到有威胁。而如果他只是一个微不足道的岗位上的一个小角色，就会让所有的人联合起来封杀他，这是最不聪明的做法。

年轻人只有在知道了应该注意的地方，才能“化戾气为祥和”，化敌为友，为自己的人脉网再添一笔。一个真正聪明的人会让自己到处都是好朋友，到处都有人愿意帮助他；而一个自以为是的人，才会成为众人的“公敌”，让自己陷入“四面楚歌”的困境，甚至不得不牺牲掉一份本来很好的工作或机会，而且他的“聪明”会让他自己和别人过得都不好，尤其是让自己陷入“两难”的境地。

所以，现在的年轻人一定要改掉自认为高人一等的骄傲和傲气，让自己放松下来。只有你心平气和地接受他人，他人才不会和你竖起那道鸿沟。年轻人要学着处理和周围人的人际关系，才能让自己在事业上进行得更顺利。

宽容的心是结交朋友的“神丹”

宽容的人往往有更多的朋友，宽容的人往往生活得更快乐。宽容是中国的传统美德，只有内心宽广豁达的人，才会宽容他人；也只有善于宽容他人的人，才能得到别人的尊敬。年轻人要学会宽容，要试着宽容，只有宽容才能给你带来更多的朋友，也只有宽容才能带你走上成功之路。

宽容对方也是善待自己的表现，只有心底无私的人才会宽容别人。也许我们还不太懂得宽容的好处，但我们起码要明白宽容一个敌人，你就少了一个敌人，多了一个朋友；宽容一个朋友犯的错误，你就多了一个手足，你们的关系就会更亲密。

从前有一个小孩对着山谷喊话，他说：“你是一个坏小孩！”于是回音回答他：“你是一个坏小孩！”他不断地重复这句话，于是回音也不断地重复这句话。孩子气哭了，回去找他的妈妈，告诉妈妈山谷里有一个坏小孩，总是重复他的话，总是骂他。妈妈告诉他，你要好声好气地对待他，他才会好好地对你。于是，孩子回到了山谷边，冲着山谷大喊：“我原谅你了，我不再骂你了，你是一个好孩子，咱们一起玩，好不好？”结果山谷中也传来了“你是一个好孩子！”的回音。

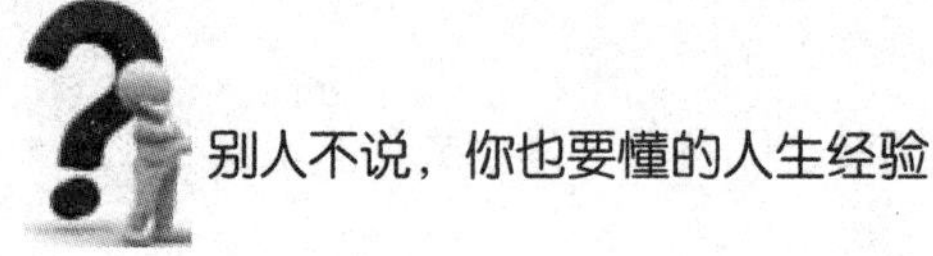

宽容就像这个山谷的回音，你对生活笑，它就会对你笑；你对生活哭，它就会对你哭。你对着他人笑，他人也会对着你笑；你对着他人怒骂，他人也会对着你怒骂。俗话说："伸手不打笑脸人。"如果面对曾经的敌人、对手，你原谅了他，宽容地对他笑一笑，想必他也不会继续对你怒目相视，反而会融化在你的微笑里，折服于你的宽容大度。"相逢一笑泯恩仇"是一种大智慧，唯有心胸宽阔的人才能做到。

如果一个人知道某人做了对你不利的事情，即使胸怀多么宽广，也难免怀恨在心。在面对这个人时，恐怕就做不到神色如常，不免会露出厌恶的神情来，心胸狭窄者甚至会报复对方。其实，对此更好的办法就是装糊涂，对一些事情视而不见，可以避免自己陷入仇恨、狭隘之中。而宽容的最高境界就是对某些事情、某些话语视而不见、听而不闻。

楚庄王在一次战役中取得了胜利，于是大宴群臣，并命自己的宠姬在旁服侍。群臣喝得大醉，忽然一阵风吹灭了蜡烛。整个宴会厅陷入黑暗和混乱之中。其中一名大将趁机摸了宠姬一把，宠姬随手悄悄地拔掉了他的帽缨，并告诉了楚庄王。楚庄王立即让内侍不要点灯，让大家都拔下帽缨继续宴饮。其中一名大将拔自己的帽缨时冒了一身虚汗，明白是楚庄王大度，饶了自己一命。一年以后，楚庄王大败，全凭大将唐狡拼死护驾才逃得性命，楚庄王问及原因，才知他就是自己一时心慈、放掉的那名大将。

如果现在的年轻人知道某个人做了对不起自己的事，即使决定要宽容他，往往也心存芥蒂，做不到完全忘情。人人都是平凡人，与其勉强自己用宽广的心胸原谅别人，不如选择视而不见，目下无凡尘，反而是一种更宽广的境界。那么我们最好的做法就是不去知道，看不见，也就不会记得向谁复仇或者记恨谁，这就是更高一层的境界。在康熙王朝中，某大臣奉命禁海，迁渔民入内陆，结果众人挖了他的祖坟，官兵去追击那些渔民。他却说："你们走吧，不要让我看见你们，以免我知道是谁挖了我的祖坟，心存怨恨。"如果我们做不到彻底地原谅他人，倒不如索性不让自己明白到底谁是我们的敌人。

佛曰："身如菩提树，心如明镜台。时时勤拂拭，勿使惹尘埃。"此言的目的就是要我们日日反省自己性情上的缺点，把心灵上的灰尘扫去。对于宽容来说，就是要我们不时地检查我们的内心，原谅那些得罪我们的人。而

禅宗六祖惠能则悟道："菩提本无树，明镜亦非台。本来无一物，何处惹尘埃？"据说正是因为禅宗六祖有了这样的领悟，才继承了师傅的衣钵。

对于年轻人来讲，当面的饶恕可以显示一个人的胸怀，但那往往是做给众人看的，真正的宽广是对手没在人前犯错误，因此根本没有冒犯与饶恕，这才是人生的大境界。在日常交往中，年轻人常会因为言辞轻率而不免与人产生些许摩擦与不快，每当这个时候，我们面对问题的态度，就往往体现了自己的心胸与度量。斤斤计较固然不足取，知道了就不免记恨，如果我们不经意地知晓了内情，我们就只好选择用宽容包容过去，而最好的选择就是我们并不知道谁得罪我们，并不觉得哪种行为称得上是冒犯，那才是真正的心胸宽广的人。

虽然年轻人可能做不到完全宽容对手，但是我们可以视而不见，慢慢地，我们会体会到宽容他人的重要性。只有宽容的心才能为你迎来更多的人脉资源，才能让别人更加尊重你，在成功的路上才会有更多人愿意为你伸出援助之手。

别让朋友圈缩水，朋友不一定都志同道合

年轻人的朋友圈不能只局限于和自己谈得来的人，我们要扩大自己的人脉圈，就要先从对朋友的选择上做出改变。当然，和自己趣味相投的人，我们总是有聊不完的话题，但是，这其中又有几个人能对你的事业有所帮助呢？在朋友的选择上，不要用自己的喜好作为标准，要想获得人生的成功，就要多结交各种各样的朋友。

有些人天生内向，不善于和人交往；有些人因为年轻，人际关系尚不广泛；有些人希望广结善缘，却不知从何下手。其实，只要在生活中用心，善于关心他人，就能够很快地和许多人成为朋友。年轻的时候正是为自己拓宽人脉网的最好时机，一定要掌握一些有用的小技巧才能够事半功倍，轻轻松松地与人交往，否则就会不知所措，欲速则不达，让人际关系陷入僵局。

对于那些和我们没有太多的共同点，却又不得不结交的人，年轻人要学会用以下几种方式和对方建立友情。

1.记住每一个要交往对象的名字

记住别人的名字，是对别人最基本的尊重。如果你经常张冠李戴，把别人的名字叫错，你就要好好地反思自己了。尽量记住你遇到的每一个人的基本特征和他的名字，以备再见面时能一眼认出。如果你能一眼认出一个不久前刚刚认识的一个人，并准确地叫出他的名字，就会给人被重视的感觉。作为回报，对方同样也会重视你，记住你，把你当成他的朋友。这样你就完成了拓展人脉的第一步。

2.善于倾听别人的讲话

上帝给了我们两只眼睛，两只耳朵，两只手，一张嘴，就是要我们多看，多听，多做，少说。所以，我们一定要学会察言观色，学会倾听别人的讲话。这给人注意他们、重视他们的感觉。当人们谈到他们对某件事的做法和看法时，微笑着注意倾听就会给他们带来认同的感觉。他们就会认为找到了知音，这时如果不失时机地插一两句表示认同的话，就会让人很容易认同你，信任你，愿意和你交往。

3.学会赞美他人

赞美能给人认同的感觉，作为回报，他也会赞同你。一个人的赞美可以给人鼓励和快乐，让对方觉得你是他的知己，他的人生价值就得到了承认。所以他也愿意付出他所拥有的东西。恰当的赞扬可以拉近人们彼此的距离，让别人对你充满好感，充满信任。所以，从现在开始，你就可以试着给别人一个恰当的赞美，比如，赞美一下女同事今天的着装，对完成工作的同事说一声“你做得棒极了”，你会收到意想不到的交际效果。

4.学会表达你的感谢之情

表达感谢也是人们加强交往的一种方式，如果不失时机地对帮助过你的人表达一下感激之情，你们的友情也会在这次感激中升华。没有谁的帮助是理所当然的，表达感激之情，也就是对人帮助你的价值的一种肯定。这是达到彼此交流的一种有效手段。二十几岁的年轻人要学会表达感激之情，更要知恩图报，帮助那些需要你帮助的人。心理学家认为，人际关系中存在“互酬互动效应”，即你如何对别人，别人也会以同样的方式予以回报。看似平常的一声“谢谢”，却能引起人际关系的良性互动，成为交际成功的促进剂。

5.保全他人面子，学会接触尴尬

说话、做事给他人留一定的余地，给他人留面子，也就是给自己留有余地。如果你乐意给别人留足面子，别人也不会给你难堪，而且还会感激你。不揭人隐私，不触犯别人的敏感区域，不伤害别人的自尊，也就是“打人不打脸，骂人不揭短”，只要你给别人留了面子，即使是批评的话，说得委婉，尽量不伤人，对方也能接受，也愿意和你成为朋友。拓展人脉，要学会为人解围，解除别人的尴尬境地，为别人保全颜面，他也会感激你，愿意和你进行更深层次的交往。

6.注意细节上的问题

记得同事的生日，并适时地送上一份他喜欢的礼物。记得他的兴趣爱好，在方便之余帮助他，这比请他吃饭、喝酒更能获得他的好感和感动。有一次运动会，适逢某运动员生日，结果就有细心的拉拉队员想起，高声齐呼着祝他生日快乐、旗开得胜，结果此运动员激动不已，跑出了比平时更好的成绩。在细微之处下工夫，更能彰显出你对他人的关心，如果连细微的东西都注意到了，对人有多关心就不言而喻了。细节更能帮助你拓展人际关系。

7.给你的朋友归归类

在档案簿上记下那些有一面或几面之缘的人。那些在应酬场合认识，只交换名片，谈不上交情的“朋友”。这种“朋友”各种行业各个阶层都会有。你不可以把这些名片丢掉，应该在名片中尽量记下这些人的特征，名片带回家，要依姓氏或专长、行业分类保存下来。你不必刻意地去结交他们，但可以借机在电话里向他们请教一两个专业问题，话里自然要提一下你们碰面的场合，以唤起他对你的印象。有过“请教”的历史，他对你的印象也会深刻些。这样，你的人脉也能够得到拓展。人不仅要拥有至交好友，还要有些浅交和利益朋友、合作伙伴，这样交到的朋友也许就有你的合作伙伴。

8.热情是一切交往的前提

培养人脉是一个长期的事情，20多岁的年轻人不应当过于急功近利。有许多机遇是在交往中实现的，而在初步交往中，人们很可能没有看到这种机遇，在这个时候，不要因为没有看到交往的价值，就冷淡这种交往。在无数次新的相识之后，大多数人会随着时间的流逝而被淡忘，只有少数人会留在他们身边，能牢牢地抓住他们，这就是他们的朋友。所以，持续的热情交往，往往会得到人们的好感，在别人落魄之时还和他维持良好的人际关系，就会有更多的人信任你。

年轻人要了解人脉的重要性，要知道一切交往的技巧、拓展人脉的窍门都要建立在真诚的基础上，以真心换真心才是最有效的与人交往的技巧。尝试着扩大自己的人脉圈，你的机会才会随之而来。

稳固朋友，聪明的年轻人懂得维护情义

朋友对于现在人来讲不只是点头之交便算认识，年轻人还需要学会维护朋友资源。现在有很多年轻人对友谊很功利，很现实，但是，人走茶凉的交友态度是不足取的。我们可以回避无价值的人际关系，但没有必要因为他的权力、地位和财富回避一个人，无论从功利角度，还是从友情角度来看，这都是不明智的。

大多数年轻人已经了解了朋友资源的重要性，也没有必要进行一再的论证，我们要做的就是编织好自己的人际网络。当然，在朋友中有些人际是需要我们回避的，这些关系必然是给自己的精神和生活带来了不便和负累，使自己觉得压抑、疲惫，对于这样的朋友，我们一定要回避。比如，不思进取、一味地玩乐的朋友、悲观的朋友、爱抱怨的朋友。跟这样的朋友在一起，你会感觉很没意思，身心俱疲。这样的心态会感染你，让你变得灰心。我们一定要和那些成功的人在一起，感染他们的快乐、自信，积极分享他们在各自专业中的先进信息。他们会让你觉得这个世界是美好的、光明的，你的成功就在眼前。

那么，年轻人要从何下手才能为自己编织稳固长久的朋友网呢？

第一，我们身边肯定有不少于五个的朋友、亲人或者同事，这就是你最需要维护的关系，他们可以说是你生活中最重要的人际关系。我们要做的就

是要得到他们的帮助，并且回报他们；或者先去帮助其他人，在这个过程中巩固你们之间的关系。

然后，进入他们的圈子。利用朋友宴会、生日会、受到邀请的机会，认识他的其他朋友，进入他的社交圈子。如果他不是一个很封闭的人，不过分狭隘，相信他的朋友中就有值得你交往的。抓住机会认识他们，倾听他们谈话，并发表自己的意见，给对方留下好印象。和他做愉快的交谈，留下各自的联系方式，这样当你再与他见面、打电话联系或者请求帮助时才不至于显得唐突。

间隔一段时间之后，主动地和他联系，请他帮一个小忙，比如，他的专业能够帮到你的地方，但不要太困难或者太麻烦。这样你们的关系又得到了巩固，当然，最重要的是不间断地和他沟通有助于你们最终成为朋友。

然后开始新一轮的网络编织。当然，这样的朋友一般是有局限性的，在私人的问题上，或者技术问题方面，他很可能帮助你，而在公事上，他可能并不愿意和你有交集，因为容易让人觉得你在利用他。一旦这样的感觉变得强烈，你也有可能失去这个朋友。

第二，对于那些对你有利的朋友。比如，你的客户，这样的朋友往往乐意在公事上帮助你，因为他们对你也有同样的要求。积极地跟自己的客户沟通，并时不时地借机送件小礼物、请吃顿饭等，这样的感情投资，对于我们是有很大的好处的。当然，这样的朋友也有局限性，比如，我们最好不要通过这样的朋友结交类似的朋友，也不要和他们发生实质性的利益关系。帮人情忙就已经不错了，帮金钱忙就是奢望。

第三，对待和自己有合作关系的人，我们也要与其保持良好的关系。对于这样的朋友，我们一定要秉持一定的观点，比如，“没有永远的朋友，也没有永远的敌人，只有永远的利益”或者“亲兄弟，明算账”，无论在怎样的状况下，先做小人后做君子，才可能和这样的朋友进行长久的交往和合作，而不会被友情所伤。

被你选入人际网的人同样也会把你作为对方人际网中的一员。对待有利益关系的朋友，我们不必因此感到被利用，也不必感到羞愧。交往有利益关系的朋友，首先选择的标准反而是道德，一个道德败坏的人随时都会在攀着你爬上去以后，一脚把你踢下去。当然，我们编织自己的人际网络之时，也被其他人编织着，这是我们一刻也不能忘记的。私人感情上的朋友，即使伤害到你，也不会伤筋动骨，因为你的利益和他没关系，他并不明白你在经济上的软肋。所以，交朋友也要公私分明，公事上的朋友，最好不要涉及彼此的私事；感情上的朋友，最好也不要涉及金钱利益。否则，就会把所有的软肋暴露在同一个人面前，这是很危险的。

年轻人不仅要懂得结交朋友，更要懂得维护朋友，宽广而又稳定的朋友才是能帮助到我们的资源。只有不断地积累朋友资源，才可能尽快地获得成功。只有不被自己编织的人际关系网绊倒，才是一个明智的织网人。

一针一线，交朋友需要点滴积累

年轻人要知道扩大自己的人际交往圈不是一天两天就可以做到的，它需要人们不断地积累。要想在今后形成一张属于自己的大朋友网，就要从现在开始结识新的小朋友圈，真心对待小圈子里的每一个人，他们终将会成为你大朋友网中的一员。

年轻人想要积累朋友，就要先从维持并开发小朋友圈开始，维持和朋友间的友谊，他们才会将新鲜的血液注入你的朋友圈。我们也许每天都会认识各种不同的人，然而如果我们没有足够的时间和精力去维护这份友谊，那么感情就会淡去，你最终将失去的不只是一些朋友，而是你大人脉网的一部分。

对于我们的生活来讲，维持好友谊，不但能够让我们与朋友的关系更加牢固，而且可以增加我们的新朋友。想必每一个朋友都有自己独特的社交圈子，如果和朋友的友谊程度还不足以让我们走进他们的社交圈子就以疏远告终了，那么，我们将失去一个怎样大的社交面积？我们交往的每一个人，都不要单纯地看成和他本人建立关系，还包括和他的社会关系、社会地位、他周围的社交环境和社交圈子，这是一个延伸的范围，但只要你足够用心，就能够把别人的社交圈变成你的，并能像滚雪球一样扩大你的朋友资源。

比如，你认识了一个新朋友，通过这个朋友，最终你能够认识并结交到另外五个朋友，通过这五个人，你分别能够认识并结交到三个朋友。那么，通过这个朋友，我们一共可以结交到二十个朋友。因为朋友有晕轮效应，往往我们直接认识并结交到的朋友，友谊更为牢固，通过他介绍的朋友也更多、更有效，而第二个层次的朋友，关系就不如他牢固，第三个层次更是如此。就像在水中投下了一粒石子，第一层的波纹最清晰，越远处的越模糊一样。人际圈子也有这样的效应，所以，你直接结交的那些朋友虽然很少，但是最精华，如果你想让其他朋友，比如，第二层次的朋友，与你的关系更密切的话，就要花费更大的精力。但是，如果其中有一个人是对你的人生有很大影响的"大人物"，那么，无论花费多少精力都是值得的。我们应该致力于和第一层次的朋友维持好友谊，并寻找和交往更多的第一层次朋友。因为第一层次的朋友往往更加纯粹，更容易维持友谊，关系更牢固，也更有效。

年轻人要想更好地利用自己的朋友关系，就应该不仅致力于拓展朋友，还应该把更多的精力放在让自己的朋友更加牢固的事情上。而不能结交到了很多新朋友，但同时自己的老朋友的友谊也很淡了，于是又回头去维持旧的友谊，等关系维护好了，新交的朋友已经走掉了一半，如果进入了这样的循环怪圈，则说明你的交际技巧有待改进。

我们应该做到兼顾新老朋友，这就要求我们不要太自私，交往的目的就是为了"利用"别人，有时，你还要被别人"利用"一下。比如，通过聚会，把自己新结识的朋友介绍到你的社交圈以及你的老朋友，这样更有利于维持你们的友谊。因为别人和你交往的目的，也不只是你本人，还包括你的社交圈子、你代表的社会地位。让你的朋友们相互认识，并不会给你带来什么损失，相反，你会通过他们的相互交流，使自己和他们的关系更加牢固、更加亲密。因为只有有了一定的亲密程度，你才可能把一个人带进你的社交圈。当然，作为回报，他们也同样会这样做。

年轻人的朋友不应只有自己身边的好友，还应该有更多的朋友，他们不作为一种知心好友的形式出现，但他们是你的事业上不可缺少的伙伴、生活中帮助你的朋友。他们可能是你的同事、合作伙伴、客户、上司，甚至是欣赏你的对手，只要是可能有用的人，我们就应该和他们好好交往，发展出友谊。

总之，年轻人应该像滚雪球一样扩大你的人际交往圈，其目的不仅限于别人帮助你的事业，同时也会有成全自己的作用。对待朋友，应该采其长补己短，以弥补你的缺陷。从这方面来说，我们应该多结交一些异性朋友，因为男人的大度正可以弥补女人的小心眼，男人的理智可以牵制女人的感性放纵，男人的率直可以防止女人的猜忌；女人的细腻可以弥补男人的大意，女人的温柔可以弥补男人的刚硬，女人的魅力可以弥补男人的低调。和一个风度翩翩的男人在一起，女人会不自觉地变得温柔。这不仅是性格上的互补在起作用，而且因为在异性面前，大家都会不自觉地收敛起自己性格中的弱点，表现自己最完美的一面。所以说，应该多结交异性朋友，作为自己性格上的互补。

除此之外，我们还要交往很多优势互补的朋友。比如，单纯的人要向那些处世圆滑的人请教；圆滑的人要交往单纯的人来净化自己的心灵，以便你会有一些轻松的相处时间；粗心的人要向细心的人学习；敏感细腻的人要学得心胸宽广一些；性格极端的人要向温和的人学习等。每个人的性格中都有一些缺陷，我们要找到能够平衡自己性格的那个人，向他们学习，取长补短。即使短时间内不能够改变你性格中的缺陷，也能够让你在潜移默化之下，削弱你的性格缺点，达到平衡的目的。

我们还要和那些与自己所学专业不同的人交往。俗话说："术业有专攻。"你善于策划，不一定善于宣传，善于组织，不一定善于执行，善于决策，不一定善于交往，每个人都有自己不擅长的地方。我们要多多交往和自己从事不同职位甚至不同行业的人，外行往往更能提出有建设性的意见，因为他们在思想上没有行业的束缚，提出的方案更有可能突破陈旧的思想。

总之，年轻人要多多交往和自己互补的朋友，进步的方式有两种，即突出优点和弥补缺陷，前者要求我们和比自己优秀的朋友交往，后者要求我们多交一些优势互补的朋友，这样我们的生活和事业才能够达到巅峰，接近完美。

悉心交友，更要懂得精心用朋友

朋友对于我们来讲既是使我们成功的资本，又是助我们走向成功的资源。每个年轻人都应该多注意身边的人，引起他们的注意，并用自己的智慧与之结交，然后才可能找到自己的贵人。有人脉还要懂得利用人脉才能帮助年轻人走向人生的巅峰。

如果年轻人交朋友太过于急功近利固然不好，然而结交一些庸才也是一种短视的行为，我们要不计短期利益，结交优秀的朋友，这样才可以得到最有价值、最牢固的人际关系，这样才有利于我们创造机会，借助贵人的力量往上走。朋友是一种互相提拔、让彼此形成合则两利的共荣圈，简而言之，朋友就是“施”与“受”的过程。这要求你必须展示自己的实力，让自己有能力来帮助他人，未来才有机会接受回报。所以，我们要在平时就注意表现自己的实力，以期获得贵人的青睐，借助贵人的力量向上走。

据传，日月光半导体总经理刘英武当初在美国IBM（国际商业机器公司）服务时，为了争取与老板碰面的机会，每天都观察老板上洗手间的时间，自己选择在那时去上洗手间，以增加互动。我们也要有这方面的自觉，例如，我们想要结交自己的一位领导，就可以详细地了解他的奋斗历程、人际关系、人际风格、关心的问题，并设计几句简单有力的开场白。当在电梯间或者其他比较私人的地方见面时，我们就可以主动和他打招呼。也许，不久我们就能够得到一次和他们长谈或者交往的机会，获得领导的青睐，争取到更好的职位，甚至可以为此而找到自己的“伯乐”，拥有更好的前程。

其实，在人生路上能遇到一个帮助自己的“贵人”是非常不容易的事情，我们要有一些技巧才可能结交到贵人。年轻人一定要注意自己的社交圈子，当你允许一些庸才在你身边围绕时，那些所谓的“高层次的精英朋友”就会自动地绕远。我们的价值不仅是自身的价值，还有我们身边的人的价值。作为年轻人，要特别注重自己周围结交的人，我们要用“二八理论”去经营自己的人脉。企业经营管理中有一个著名的“二八理论”，通常的意义是说，在企业中20%的产品在创造着企业80%的利润，20%的顾客为企业带来80%的收入，20%的骨干在创造着80%的财富。“二八理论”告诉我们：要抓住那些决定事物命运和本质的关键的少数。

事实上，这对于朋友来讲也是一样。对你的命运起到决定性作用的可能就是那么几个人，甚至可能就只有一个人。我们必须对可能影响我们前途和命运的20%的“贵人”另眼相看，我们必须在他们身上花费80%的时间、精力和资源。这就是科学经营人脉资源的原则。这并不是要求我们一味地逢迎上司，而不理其他的同事，而是要求我们多结交一些真正优秀的人才，不管这个人现在是落魄还是风光。

在选择朋友的过程中，年轻人是有一定优势的，我们可以仗着自己年轻，多了解多接触不同的人，不至于碍着面子不好和他人打交道。用慧眼识别出小圈子里真正有雄才大略和真正有能力的人，透过他们结识更多有能力的人，才能为自己的人脉圈贡献一位人才。

透过小人脉圈，编织自己大的朋友网不是狡猾的表现，而是一种生存的能力。我们要清楚地认识到身边的每一位朋友的潜能，透过他们认识更多有潜能的人，这样才会得到贵人的赏识，借助他的力量向上走。这是每一个年轻人都应该学会的处世原则。

好奇要适度，别为那点“秘密”得不偿失

年轻人的好奇心比较重，他们总想听听别人心里的秘密，说是满足自己的好奇心也好，掌握别人的小把柄也罢，这都是一种不好的习惯。尤其对于正努力为自己的将来在社会中苦苦打拼的年轻人来讲，多知道一份别人的秘密，你就要多费一份心思去为对方保守秘密，保守的不好还会惹来同事领导的孤立。倒不如收起自己的好奇心，专心致志地为自己奋斗。

所谓“好奇害死猫”，我们为什么要因为别人的秘密而害死自己呢？但有时候别人拽着你说他的秘密，而你又不好拒绝。所以，年轻人在与人交往

中一定要懂得一些交往规则，要让自己明白应该知道哪些事，不应该知道哪些事，哪些事即使知道也要装糊涂。这些都是一些与人相处必要的礼仪，遵守这些礼仪会让你在职场上如鱼得水，而破坏这些礼仪则会让别人对你避之唯恐不及，让你变成真正的孤家寡人。

每个人都有自己的隐私、秘密，对于别人的秘密的尊重，是一种有教养的表现，会得到更多人的欢迎。别人的秘密通常包括两方面：一是个人隐私，二是公司的商业秘密。在这两方面我们都要保持清醒的认识，不要过分好奇别人的秘密。

第一，关于个人隐私方面，年轻人要注意的关键词是：薪金、恋情、家庭变故、职位变动。

薪金方面：个人的薪水在公司一向是保密的，否则容易引起同仁的不满，甚至出现人事动荡，所以，一般来说，每个公司的薪水状况都属于保密状态，这不单单是个人隐私问题，同时也是公司的要求。社会上没有绝对的公平，同一个公司，同样的职位，干同样的活，拿的钱却可能完全不一样。遇到这种情况，任何人在心里都难免会失衡。在大多数时候，私下打听同事的薪水状况也正是基于这样一种心理。然而，在办公室里谈论薪资永远都是一种忌讳，所以这方面的秘密不要好奇，否则不但容易引起当事人的反感，如果传到上司的耳朵里，也会觉得你这个人不知轻重，给别人留下轻狂浮躁的坏印象。

家庭方面：如果一个人主动向你讲起他的私事，说明他很信任你，他希望和你拉近彼此之间的距离，同时希望你们的关系也不是一般的铁。但是私事不等于隐私，在公司与同事谈及私事，可能会增进彼此间的亲切感，但涉及个人隐私，每个人都是敏感的。比如，一桩不为人知的办公室恋情，一些个人身体健康方面的隐私或生理缺陷，一些幼时家庭艰难的境况，一些关于对方爱人的花边新闻，这些都属于个人隐私，如果你不小心问及，不但会惹怒对方，而且还会给别人留下“长嘴婆”的印象。向别人泄露自己的隐私，别人可能会以此为笑柄攻击你。如果随意谈论他人的隐私，他人也会对你表示不满并乘机报复。还有一些尽管不属于隐私的私事，尽管别人知道，而因为你和当时人的关系疏离，所以还不清楚，这样的事也不宜追根究底，非要打探清楚。总之，凡事不感兴趣的人固然为人不喜，但凡事都要打破砂锅问到底的人也会招人反感。

职位方面：比如，一个人打算跳槽，为了不给别人留下口实，他的打算必然是秘密的。这样的秘密虽然不像个人隐私一样重要，但保密不好也会给自己的职场留下遗憾。所以，大多数人不愿在提出辞呈之前让别人知道。即便你听到一些风声，也不要随随便便地向他人求证。

第二，关于公事的秘密。年轻人要清楚，有时公司的秘密就是所谓的商业机密。知晓这些对你更是绝无好处，你也许只是出于好奇之心，但别人会把你看成是别有用心的小人。所以，面对那些掌握公司商业核心的人，我们一定不要轻易地问他们的工作进度、未来计划等，因为那些可能都是商业机密。一旦我们问起这些，就等于刺探公司的商业秘密，给别人留下心怀叵测的印象。即使别人不怀疑你，一旦商业机密泄露，你就可能成为大家怀疑的对象。

聪明的年轻人善于控制自己，每个人都有自己的秘密，人们对于秘密总是感到好奇，这是人的天性决定的。但知晓秘密对人却不一定都是好事。知道一个人的秘密，不能向别人倾诉固然痛苦；但如果你知道一个人的秘密，这件事明明不是你传播出去的，但仍不小心传播了开来，那别人就会误认为是你不能够保守秘密，就会把你看成搬弄是非的小人；而如果你真的不小心泄露了别人的秘密，大家就再也不会轻易地将秘密告诉你了，随之而来的还有别有用心的小人故意泄露别人的秘密给你，让你传播。所以，君子谨言慎行，不要对别人的秘密表示好奇，也不要去对不能讲给众人的隐私刨根问底。

我们不能让好奇心成为阻碍我们发展的障碍，而一个对别人的秘密表示充分尊重的人，也会得到人们的尊重。尊重他人的隐私权，是道德的底线，而尊重他人的非隐私性秘密则是社会对我们提出的更高要求。一个愿意为别人保守秘密的人会受人尊敬，而一个不好奇别人秘密的人则是一个品格高尚的人。

年轻的我们要有一定的自制力，最好要做到无论什么秘密都不去主动打听，这不仅是一种尊重他人的表现，更是我们道德修养的表现。有教养的年轻人从不对别人的事情感到好奇，因为他们知道，你在别人身上浪费了一分钟，也许就错过了自己成功的机会。只有做到对他人的秘密不闻不问，知进

退，有尺度，我们才会更有人格魅力，才会受到成功的青睐。

聪明的年轻人会用倾听赢得人心

年轻人性子急是众人皆知的事实，但是在与人相处，尤其是交谈的时候，千万不能随便地乱插话，要学会认真倾听。倾听，不仅是你有着良好教养的表现，更是表示你对他人的尊重。年轻人切忌给人留下浮躁的印象，让倾听成为打开你交际之门的金钥匙。

其实，对于倾听的重要性大多数年轻人都是明白的，只是不能明白其中的原因所在。我们的眼睛和耳朵是接收外部信号的工具，如果我们做不到认真倾听别人的谈话，就不可能在头脑中形成完整的信息，而不完整的信息会带给我们偏见，从而形成一种自以为是的看法。

说话是一种输出信号的方法，信号的输出取决于我们对事物的认知，如果我们已经形成了偏见，对别人的评价就是不公正的，而这些不公正会从你的语言、语气、态度中不经意地流露出来，引起别人的反感。所以，要想发表高见，在之前有必要进行一定的倾听、调查，才能以客观公允的态度对待一件事，而客观和公正是受人尊敬的一种品质，是有礼仪的表现。

年轻人无论身处哪种场合，学会倾听都是对你的成功有帮助的，我们要做到十分钟听，一分钟讲，让对方的讲话能够顺利进行，并适当地提供意见，才会使双方都满意。认真倾听的态度会让对方感受到你对他的尊重，而论述被打断则会让对方认为你对他不够尊重，态度敷衍。谈话的人也许并不需要你实质上的帮助，而只是想找一个发泄心中不平的渠道，所以倾听别人的谈话，就能在任他发泄之后，再给他一点意见或者安慰，他才会更加容易接受。如果谈话双方有着根本上的分歧，其中一方是带着情绪在谈话，这时适当的沉默就等于是拳头砸在了海绵上，软绵绵的没有力道，失去了攻击对象，其情绪也会慢慢地平静下来，这时再谈具体的事宜，就取得了谈话的主动权，说出来的话也更容易被人接受。

当然，倾听也是有一定技巧和学问的，在倾听的过程中，我们还需要注意以下几点：

1.要有正确的态度

一定要用心地听别人讲话，不要急于辩解或附和，也不要心不在焉，一边听，一边忙手头上的事。遇到不理解或听不懂的时候要先说“对不起，刚刚我没听清楚，能不能重复一下”之类的话。在倾听的过程中，不妨提几个问题，以此表示你对他的倾诉的认真态度，更可以让他通过你的提问进行深思，使你们的谈话不流于表面，使他对你有更进一步的认识。这样的倾听，才可以算得上有效的交流。只要我们认真地倾听他人的谈话，我们不但能得到对方的尊重，同时还可以从他的谈话中得到有关他的更多的认知和评价。遇到一个人喋喋不休地抱怨和流于表面、自以为是的看法时，我们也不要嘲笑对方，因为谁都有浅薄的时候，理解他人的困境，倾听他人的困难是作为朋友应尽的义务。同时，喋喋不休的人也许是一个小人，我们要抱着“宁可得罪君子，不可得罪小人”的态度去倾听他的谈话，这样比较有利于保护自己。

2.不轻易打断他人的话题

无论一个人谈论的话题多么浅薄，讲的话不知已经重复过多少遍，我们都要秉持着尊重的态度去倾听他人的谈话，而不能随意打断。要知道打断他人的话是一种非常不礼貌的行为。而在这中间流露出嘲笑、不耐烦的表情更是无礼的。当然，如果我们想改变自己尴尬的处境，可以巧妙地转移话题，通过几个问题或几句笑话把话题转移到你希望听的话题上去。

3.语气既要幽默又要尊重他人

幽默的语言不但能够显示你高超的谈话技巧，表现你良好的修养，还会让对方觉得亲切、放松，拉近彼此的心理距离。语言可以幽默，却不可以用讽刺的言语，那会让人觉得你心机深沉，并且受到嘲笑会使对方的自尊心受损，再也不愿意和你交流。

4.倾听完记得表明自己的观点

倾听完对方的倾诉之后，不要一味地附和对方的观点，否则会让人觉得你很没主见；也不要一味地反对对方，这样会引起他人的反感。我们要客

观正允地做出自己的判断。我们要表明自己的态度或者意见，这样一来，他人会觉得你是重视对方的。如果对方错了，不妨通过巧妙的笑话间接地批评他，这比直接的指责和强辩有用得多。聪明的听话人一定会明白你的好意和话外之音。年轻人不要不好意思说出自己的观点，其实对方就是在等你的意见、指导和劝慰。

年轻人在步入社会后，一定要明白听与说的艺术，让你的尊重从你的言行中表现出来。认真倾听是一种礼仪，客观谨慎地说出自己的感受是一种教养。年轻人在与人相处时，一定要收起自己的急性子，学会耐心倾听，你成功的机会也许就藏匿在这倾听之中。

修炼气场，年轻人也需要“身份”

当我们站在成功人士的面前时难免会有点胆怯，因为他们的气场、他们的成绩或多或少都让年轻人有种压迫感。但是，我们不用感到自卑，他们的成功是靠自己打拼赢回来的，我们也可以通过自己的努力获得成功，过分的自卑只会丢掉自己的面子，并且给他人留下没见过人世面的印象，即使有机会留给你，他也要考虑一番。

尤其对于年轻的女人来说，她们在成功人的面前最容易表现出自卑的态度和委屈、顺从的姿态，这种姿态最容易使你变成一个“便利贴”女人。而她们就是那些经常被成功男士视如无物的女孩子，当他们需要她时，她是招之即来的；当他们不需要这样的女孩子时，也可以挥之即去，就像“便利贴”一样的方便和实际。这样的女人往往很平凡，容易因为外表不漂亮、事业不成功而自卑。这样的女人在和优秀的人交往时，常常因为害怕对方不喜欢自己，而一直努力地对对方好，讨好对方。只要对方给她一点点回应，她就很容易喜欢上对方。她们总是随叫随到、有求必应的，只要一个召唤、一通电话，就会让她们赴汤蹈火；她们从来都是默默地付出，从不向对方邀功；甚至会在对方嘲笑她们的付出时感觉愧疚，拼命地说“对不起”。

还有一种看到成功人士就会主动靠近的女人，我们不能说她们拜金，但是，她们往往也不会顾忌两个人性格不合，而执意地和他们交往，最终也会落得不欢而散的下场。我们的确应该和优秀的人保持良好的人际关系，但没有必要盲目地崇拜和羡慕，更不应该像这类女人一样贴近那些成功的人。正是有了这些女人的纵容，一些成功人士才会产生轻视女人的想法，才会有那么一部分自以为是、狂妄自大的成功人士。还有些女人不同于上面两种女人，她们走入了另一个极端，以一种高傲蔑视的态度来对待那些成功人士，认为他们没什么了不起，只不过是运气好罢了，于是总是持着一种高傲的态度对待他们，不屑于结交这样的朋友，这样的态度当然也不会为你带来幸运。

年轻的女人不能够丢失自己的身份，对待男人要时刻保持一种不卑不亢的态度。自立的女人才是最美、最有吸引力的。

虽然我们可能没有足够的美貌，也没有强大的气场，但是，就因为我们对待男人那种不远不近的距离就足够吸引他们的注意，即使不能引起他们的注意，也能保证我们的尊严。无论我们如何爱一个男人，无论这个男人是多么优秀，都不值得我们“变得很低很低，把头低到泥土里去”，这是不值得的。尤其在优秀的男人面前，我们更要注意自己作为一个有魅力的女人的举止。不要表现得邋遢和粗心大意。越是在优秀的男人面前，我们应该越表现得镇定、冷静、自爱，这样才能够赢得别人的尊重和青睐。

现在社会上有越来越多的“傻”女人，她们面对优秀的男人，不敢要求婚姻，不敢要求平等，不敢要求尊重，还有许多女人把这种关系美名为“爱”。如果一个人真正懂得爱，就应该明白爱是存在于两个平等的人之间的，而不是隶属关系。在成功男人面前丢掉自己的身份，丢掉自己对于幸福生活的渴望，只能让他们更加嚣张，更加无视于你。《简·爱》中，女主角相貌平平，在面对财富惊人、地位高贵、相貌不凡、但是性格怪异的男主人时，她并没有自卑，更没有谄媚，她对男主人公说：“我们生来就是平等的，正像我们站在坟墓面前一样平等。”最终，由于简的自尊、自强，为她赢得了男主人的青睐。

在婚姻中，能保持长久的一个因素就是要平等。女人不能因为家庭、因

为男人就降低了自己的身份。如果别人对一个身居要职的男人说：“今天看见你家保姆带孩子去上学。”那么，即使他明明知道那个人是自己的妻子，他会承认吗？如果一个成功男人有一位不出色的妻子，他会带她出席大的场合吗？不！感情不只是两个人的事，如果跟你在一起，他会被别人嘲笑，他会放弃你的。所以，在优秀的男人面前，尤其要保持自己的身份，保持自己优雅的风度、冷静的态度，这样才能赢得别人的尊重。在成功的男人面前，即使你再自卑，也要掩藏好自己的情绪，表现出光彩和理智，这才是一个知性女人应该做的事。

年轻的女人在进入社会后要自尊自爱，有自己独立的思想，别因为崇拜别人而显露出自卑感。对待成功的男人，态度要不卑不亢，要保持女人的矜持，但也不需要傲慢。对于男人的好感，不用拒之千里，但也不要过分地热情。优秀的女人要懂得用尊严为自己把握好与人交往的尺度。

Part 5

财富篇

练就掘金本事并提升价值

第09章

财富眼光，别让属于你的“财”溜走

唯有改变思维方式才能赢得财富

年轻人在社会上苦苦打拼的目的都是为了实现自己的价值，而衡量自己的价值最直白的标尺就是拥有的财富。年轻人想要从前人走过的路上获得财富是非常困难的，那么，我们就需要改变自己的思想，创造一条新的道路，这样，我们才能获得更多的财富。

中规中矩，照别人的老路生活不代表不会获得财富，而是时间上可能会慢一些，财富的数量上可能会少一些。年轻人想要有所作为，想要通过自己的努力获取财富，就要学会打破常规，以反常的方式取胜。这是由我们自身的条件决定的。和年龄长我们的一些人比，我们在经验和人脉方面都落后了一大截，所以，如果我们仅仅在传统的寻常道路上走，要想取得财富是不太现实的。虽然和他们相比我们也有自己的优势，比如，精力充足、没有家庭负累、脑筋灵活、信息广泛等，这是我们最大的优势，如果运用得好，我们也能取得不小的成绩。而对于同龄人来说，这是大家共同的优势，如果想在同龄人中间脱颖而出，我们还要有更大的优势，这时，只有剑走偏锋，我们才可能超越同龄人，获得更多的财富。

美国大富翁亚墨尔在17岁那年加入了淘金者的行列。但因为淘金的山谷气候干燥，水源缺乏，寻找金矿的人要承受很大的痛苦。最痛苦的就是很难买到水喝，甚至有人说：“谁能给我一瓶凉水，我宁愿给他一块金币。”

说者无意，听者有心。亚墨尔放弃了徒劳无益的淘金梦，开始寻找水源，挖掘水渠，并挖好了一个大水池。此后，他干起了担水桶提壶卖水的活，淘金的人们看到水比看到黄金还高兴，于是一块块金币落入了亚墨尔的口袋。黄金渐渐地难以找到了，很多淘金者失望而去，淘金热潮退去了，而“不务正业”卖水的亚墨尔却得到了大笔的黄金。

赚钱的方法有很多，淘金是一种，卖水又是一种，不是说前者因为淘的是金子，就赚的比后者多，比后者体面。有的人存在着世俗的看法，认为只有体面、正统的道路才是赚钱的正路，是正确的方法。其实，方法没有好坏，重要的是能够达到赚钱的目的。“黑猫白猫，捉到耗子的就是好猫。”只要是方法合法，能够让我们获得财富，我们就应该采用它。无论这种方法看起来多么可笑或者不能被他人理解。

事实上，年轻人也并非不愿意走传统的赚钱道路，只因为有些方法确实不适合年轻人。比如，要动用大笔资金，而回报期很长的项目，即使我们能够通过借贷和风险投资获得大笔的流动资金，如果未支撑到项目赚钱而资金告罄，就是一个危险的信号。再者，传统项目风险虽然不大，但是竞争者很多，利润空间也是有限的，传统市场发展已经非常成熟，在这样的状况下，想要拥有一处立足之地是非常不容易的。

即便我们拥有了一份这样的事业，可是成熟期后接下来的就是落寞。投资一份“夕阳”项目，显然不是我们所愿。要想赚取财富，在人生的道路上领先一步，首先就要有不落俗套的想法和观念，否则就会被传统的观念束缚了手脚，有再高的财商也必毁于一旦。

泡泡网的首席执行官李想，就经过了这样的与传统思想观念斗争的阶段。李想出生于1981年，在上高中时，就迷上了网站，为了办好自己的网站，他甚至主动放弃了高考。

在我们很多人的眼中，放弃高考就等于放弃了希望，放弃了未来。李想的家人对他唯一的希望也是好好学习。但他却不这样想，他坚持自己的主张，他认为，当时正处于网站建立的关键时刻，为了这个网站，他除了吃饭睡觉，都在为这个网站工作，如果自己参加高考，上大学，起码要砍掉一半的时间，就无法全身心地投入网站的建设中，网站也就死了，而通过它赚钱

的途径也将被堵死。

后来他的家人终于被他的坚持打动，他开始了自己的创业计划，2000年，李想创办了自己的公司。2005年，利润达到了1000万元，2006年利润更是达到了4000万元，市场价值2亿元。

李想就是这样一位坚持自己不一样想法的年轻人，他通过自己的努力赚取了大量的财富。当同龄的人们还在为学历苦读，为找工作挣扎，为糊口奔波。设想一下，如果当初他畏惧社会的评价，放弃了网站事业而读取大学学位，如今他在干什么？也许和我们一样正在为糊口奔波，为上司的命令不合自己的心意苦恼吧。

年轻人要想超越其他人，就要让自己有超前的眼光和坚定的决心。我们才能在一条不寻常的路上，找到属于自己的成功。“人之熙熙，皆为利来；人之攘攘，皆为利往”，但在人群熙熙攘攘处皆是蝇头小利，且竞争者甚多。看看那些在市区繁华地段的店铺吧，他们的消费者大多是一些平民，或者有钱的“穷人”，真正的富人会有专门的衣橱顾问和代买服饰者，每一季都会有新款的名牌服装送货上门。所以，熙熙攘攘处注定收获甚微；冷清的道路上，反而可能有意想不到的收获。

年轻人如果自己能领悟到这一点，就会让自己在拼搏的道路上省下很多精力和时间。与众不同的方式才能够脱颖而出，鲜为人知的赚钱道路才能够获取更多的财富。年轻人要从自己的观念上发现与众不同的想法，从生活中看到可以发展的商机，才能在现实与理想中闯出自己的天地，从而获取更多的财富。

站在巨人的肩膀上，借前辈的眼光

无论从哪个角来说，年轻人都会和成功人士有一定的差距。想要消除这种差距是不可能的，毕竟成功人士比我们多打拼了那么多年，社会经验、人脉资源都比我们丰富，他们那独到的眼光、敏锐的洞察力都是长年累月积累的结果。这些虽不是我们一朝一夕就能学会的，但是，我们可以多多借鉴成功人士的思考角度，当我们习惯了像成功人士那样思考问题时，你就会发现那对你来讲也是一笔巨大的财富。

人们成功与否的根源就来自于思考角度的不同。今天我们可以一无所有，但一定要有学习的勇气和自觉；今天我们可以没有眼光，但一定要知道哪些人有眼光，能够跟着他们的眼光走；今天我们可以没有智慧，我们却要有分辨智慧的能力，才能用别人的智慧武装自己；今天我们的头脑可能还不够敏锐，不够发达，但我们一定要有自知之明。思考支配决定，决定影响行动，行动造就结果，也就是说，有怎样的思考，最终就会有怎样的结果。今天贫困的结局，就是因为过去错误的思考模式造成的。

年轻人要趁着现在我们的思维方式还在不断变化的时候，要多借鉴成功人士的思维方式，如果我们不能有一种新的正确的思考模式供我们做判断，那么，明天我们将继续过贫穷的日子。所以，没钱的时候更要学会像富人一样思考，这样才能纠正我们的思考模式，才能让我们的决定、行动都朝着正确的方向前进，我们才能够逐渐地脱离贫困，成为有钱人。

那么，对于年轻人来讲，我们要学会几种思考方式。

1.我们要有正确的金钱观

金钱并不等同于财富，它只是一种观念。一个人只有拥有了支配金钱的力量，才能变得富有。如果你对金钱有依赖感，你对物质的需求永远大于你可能获得的财富，你赚钱的力量就会变小。金钱只是一种交换媒介，它本身并没有用，它能够为你交换来的物品、服务才是有用的。所以，如果一个人的安全感、依赖感全部来自于金钱或者为你提供金钱的工作时，你就会变得离不开钱或工作，你就会为钱工作，这就陷入了穷人的思维模式。我们要学会的恰恰是要拥有控制金钱的力量，如果我们越需要钱，就越缺乏这种力量。如果你意识到“我本身就是有力量的，我的思想观念就是有价值的，即使我变得分文全无，我的身体和思想也能够给我带来足够的财富”，你就拥有了控制金钱的力量，你就能够学会让钱为你赚钱，让观念为你赚钱。即使你目前还处于一穷二白当中，你也会有力量感和满足感，这些就是一生使用不尽的财富。

一个想要变富的人一定要常常说“我需要控制金钱的力量”，而不是说

“我需要钱”。正如你需要的不是金子，而是点石成金的方法。

2.我们要学会积极又理智的思考方式

每一件事物都有它的两面性，我们要学会从它的积极一面思索，又要尽量避开或者减弱它消极的影响。对于获取财富来说，机会往往都是伴着风险的，穷人通常只看到其中存在的风险或者蕴藏的巨大利益而忘了它的另一面，因此，他们不是因为恐惧不敢行动，就是因为盲目乐观忘了避祸或中了圈套，被套牢或被欺骗。有钱人对于机会是很看重的，但他们同时也在算计可能的利益值不值得冒风险，并在确定行动之后，设法把风险排除掉或者减弱。

1992年在西班牙巴塞罗那举行了第25届奥运会，一家电器商店在奥运会举办前贴出告示：“如果西班牙在本次奥运会上的金牌总数超过10枚，那么顾客在奥运会期间购买的所有电器都会得到全额退款。”

这个消息一下子在巴塞罗那市造成了轰动，人们纷纷从这家商店购买电器，因为这相当于赢得了一次可以免费获得电器的机会。而如果西班牙没有赢得10枚以上的金牌，一个家庭也总会需要电器的，在哪买价钱都差不多。

在奥运会刚刚进行的前几天，西班牙就取得了10金1银的好成绩，人们更是纷纷涌进了这家商店，很多人以为这次这家店一定赔光了。其实，老板早已看到了这次生意蕴藏的巨大机会，但也预料到了这次生意可能遭遇到的巨大风险，因此，他早在贴出告示之前就去保险公司投了专项保险。

所以，无论西班牙运动员的表现如何，这家店都稳赚不赔。大胆地放出了投资，却小心翼翼地为投资上了保险，这就是作为一个有钱人最典型的对待机遇和风险的态度。积极地看待机遇的同时，理智地规避风险就是一个有钱人要做到的事。

3.我们要正确地理解金钱的价值

同一笔钱，让它发挥的作用越大，用途越广，它能够为你创造的价值就越多。在穷人的观念里，一笔钱只能做一件事，而在富人的观念里，一笔钱，甚至一笔目前还不属于自己的钱就能够为自己做不少的事。

美国船王丹尼尔·洛维格开始创业时一无所有，但他想出了一个借鸡生蛋的好方法。他先向银行贷款买下一艘货船，然后改装成一艘油轮，再把油轮租给一家有信用的石油公司来赚钱。但他在贷款时遇到了难题，银行需要抵押物。丹尼尔和盘托出了自己的计划，并把改装后的油轮租契交给银行，银行只要直接向石油公司收租金就可以了。这样尽管没有抵押物，但银行也没有任何风险，因为改装后的油轮租给的石油公司是极可靠、有信誉的。考虑再三，银行把钱贷给了他，丹尼尔又买下了一艘旧货轮，并成功地改装成了一艘油轮。在这之后，他并没有等待，而是又用这艘船作为抵押，贷款买下另一艘船，进行改装。这样循环往复，当一艘船的租金付清了银行贷款后，以后的租金就归丹尼尔所有了。

在这个例子中，丹尼尔仅仅用了一张租契，就盘活了一笔资金，在油轮运行的同时，又变成了抵押物，油轮不仅仅为自己挣钱，还为自己盘活了资金。这种一物多用、一钱多用的方式为他创造了价值。如果我们也拥有了这种观念，我们就能够运用仅有的资金和资产创造更大的价值。

年轻的我们现在虽然不可能拥有巨大的财富，但我们可以学着像富人一样思考，无论是获取金钱还是投资运用金钱，我们都要试着用他们的方法为自己创造财富。我们的路还很长，还会碰到很多的问题，同一个问题在每个人面前都会有不同地解决方法，年轻人如果学会了成功人士的思考方式，那么，所有的问题都会完美地解决。

机遇就在你的身边，只是你还不够敏锐

年轻人常常抱怨机会总是眷恋别人，却从来不会降临在自己的身旁。每个人都希望能有一个展现自己的机会，可是你要知道，如果你没有一双发现机会的眼睛，即使别人把机会放在你面前，你也有可能错过。

我们没能发现机会，就是因为眼光不够准，很多时候眼光就是一切，在赚钱方面更是如此，不要以为我们年轻，还没有一定的资本，更别提社会关系，机遇不会光临我们。这样的想法大错特错，只要我们有一定的眼光，进行一定的投资，就会有意想不到的收获。在有眼光、有财商的人眼中，任何一件事都是一个可以赚钱的好机遇。

发明迷彩服的大富翁狄奥力·菲勒，他在77岁高龄时，让秘书在媒体上发布了这样一条消息：“我快要到天堂去了，乐意为失去亲人的人带口信，每人收费100美元。”虽然此事荒诞不经，但仍有不少人怀揣好奇之心，前后有一千多个人付给他款项，托他捎口信。同时他的遗嘱也与众不同，同样是让秘书登广告：“我是一位绅士，愿意同有教养的女士同享一块墓地。”结果，果真有一位贵妇人同意资助5万美元，伴他长眠于地下。

在菲勒看来，所有的事情都是获取财富的机会，即使一件平凡无奇的事，一件废弃的东西，在他的调度之下，也会成为赚取财富的资本。有了这样的眼光，所有的事都会成为他变得更加富有的机遇。

无论何时，一个人都可能遇到自己梦寐以求的机会，只是我们很难发现它。对于刚刚步入社会的我们来说，我们自然还不具备这样的“财富眼”，但我们要学会锻炼自己的财商，正如一个人的智商可以通过学习和锻炼得到提高一样，一个人的财商、眼光也是需要锻炼的。这样的锻炼，往往需要我们付出更大的代价，甚至暂时牺牲很多本来可以得到的利益，正像俗语所说的一样，“欲想得到，必先舍弃”。我们也要学会丢弃芝麻，才能够捡到西瓜。

小雨是一名送外卖的男孩，他每天要送出六百多份外卖，工作非常辛苦，但他却一直没有离开他的工作岗位去寻找更能挣钱的工作。因为他觉得这份工作能够让他更熟悉这个城镇的生意人的生活，也能够让那些老板们更加熟悉和信任他。这份工作他坚持了六年，一直只挣每月三四百元的工资。但是，六年后，小雨成立了自己的家政公司，在这个小城，家政公司很多，竞争异常激烈。但自他开业后，生意一直爆满，因为六年来，小雨熟悉了数千位生意人的生活，熟悉了他们的需要，而且他们也熟悉、信任这个男孩子。

于是，一个名不见经传的小男孩，就这样在城市闯下了一条道路。他凭借的仅仅是一个送外卖的机遇而已。

年轻的我们也许正在做着微不足道的工作，但只要我们把每一份工作当做一次机遇，从每一件平凡的事情中锻炼自己的眼光，就能够很快地发现机遇，获得财富。

我们不能总是看着别人获得机会的时候，也要看到他为了获得这个机会所付出的努力和艰辛。没有发现机遇的眼光，即使机会就在面前，我们也会视而不见；而目光短浅，只看到眼前的利益，却会让我们失去成就大业的机会。有多少人转战职场，只为了多一点点薪水，却把在原单位的人脉丢掉？有多少人只为了眼前和某个人的争斗，只为斗气，而错失了自己发展的良机？有多少人为了抓紧眼前得到的东西，而不舍得放手去搏更大的利益，最终失去了本该得到的东西？

年轻人请把眼光放长远，否则你将会陷入不得不工作的困境，忙碌了半天也抓不住成就自己的机会。请把目光从羡慕别人的身上移开，多看看你身边的环境，关注你身边的东西，你才会发现它们对你的重要性，你才会积极地准备，做好随时迎接机会的挑战。

没有机遇，也要学会创造机遇

古人云："千里马常有，而伯乐不常有"。年轻人就如同千里马，每个人都有自己的与众不同之处，也都有自己高人一等的优势，只是缺少一位能发掘我们潜能的伯乐。在这样的情况下，年轻人是想要一直等能发掘自己的伯乐出现，还是主动为自己创造一些机会，让伯乐注意到自己呢？

我想大多数人都会选择后者，年轻人还是要为自己的成功梦多做一些努力，主动出击总比被动等待要积极得多。现在是一个开放的时代，所有的千里马都有机会展示自己，而不用靠一个人的施舍、赏识，才有机会。年轻人要学会做自己的伯乐，适时地把自己推出去。主动寻找机遇，才是一个新时代的年轻人首先要学会的事。

在《马说》中，韩愈认为，千里马被埋没的原因有三：一是没有伯乐的赏识，辱于奴隶人之手；二是千里马一顿要吃一石粟，饲养的人不知道，千里马吃不饱，力气弱，能力特长也施展不出来；三是驭马时，不能按照规律，不明白马的哀鸣的意思，所以，最终名马被埋没，甚至死掉。对于人才来说，被埋没的理由按照《马说》的比喻也有以下几个：一是遇不到好上司，在上司手下工作，自己的特长无法发挥；二是待遇不好，或者职位不合

适，发挥不出自己的能力；三是世人不能明白自己的志向，上司不知道自己叹息中的寓意，事情不能按照自己说的做和发展，因此往往事与愿违。所以，机会常常从自己的身边溜走，自己的也总是怀才不遇。

每一个想在社会中有所作为的年轻人都不想做怀才不遇的千里马，然而，常常叹息自己怀才不遇的人，总是难展抱负。即使有绝好的机会在自己的面前也会悄悄地溜走。

那么，通常叹息自己怀才不遇的都是哪些人呢？他们很有才情，但情绪外露，也就是所谓的“愤青”。一个连自己的情绪都控制不好的人，喜怒形于色，常常悲观愤怒，这样的人，任何一个有理智的上级都不敢招惹，更不会赏识。所以说，这样的千里马不是没有伯乐赏识，而是根本不可能被任何伯乐赏识。想一想自己提拔一个“怀才不遇”的千里马可能引起的后果吧，也许因为他的愤怒、他的多嘴多舌会引起同事的不满；也许因为他的不知轻重，给自己得罪了不少人；也许因为他的自视过高，使工作各方不能协调，工作不能顺利进展，所以还是不要赏识，不要提拔他比较好。

如果你不是这类怀才不遇的人，只是因为企业的用人制度有问题，或者真的遇到了嫉贤妒能、能力低下，还喜欢争功诿过的上司，那就不如换个工作。尽管每个公司都有自己的缺陷，找到自己能够接受公司的缺陷，公司也能够接受你的缺陷的企业，是可遇而不可求的，能找到一个可以展现自己的舞台，是一种运气，但做适合自己做的事，我们才能尽快地怀才“而”遇。只有在擅长熟悉的领域做事，才可以让你拥有更多的机遇。

大部分怀才不遇的人都自视清高，因为他知道自己有一技之长，于是就喜欢在关键时刻吊别人的胃口，最终导致别人都不愿意与自己共事的下场，也就导致了自己怀才不遇。也许在关键时刻吊别人胃口是他想吸引别人注意的一个手段，但是这就成为了他职场生涯中的绊脚石。

韩总在一次私人聚会上认识了一位在国企IT（信息技术）部门上班，已年过四十的清华毕业生。经过一段时间的沟通了解，韩总发现此人很有能力，尤其对计算机非常精通，而且雄心勃勃，从对话中也感觉不出此人有什么品质问题。

韩总认为这位有才之士发挥不出才能可能是体制的原因。所以就想借用一下这位怀才不遇者的计算机才华，于是便和他沟通，准备让其做一些具体工作。随后韩总发现这位怀才不遇者思路敏捷清晰，并且做了一整套工作规划，还附带有时间进度表，非常专业，此时韩总感觉此人真是位难得的人才！于是就决定让他兼职独立开发一套对企业来说不是十分紧迫但比较重要的数据库系统。

工程初期，工作进展迅速，韩总十分高兴。但是随着项目的推进，开发速度渐渐地慢下来了。这位怀才不遇者开始推托说是工作忙，顾不过来，之后工作速度越来越慢，最后在韩总的催促下，这位仁兄提出了采用最新设备，需要衍生出大批的维护费用等，结果，八九个月过去了，这套数据库系统始终没有完成。而且因为没有设计任何输出端口，最初谈定的应该把密码告知韩总，然而这位怀才不遇者自始至终都找各种借口搪塞，就是不吐一字。

最终韩总只好就此放弃这套数据库系统。就这样前前后后折腾了一年多，费用花费了不少。没有干成任何事情。韩总自嘲："我算是被这位怀才不遇者套住了，关键的时候卡我脖子！所以，我还是尽快止损，让他套点利算了。"同时庆幸："幸亏当初没有把此人正式调过来，要不然还要付出更多的成本。"

这位技术人才的专业技能让人们钦佩，但是他却有着一部分技术人员的通病，喜欢在关键时刻吊老板的胃口，他不直接说自己想要什么，只是一味地拖着，那么还有哪个老板愿意继续为你投资呢？这也就是为什么这位高材生没能在自己的企业有所成就的原因。

有这种习惯或者想法的人，不但在职场上不能发挥出自己的优势，反而会被领导抑制你的发展。即使是自己做事业，也会因为他的贪婪无度，在关键时刻卡别人而使自己的事业无法维系。想一想，谁想和以自己的优势卡别人的人合作呢？

年轻人一定不能因为内因和外因的影响而抑制自己的发展，不要让自己的"才"埋没。如果我们想要让自己的事业发展得更加顺利，就要从自身找到怀才不遇的原因。一个人应该重视自己的承诺，如果你不满意自己的待遇，就尽量在做完一阶段工作后再提出，也强过在关键时刻"卡别人的脖子"，这很不道德。你要知道其实这就是你展现自己的最好时机，千万别让自己毁在自己的手里。

年轻的我们在成功的路上总会被一些原因阻碍，只要你有真本事，你就有发光的一天。趁着我们还年轻，不要等待机会的降临，要用自己的优势去吸引别人的眼球，为自己创造机会，终有一天我们会实现自己的真正价值。

风险和阻碍可能是财富、机遇的影子

年轻的时候是人们面临最多机遇和挑战的时候，年轻人若能把握得好，那么你成功的几率也会随之增加。这些机遇和挑战往往需要年轻人有一定的冒险精神，因为它们的背后可能存在着不小的风险，但是我们知道风险越大，也就代表着成功后你的成就越大。年轻人要看到风险背后的大好时机。

年轻人面对生活中的冒险就像是勇敢地跳下悬崖，在下坠的过程中不断地为自己编织翅膀，振翅高飞。每个年轻人都面临着这样的冒险，没有冒险，生命怎能充满激情与繁华，又有哪个人愿意谨谨慎慎地过一生呢？勇于冒险能为你的人生带来意外的惊喜，就像秋天清晨的路边，能赫然看到沾着露水的花朵，你的心神便可以随它清新绽放。

如果我们有梦想，那就要努力实现；如果我们有想去的地方，那就不能坐着不动，一定要有所行动才行；如果你不愿意自己从温室里探出头来，就不会有所成长。年轻时不冒险，就不会有收获。每当你与别人分享内心最深处的情感时，就要冒被别人背叛的风险；每当你把自己投入互动的人际关系中时，就要冒被拒绝的风险；每当你要表达自己的见解时，就得冒被批评的风险。每一个人都必须借着桥，才能走到另一岸的陆地，所以，人只有不断地冒险，努力地跨越障碍，才能走上专为你准备的康庄大道。假如你一直避免去冒险，那就只好过着次等的生活，并且这也会限制你的成长。你会发现，冒险会为你的生命带来前所未有的富足和充裕，正所谓“自古富贵险中求”就是这个道理。

当我们谈起美洲的时候，总会想到第一个登上美洲大陆的哥伦布，正因为哥伦布勇于冒险，才发现了这里。

1492年8月3日清晨，年轻的哥伦布带领着87名水手，驾驶着3艘帆船，离开了西班牙的巴罗斯港，开始了人类历史上第一次横渡大西洋的壮举。在海上航行了2个月零9天之后，哥伦布他们终于到达美洲巴哈马群岛的华特林岛。哥伦布把这个岛命名为“圣萨尔瓦多”，意即“救世主”。

哥伦布踏上了他当时误认为是“印度群岛”和“日本”的新大陆，并在美洲游历了一番，而后返回了西班牙的巴罗斯港。

回来以后，年轻的他顿时成了英雄，受到西班牙国王和王后的隆重接待。在一次庆功宴会上，有人高声说道：“我看这件事不值得这样庆祝。大陆是原有的，并非哥伦布所创造。只要坐船一直向西航行，谁都会有这项发现。”

这时，哥伦布笑着说：“你讲得似乎很对，其实不然，我们不妨一试。”说着，他顺手抓起桌上放着的熟鸡蛋，接着说：“各位试试看，谁能使熟鸡蛋的小头朝下，在桌上立起来？”大家纷纷拿起面前的熟鸡蛋试着，但谁也没能把它立起来。

于是那位绅士得意洋洋地说：“既然哥伦布提出了这个问题，那就让他自己试试吧。”

全场的眼光都朝哥伦布看过来，只见他手握鸡蛋，小头朝下，“啪”的一声敲在桌上，手一松，那蛋就牢牢地立在桌上了。

那人高叫起来：“这不能算，你把蛋壳摔破，当然可以站住。”

这时，哥伦布正色地说道：“对！你和我的差别就在这里，你是不敢冒险、不敢摔，而我是敢冒险、敢摔。”

一枚小小的鸡蛋也能体现出冒险的力量。如果哥伦布没有冒险精神，那么他就不会被世人铭记。他当时出航的结果只有两个：一个是死在不知名的地方；另一个就是留名青史。然而正是因为他敢于选择，他才在世界历史的长河中留下了重要的一笔。

年轻人要有远见，要能透过眼前的危险看到成功的未来，敢于冒险的年轻人的脚程总是比别人快一步，能主动寻找所有可以突破的机会。他们像登山者、冲浪者，而且攀登的不只是外在的喜马拉雅山，而是在探索内心最高处的山峰；冲浪的范围不只是外面的海洋，还有自己内心最深处的海洋。

涉世之初的年轻人要勇于冒险，勇往直前。要冲击，要冒险，要闯出一

条自己的光明大道，从风霜雨雪到枪林弹雨。对于年轻人而言，没有什么是无法克服的困难，没有什么是无法超越的现实。勇于冒险的人天生就是一个胜利者。

年轻人不要把冒险看得过于消极，的确，有成功就会有失败，但是你也要清楚，只有在危险背后才有一跃而起的大好时机。人生就是一艘游荡在生命长河中的帆船，会经受风雨洗礼，也会享受艳阳高照。千万别错过冒险的机会，这是唯一能保证你真正闯下一片天、拥有辉煌未来的方法。

人们在年轻的时候总会经受汹涌的风浪，但是风浪过后，你总会看到绚烂多彩的彩虹。年轻人的命运掌握在自己的手中，珍惜每一次危机时刻，用自己的智慧和勇气度过一次次风险，在风雨中锻炼自己，你才会茁壮成长。

冒险吧，年轻就是要敢想敢干

年轻时的创造力是人一生之中最好的阶段，既不像儿时那样天马行空，又不像中年后那样保守沉闷。年轻人在有了自己的想法后，就要有敢于实现它的勇气，只有把你的理想付之于行动，你才会获得属于自己的成功。

对于年轻人来讲，每个人都有不同的想法和创造力，但我们总被自己胆怯的心理所阻碍，总觉得自己的想法可能在现实中不会成功，可能会遭到领导的批评，与此同时，你也要看清另一面，如果你没有将你的创造力付之于行动的冒险精神，你就不会有一鸣惊人的本事。康德曾说过：“人的心中有一种追求无限和永恒的倾向。”这种倾向最直观的表现就是冒险。年轻人必须历练自己的冒险精神，这样你才会有实现自己价值的机会。

当同龄人还在苦苦等待机会来临的时候，我们要学会为自己创造机会。比尔·盖茨说：“所谓机会，就是去尝试新的、没做过的事。可惜在微软神话下，许多人要做的，仅仅是去重复微软的一切。这些不敢创新、不敢冒险的人，要不了多久就会丧失竞争力，又哪来成功的机会呢？”微软素来以只青睐具有冒险精神的员工而闻名。它们宁愿冒失败的危险选用曾经失败过的员工，也不愿意录用一个处处谨慎却毫无建树的员工。在微软，大家的共识是：最好去尝试机会，即使失败，也比不尝试任何机会好得多。可见，一个人光有创造力是不够的，你还要有敢于冒险的精神，只有在冒险的过程中，你才能为自己带来机会。

对于那些害怕危险的人来说，危险无处不在，坐吃山空是他们未来注定的结局。

美国人派吉曾经说过："只为今天，我要用三件事来锻造我的灵魂：我要为别人做一件好事，我还要做一件我并不想做的事，更重要的是我要做一件我不敢做的事。"金学圭就是做了一件别人不敢做的事。他的Q版游戏成功击败了被大众普遍看好的3D游戏，这靠的不仅是他的创造力，更是他勇于冒险的精神，才铸就了他的成功。

有些年轻人不敢去冒险是因为畏惧困难，一件件难事要自己去摆平、一个个痛苦要自己来承受，想起来就心惊胆战，于是他们便将所有的事一股脑儿地推给了别人，不管是有意义还是无意义的事，但当别人历尽千险得到掌声和鲜花后，他们又后悔当初不该将机会拱手相让；有些年轻人不敢冒险是因为总担心失败，怕失败后连现在拥有的东西都要失去，他们总会找出各种各样的理由来使自己不去冒险，最后，他们一事无成，只能羡慕地望着别人，看着别人在勇敢冒险之后过着富足的生活，而自己却在思前想后中安安稳稳地毫无突破，仍在原地踏步；还有些年轻人害怕去冒风险是因为他们习惯了安逸，他们总躺在幸福的港湾里风平浪静，无比留恋已经占有的舒适而因此感到满足。毕竟冒险常常是失败的导火索，常常意味着放弃到手的一切，意味着要面对无尽的风风雨雨。

生活中的很多事情都比我们想象中的要容易很多，有些时候难就难在我们害怕走出这第一步。威廉·丹弗斯曾说："你之所以不是自己想要成为的那样的人，唯一的原因就是你不敢成为那样的人，一旦你有了这种胆量，一旦你不再随波逐流，而是勇敢地面对生活，你的生活将从一个崭新的阶段开始，你将发现自己的体内充满了新的力量。"我们因为不敢迈出第一步，就失去了很多锻炼自己、提高自己的良机。只有敢于冒险的年轻人才能成为这个世界的强者，才能在历史的画卷上抹上浓墨重彩的一笔。

人类的好奇，产生冒险的冲动，人类的冒险，点燃了文明的火炬。人类

在探索宇宙、探索自然的过程中，如果没有一代又一代的先驱冒着失去生命的危险，抱着英雄般悲壮的精神，毅然坚决地向未知探索，人类探索未知世界的步伐能持续多久？正是因为人类的血液中沉淀着勇于冒险、敢于奉献的精神，才能不断地鼓舞着后人继往开来，人类的文明才能持续繁荣，一个个伟大的人物才得以横空出世。李时珍为了写一本最全面的草药书籍，走遍名川大山，冒险尝尽百草，才有了《本草纲目》的诞生。

所以，年轻人不要浪费你的创造力，拿出你的冒险精神，为自己开辟一条崭新的道路。当你勇敢地迈出第一步时，你的人生已经向着成功的方向迈出了一大步。鼓起你的勇气，为自己的梦想去冒一次险，不能让你的创造力埋没在自己的胆怯之中，你要学会为你的人生负责。

财富基础需要你不断积累智慧资本

年轻人在走向成功的过程中，资金是不可或缺的要素。没有人能离开金钱生活，更没有人的成功能离开金钱的投入。所谓“一分钱难倒英雄汉”，尽管你有再高的本事，再大的学问，没有资金的支持，你也干不出一番事业。年轻人刚步入社会没多久，可怜的工资能保证自己的正常开销就不错了，还有多少富裕能为自己的今后储备起来呢？其实，只要你肯动用自己的智慧，就能为你的成功打下坚实的基础。

最适合年轻人积累资金的方法就是传统的储蓄，把每个月剩下来的钱做个定期存款，这样就能保证你有一部分小的资金积累，但是光凭这些肯定是不够的，我们可以凭借着我们的智慧，为节省下来的金钱进行小额投资，直到你的资金达到一定数目。而20世纪80年代以后出生的年轻人，大部分都是超前消费者，月光族已经是普遍的了，很少人有存钱的观念。我们一定要明白，如果吃掉了资本，就会终身受穷。如果你没有一定的储蓄来应付创业中的风险，如果你没有办法在创业的同时维持你的基本生活，如果你没有足够的创业资金，那么你只好一辈子都陷在为别人打工的境地之中。有一天不工作，你就会没饭吃；一个月不工作，你就会感到恐慌，如果你已经陷入了这个陷阱，建议你还是积累一点资金，为将来做准备吧。

那么对于“月光族”来讲，首先要从思想上让自己对金钱有正确的认识，摆脱对金钱的依赖感。当然，这只是理性上的认识，最好的具体实施方式，就是强迫自己在每月月初存下十分之一的钱，最好是存在存折里而不是卡里，因为卡里的钱可以随时消费、随时提取，而存折里的钱无论发生任何事，都不可以动用。30个月以后，我们就会养成这样的好习惯。如果年轻人刚参加工作不久，或者工资不高，不妨这样强迫自己养成定期储蓄的好习惯。

古巴比伦最富有的阿卡德，他致富的秘诀就是“当你收入10个金币时，最后，只花掉九个”，他认为“在赚的钱里，一定要存下一部分，财富的增长就像树的增长，最先是一颗很小的种子在发芽，第一笔存下的钱就像是财富成长的种子，一开始，不管赚多赚少，至少要存下十分之一的钱来。”因为这不仅使你的钱包变得膨胀，你的内心也会产生一种满足感，赚钱也比以前容易得多，而且你的发财欲望也会滋长。而如果一个人总是把赚到的钱花光，他就会产生一种赚钱的恐慌，会继续拼命地工作赚钱。为了弥补这种拼命产生的疲惫和心理饥渴，他又会把赚到的钱全部花光，甚至负债累累。最后，他就会陷入这样的循环怪圈而不自知。

对于现在的年轻人，我们要做的除了每个月存一定量的钱以外，还要审核自己每个月的消费单，把可有可无的部分划去，保持理性的消费观念，把钱花在该花的地方，省下的就是赚到的。很多人之所以穷，并不是因为挣得少，而是花得太多，社会上有不少人就属于这样有钱的穷人。

据统计，北京很多繁华的地段，比如，西单、东单、王府井大街的高级名牌商品大部分的消费群体，是那些高级白领、“金领”们。他们挣钱多，但绝不属于真正的有钱人。但他们都穿着阿玛尼的西装、夏奈尔的T恤，手上拎着上万块钱一部的手机，一副成功人士的模样。其实，这只是为了弥补内心的不平衡，满足穷人的虚荣感。在世界上，那些所谓的“面子”是最没有价值的东西，有里子，才有面子；如果没有实质，外表再光鲜，也不过是“金玉其外，败絮其中”而已。真正的有钱人，他们的每一笔钱都会花在刀刃上，他们用钱都是有目的的，用法也截然不同。他们认为，钱就应该用在

该用的地方，绝不能够浪费。所以，如果我们希望做个有钱人，我们也有必要做到理性消费，绝不能够挥霍浪费。

控制自己的消费是比较艰难的一步，也是很有必要的一步。当我们积累够了一定金额的资金以后，就要把这些资金当成“钱种”，用它来投资生钱。如何正确地播种“钱种”呢？首先就需要我们把钱交在熟悉的行业中，或者熟悉某个行业的人手中。比如，炒股的人会把钱交到“操盘手”的手中，而不是凭着自己瞎碰运气，或者把钱交在“投资人”“理财师”的手里。只有傻瓜才会把钱交给不熟悉行业的人，比如，把钱交给砖瓦匠去买珠宝，把钱交给公务员去办教育等。

年轻人其实就是缺乏理财观念，只有合理理财，才能够加速财富的运转。钱是在使用的过程中体现它的价值的，也是在流通当中增值的，我们只有加速金钱的流通，才可能得到它的附加值。关键是我们要有积极健康的理财观念，只要观念正确，我们就能迎来胜利。

聪明的你一定深知资金对自己成功的重要性，所以，动用你全部的智慧，让小钱生大钱，为自己的未来积累资金。健康的消费观和合理的理财观，才会让我们看到自己一步步接近成功的努力，才会给我们的成功之路打下坚实的基石。

第10章

认知财富，拼命赚钱但别摧残了身心

君子爱财，学会理解并管理金钱

年轻人对于金钱有一定的欲望，我们可以热爱金钱、尊重金钱，但一定不能拜金。年轻人要清楚，金钱不是你生活的全部，不能因为金钱影响到自己的正常生活。我们要掌握自己的财政大权，合理地分配自己的金钱。

金钱可以提高我们的生活质量，如果缺少金钱，那么我们就连生存的保障都没有。年轻人要尊重金钱，金钱才会爱你，才会进入你的钱袋，离开热爱而提赚钱，那是不可能的。既然金钱可以买到这世上大部分物质的东西，既然我们需要物质，为什么不让自己多拥有一些呢？承认自己热爱金钱又有什么错误？“金钱不是万能的，没有金钱却万万不能”，这句话说得多好啊！

热爱金钱固然没错，但年轻人不能被金钱牵着走，你如果因为钱迷失了自己的方向，那么后果会是非常严重的。

不能用金钱买到的东西有很多，比如，爱情、亲情，但是缺少了财富，人们可能会有什么结果呢？在一定程度上，贫穷真的让人缺乏尊严，通常人们的金钱纠葛不仅仅是因为分配不公，而是因为财富不足。

再说说生命，金钱的确买不到生命，多少钱也买不到一个人死而复生，但缺乏金钱，我们却可能死在疾病之间。有更多的钱就意味着可能得到更先进的医疗手段，有更好的卫生条件，甚至如果你喜欢还可以有家庭医生，随时为你的健康负责，你生病的几率就会降低很多，在这个意义上，金钱是不是可以买到生命呢？

年轻人要知道，金钱绝不是丑恶的，它代表的不过是一个交换媒介，一种流通手段，对金钱的使用才产生了金钱的善恶，它不是万恶之源，更不能丑化人性。金钱使我们的生活更加便捷，使我们生活得更舒适，更愉快，使女人更有魅力，使人们的心情更好，我们有什么理由不热爱它呢？

年轻人就是要做一个爱金的人，只有热爱金钱，它才会跟你亲密，如果你对金钱的态度是冷漠或者蔑视的，那么，它就会背叛你，寻找另外的主人。金钱只会依附在热爱它、善待它的人的身边。

“君子爱财，取之有道”，年轻人对金钱要热爱但不狂热，不因为金钱可以带来更多方便就唯利是图，甚至触犯法律。我们要学会坦诚地面对金钱，爱金钱并没有错，只要你的方法得当你就能很好地支配金钱，将它的效用发挥到最大。

别做金钱的奴隶，让财富更有价值

年轻人在进入社会后要学会做金钱的主人，而不是它的奴隶，你要带领它走，而不是任由它牵着你的鼻子走。金钱是很听话的奴隶，只要你懂得它的特性，善待它，善于利用它，它就会给你带来源源不断的财富，而如果你不善于支配它，那你一辈子就只能被它所奴役。

在这个竞争激烈的社会中，有多少人苦苦地劳动着，却只能维持温饱；有多少人整日没有休息的时间，却只为了增加金钱的数量；又有多少人工作目的明确，却只为了金钱享受。他们都是金钱的奴隶。

要懂得做金钱的主人就要了解金钱的特性，它只为懂得它、熟悉它的人赚取利润，还要清楚你的财务状况，如果连你自己都不清楚，就做不了一个好的主人，最后，就是决定用你挣到的钱去做什么，如果你把这个问题很好地解决了，你就会容易变得富有，你就能掌握和控制金钱，让它做你的奴

隶，为你带来财富。

那么，年轻人就具体地了解一下如何做金钱的主人吧。

1.对于年轻人你要知道金钱是什么

金钱是交换的媒介，是流通的一种工具。它的交换媒介的特性决定了你为它工作，还是它为你工作；你能够用它交换到更多的价值，还是更少的价值。每个人都有一段为金钱工作的岁月，否则就不可能积累足够的资本。你要用自己的劳动获取更多的交换价值，包括金钱和经验。这些金钱除了维持你的日常所需，必须还要有一定的节余，否则你就是在做亏本生意，你的劳动换取的价值越少，你的亏损越大。生意的基本原则就是低买高卖，如果你用劳动交换的价值尚且不足够维持你的基本生活所需，你的亏损就会越来越大，现代社会基本不会出现这种状况。

在为金钱工作的日子里，你最主要的目的不是满足自己的消费欲望，而应该是积攒剩余金钱和经验，所以，这一阶段最主要的就是要理性消费，留够“下蛋的鸡”。

金钱的另一个特性就是流通工具，在流通中它才会为你带来更多的金钱，所以仅仅做一个守财奴是远远不够的。只有让你的金钱尽快地加入流通领域，才能够为你带来更多的财富。有时候，储蓄不但不能让你的剩余价值增值，还会有亏损，尤其是三年以上的储蓄。

2.年轻人要了解自己的财务状况

不仅仅是你手里目前有多少存款、多少债务那么简单，还要记下自己的每一笔金钱的来源和去向，这样才能明确你的金钱流向，你在某段时间是亏损还是有收益，而且这些还能告诉你哪笔钱花的是值得的、哪笔钱是在自掘陷阱，为你以后增加财富提供一个明确的值得借鉴的证据。所以，每一个人都一定要学会记账。年轻人常常觉得记账既麻烦又约束生活，喜欢大手大脚地花钱，这样往往入不敷出，甚至是月月花光。要想制止这种情况，就要学会记账，然后在账单上看出不合理、不理智的消费项，才能避免盲目地消费，又能够为你以后的事业做一个有力的参考和佐证。

3.年轻人要清楚自己挣钱要做什么

或者说剩余的钱去做什么，这是让一个人越来越贫穷还是越来越富有的根本。穷人常常把剩余的钱用来消费或者储存，所以，他们会越来越穷；富人则用自己剩余的金钱投资或者去建立资产，为自己的资产增值等，于是这些钱成为资本，为他们带来更多的剩余价值。

年轻人只有了解到金钱的特性，才能把握好金钱，才能做金钱的主人，才能把握住自己的钱口袋，才能把握自己的人生，才能真正地用金钱来享受生活。

财富需要积累，节俭是一种智慧

年轻人要知道，现在世界上的亿万富翁们，他们之所以拥有巨大的财富，不仅来源于他们的投资技巧，抓住时机的眼光，更大一部分是他们会“省”。既会赚钱，又会省钱的人才能更快速地拥有巨大的财富。

当然，这个“省”钱不代表着抠门、不代表着节俭，而是要花钱有道。比如，能够掌握物品的性价比，用最低的价钱买到最有价值的物品。而物品更不仅是单纯的物品，还包括它的隐性价值，比如，带给你的羡慕的目光和对你自信的影响等，都要算计到位。做到这一切，才能算是会花钱。

年轻人一定要会花钱，会花才能会省，开源节流，不做月光族。那么，怎么花钱才算是会花呢?

1.理性消费

不要有事没事就买一大堆用不到的物品回家，只为自己高兴；要买必需品。年轻人需要装饰品，但不能太多，只要精致即可。年轻人买衣服，会永远觉得少一件，所以要让自己的衣橱丰富起来，绝不是买回更多的衣服，而是扔掉：更多的一年穿不了几次的衣服，当年为图便宜买的衣服，自己觉得不是百分之百满意的衣服，把它们从你的衣柜清除出来。以后选择衣物的时候，一定要多看、多试、少买，凭一种感觉就是第一眼就觉得“这件衣服简直就是给我定做的”，买自己百分之百满意而又绝不会后悔的衣物。不要总是买最时尚的款，最时尚的款式就代表最快过时，而中庸的大众款则代表永不流行、永不过时。

不要买打折的东西。打折就意味着过季，款式过时，这些东西买回去也只能穿一两次，多数时候就是在衣柜里放着。所以，不要一看到商场打折，血气上涌，就买一堆东西回家。逛街时，尽量一个人去，最多不要超过三个，否则，自己就会根据别人的喜好盲目地消费，买回很多不适合自己的东西。

不要持有过多的年卡、季卡、月卡。这些东西你通常用不到，办卡的时候你也许觉得很划算，兴致勃勃地就办了，但是消费的时候，你就会觉得这是一个巨大的陷阱，因为你根本抽不出这么多的时间去用它，总不能为了不浪费钱而请假去休闲吧。

不要买廉价的衣服。廉价的衣服不仅会浪费金钱，还会有损你的体面和自信，让你成为一个笑柄。更重要的是，服装往往是一个人社会地位的象征，除非你的形象已经不需要服装来提升和标志。人不注重形象最多不过是不修边幅、浪荡不羁，女人不注意形象可就是邋遢了。不要因为贪便宜而自毁形象，廉价的衣服带给你的损失可不是金钱价值能够衡量的。

也不要买世界名牌服装，因为那是我们不能负担的。不到一定的社会地位，不到一定的年龄，通常都穿不出名牌服装的味道。更何况青春就是最好的装饰，用过多的名牌服饰和华贵奢侈的装饰，只能让你的青春、美丽打折。

2.钱要花在刀刃上

不要总是为那些可有可无、无关紧要的东西付费，要选择最适合自己的消费方式。比如，许多年轻人为了方便会选择无限时包月上网，而他们一个月最多有20个小时用到网络上，完全可以选择限时包月的方式，选择自己最适合的付费方式。有时候看起来划算的东西，不一定对你合适。

花钱不一定是为了消费，有时也可以是一种投资方式。年轻人一般没有投资的概念，认为那只是有钱人的游戏。事实上，年轻人也可以学着投资，学着理财，比如，每个月强制自己节省一笔钱用来入保险，也是一种强制自己节约的方式。基金定投的产品对于年轻人也是比较适合的，事实上，对于一个白领来说，一个月节省四五百块钱，只是少买一件衣服而已，而长期下来，自己真的可能会获得一笔可观的收益。

投资有更大收益的项目，而不是把金钱平均分配进行投资。如果一个项目能够带给你20%的收益，另一个只能达到5%的收益，并且都比较稳健，那么你应该知道怎么选择。除非是真的有急用，否则就不要轻易地动固定的储存。

买一根人参的钱可以买一车萝卜，但聪明人都会选择买一根人参，而不是一车萝卜，因为到紧要时刻，一根人参的价值顶得上一飞机的萝卜。道理是一样的，与其为了很多无足轻重的事情消费，不如把钱花在有用的地方。事实证明，请别人吃几顿饭远远不如在特别的日子送上一件他喜欢的礼物，更能赢得一个人的好感。为了达到同一个目的，我们要用最小的花销达到最有效的效果，这才是钱要花在刀刃上的秘诀，这也才是节俭的真正意义。

3.健康是一切的前提

用金钱换取更有价值的东西，健康绝对是其中一种。年轻人常常为了事业拼搏，而不顾惜自己的身体，为了潇洒大方而不顾惜健康，甚至过着一种不规律、不健康的生活；30岁以后，你的身体就会频频找你的麻烦。与其用金钱来买那些不重要的东西，不如做健康投资，买一些保健品，要知道再怎么打扮也比不过好的气色，身体健康的人才能在人生路上走得更久。

年轻人要将钱花得合理，不能只懂得赚钱，不懂得花钱，只有合理地分配才能为你“省”出巨大的财富。

珍视并正视财富，才会有更多财富

年轻人既不能做对于财富不屑一顾的人，也不能当对财富一刻不肯撒手的守财奴。美国哈佛大学商学院教授理查德·泰德罗倡导尊重金钱，提出“金钱是最没有偏见的”观念。其实，所有的一切都来源于你对金钱的态度。觉得自己辛辛苦苦，并不比老板得到更多的金钱，觉得目前的分配制度是不公平的人，只能眼睁睁地看着金钱从你的眼前溜走。

无论是生活还是财富，幸福最终只会被执着于它的人得到。在我们还没有拥有金钱的时候，我们一定要学会像拥有财富的人一样思考问题，财富才

会向我们蜂拥而来。年轻人一定要知道，金钱的流通是有一定的规律的，我们只有掌握了这种规律，才能够保证金钱会向着我们的口袋流过来。这种规律，穷人没有掌握，因为他们做事杂乱无章或者逆规律行事，所以会越变越穷。而这种规律，学校并不教给我们，所以我们也不能从学校教育中得到。学校只教给我们为别人工作的本领，从不交给我们让钱为我们工作的本事，这是目前的教育不可避免的。而我们要得到这种规律，只有从富人的一言一行、思考方式方面去揣摩。

想要赚钱的年轻人，思想一定要先于行动，我们一定要学会像富人一样思考，才会像富人一样做事，最终才能跟他们一样拥有财富。富人和穷人之间最大的区别，不是简单的资金和资产上的悬殊，而是观念和思维方式的不同。在这方面，富人的子女和亲人能够通过他们的日常行为和思想受到潜移默化的影响。而穷人的孩子则有了这方面的限制，他们从小接受的就是穷人的观念，他们甚至很少知道财富的价值，思想的重要性，改变起来自然艰难。

记得彩票刚刚发行不久，几个哥们聊天的话题是“中了五百万元干什么”，他们中间有说买房的，有说买车的，有说先去旅游的，也有的说要投资。有一位智者说得好：“如果你给他十元钱，他就会考虑吃一顿好饭；如果你给他一百元，他就会给自己置一套不错的行头；如果你给他一千元，他就会考虑出去旅游一次。这样的人，你奢望他能拿什么致富？”极端地讲，穷人的消费观就是这样，当然他们的其他观念也好不到哪里去。见识的有限限制了穷人们的想象力，所以我们安贫乐道，只会安分守己地工作—赚钱—花掉—工作，从来没有想过其他的可能。

刚步入社会的年轻人，撇开家庭因素来讲，我们中的大多数都生活在穷人中间，久而久之，就形成了穷人的心态，思维变成了穷人的思维，行为模式也是典型的穷人模式。就算有一天我们遇到了飞来的横财，我们也只会按照我们认定的方式去处理钱财，结果导致财富的缩水，甚至被骗。没有赚取财富的头脑和眼光，没有辨别真假赚钱之道的慧眼，再多的资产对于我们来说也不过是一笔死钱，他永远不能够通过一定的手段给我们带来更多的财富。

为什么会有风险投资？为什么有些人持有着大把资金找人合作？或者只

求一个好点子？为什么有人投资失败，一夜之间会一无所有，几年之间又会从负债几个亿变成身价几亿的富翁？而为什么另一些人的生活就会像古井一样千年无波？真的是命运如此吗？其实，富人有自己信奉的一套哲学，有自己独到的眼光和观念，所以，他们会越来越富有。而穷人信奉知足常乐，信任一切稳妥可靠的东西，宁愿一辈子打工，所以，无论挣多少钱，如果没有自己的事业，没有自己独到的观念，那么，他就是一个穷人。就像一个笑话说的：一个人说 “等我们有钱了，豆浆买两碗，喝一碗倒一碗；等我们有钱了，保镖请两队，一队背着一队走。”有人学习怎样投资，他成了老板；有人学习怎样管理，他成了经理；有人学习怎样把别人吩咐的事做好，怎样分析老板的脸色做事，怎样要求加薪，他成了一名打工仔。学习的东西不同，让我们成为不同的人。有人说，办公桌前面的人永远不知道桌子后面的人在忙些什么，所以，他会变得贫穷，如果一个人想要富有，就要向办公桌后面的人学习。首先就是要学习他们的思维模式。比如，把所有的挑战、障碍都看做机遇；把所有看起来没有价值的东西，找到它可能附加的价值；热爱一切新鲜的事物，并把它们和财富联系在一起；尊重金钱，享受财富。

年轻人若想今后成为富人行列中的一员，就要对自己有一个清醒的认识。如果你的观念现在已经跟不上富裕的脚步，那你就将变成一个穷人。让自己拥有富人的思想，比拥有财富更刻不容缓。学会像有钱人一样思考，是一个年轻人在没有成熟的阶段就要拥有的本事，否则，一旦你的财富观念定了性，是很难改变的。所以，趁现在你对金钱还没有一个正确成熟的观念，马上学一学有钱人的金钱观吧！

每一个创意思维都是财富的源泉

年轻人在刚进入社会时，总是有很多的想法，他们的这种想法大多数是富有新意，富有创造力的，如果稍加改良，一定可以为自己带来可观的收入。就像女人有很多浪漫、唯美的奇思妙想，这些想法男人往往不屑一顾，

而正是这些奇妙的想法，才帮女人走向了成功之路。

我们只有相信自己的直觉，相信你的奇思妙想，才能够拥有财富。年轻人要大胆地把自己的奇思妙想变成实际行动，才能够赚更多的钱。事实证明，年轻人在胆识、魄力、合理性思维方面的确不如在社会闯荡多年的人，但是他们也有优势，比如，灵活、敏锐、心思缜密、想法奇妙等。年轻人天生对新鲜事物比较敏感，天生有超强的直觉，这些都可以作为年轻人创富的起点。

比如，许多女孩子都羡慕过动漫里漂亮的衣服，但是，你想过把漫画中的奇装异服变成漫画爱好者们的服装吗？有的女孩子就想过，不但想，还进行了实施。她们把漫画中的人物造型拍下来，让熟悉服装设计的人根据那些立体的图片做出设计图纸，再找裁缝店或者小型工厂进行加工，就制造出了一大批漂亮的漫画服装，这些东西在现实中不实用，但是在动漫爱好者的眼里或者热衷于游戏的人眼里，却无比珍贵。哪个动漫爱好者不想拥有一套自己崇拜的人物的衣服？哪个游戏爱好者不想自己穿着游戏中的服装过一把瘾？商机就这样被一个小女孩发现了。

年轻人创业，必须要有新鲜的项目，那些传统大众化的利润大的项目，不但前期投入大，而且竞争激烈，市场基本上被那些商业大佬们占据着，年轻人不可能在那里占有一席之地。在高科技的信息产业，也被大部分有商业优势的人占据了，年轻人只有依靠自己敏锐的观察力和直觉，在新生事物上占有一席之地，才可能赚到更多的钱。DIY（亲力亲为，靠自己）就是这样应运而生了，DIY蛋糕，DIY巧克力，DIY服装，甚至是布艺，都是年轻人赚钱的好方法。

小方是一个还没毕业的大学生，他在大学附近的鲜花店旁边开了一家巧克力DIY店，用自己亲手做的巧克力再加上一束鲜花对爱人表明自己的心意，多浪漫。

学校的很多情侣都用自己的双手亲自为对方做一个有特色的巧克力，无论是表白，还是庆祝生日，这个充满新意的小店在校园里的名声渐渐传开，在成全了无数情侣对浪漫追求的同时，这个项目更是为小方赚到了大把大把的钱。

灵活的头脑，新鲜的创意，是年轻人最大的资本，喜欢奇思妙想的人

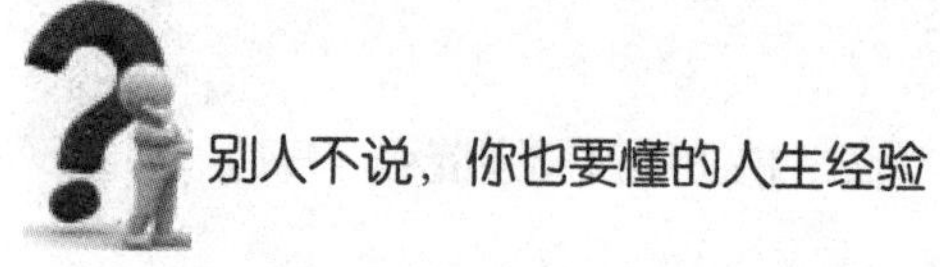

们，只要勇敢地把自己的想法付诸实践，并加上财商的辅助、合理的管理，就能够赚到大钱。一个奇妙的点子能创造出人们巨大的需求，而有需求的地方，必定有大量的财富流动着，只要你善于抓住时机，利用好自己手中的资金和脑中的智慧，再加上妥善的管理，必然能够变成一个“小富翁”。

社会中没有一家用人单位不希望自己的员工有创新精神，只有不断创新，才能为企业带来源源不断的财富。创新是一种美丽的奇迹，是最轻巧的财富杠杆。有了创新，年轻人才能够在竞争越来越激烈的商场占有一席之地。靠着我们的奇思妙想，很多奇妙、浪漫的东西就这样被发明出来了。

广州有一个喜欢浪漫的女孩，曾经突发奇想做个“吻”送给自己的热恋男友。她先在唇部涂好口红，然后印在一张白纸上，再把唇印扫描下来保存到电脑中，用彩色打印机打印出来，一个漂亮的“吻”便做出来了。她又细心地在纸上做了一圈花边，写下两行字：把我的吻给你，把我的心给你。永远爱你！最后把这张纸塑封后送给男朋友。后来就是靠着这一点创意，她开了一间叫做“浪漫吻唇”的个性小店，专门为女孩子做“吻唇”送给男朋友，或者把这些唇印，做成装饰画、中国结，或者是挂在房间里、汽车里的小挂件。通过出售别人的“香吻”，她成了有名的小百万富翁。

年轻人不要被世俗束缚住自己的思想，你要知道年轻人就是有很多新奇的想法的，而我们的财富就在于此，我们要勇于创新，用我们的想法去改变我们的人生。

不要怕穷，不要害怕没有启动资金，一切需要准备的东西都在你的智慧中。只要你有足够的智慧和勇气，就能够赚到大钱，为你解决金钱问题的困扰。年轻人要学会多动脑，只有将自己新奇的想法和实际行动联系到一起，才能为我们带来更多的财富。

禁住诱惑，年轻女性需要冷静和理智

年轻的女人在进入社会后，要经受各方的诱惑和考验。年轻的女人喜欢

帅气大方、风度翩翩的异性本没有错，错就错在一个女人不应该为了帅气的男友，而放弃自己的事业或者是更好的婚姻或者是本有的物质上的享受，而去牺牲自己来成全男人。要知道优秀的男人从来不会让女人来成全，感情这种东西，如果遇不上一个好男人还不如金钱来得可靠。

女人在选择婚姻的交往对象时，一定要考虑经济因素。一个女人看一个男人主要看什么呢？要从哪里了解起呢？感情是能够培养的，条件则需要更多的机会和时间来培养。这些我们早就说过，一个女人看一个结婚对象，无非是从年龄、相貌、健康状况、家庭背景、社会地位等考查起。不要看不起一些很俗的东西，生活本来就是世俗的，平凡女人的幸福也是很世俗的，千万不要做那些为了男人不顾一切的女孩子，否则迟早会后悔的。

有一则笑话，说“有一个人，二十几岁的女人会下意识地问：他帅吗？三十几岁的女人会问：他有钱吗？而四十几岁的女人会问：他健康吗？他在哪？”这些问题一个比一个更实际，一个比一个更靠近生活的本质。二十多岁的女孩子选择自己的另一半也一定要让自己更成熟、更能把握生活的本质，而不要做一些盲目牺牲的傻事。

年轻的女人在社会中最经受不住的就是男人的甜言蜜语。男人通常都说“爱江山更爱美人”，但有多少男人能够为了美人而舍弃到手的江山呢？太少太少了，理智的人更喜欢实际的江山，为了更高的社会地位而舍弃女友的男人太多了。而女人还死守着牺牲、忍耐，岂不是太傻？要相信爱情是美好的，但也要相信爱情不可能离开面包而生存。世界上有多少情侣是因为经济因素而分手的？难道你还要做盲目牺牲的傻女孩吗？何况，优秀的男人不可能接受这种牺牲、这种高攀。不要和比你社会地位低太多、经济条件差太多的人谈恋爱，那是不可靠的，这会让你们彼此都有压力。

在社会舆论中，女人选择比自己社会地位高、优秀的男人交往结婚是可以被人接受的；而和一个比自己社会地位差得多的人结婚，你们两个都必须有更多的勇气来面对压力，有更好的心态来面对感情，女人固然不能摆出一副施舍的嘴脸，男人的自尊心也不能够太强，不能有被可怜的感觉，否则也会造成悲剧。为了维护这一切，甚至要花费比恋爱更多的精力，彼此都要活得小心翼翼，何必呢？

还有一些“傻”姑娘要记住，不要用盲目地牺牲来支持一个男人。当你成就了这个男人，你将会失去所有，你以为可以赢得他的心，但其实故事的结局往往都是女人最不想看到的。你要在维持自己的生活水平和工作环境不会改变太大的基础上来帮助男人。社会上有多少女人为了支持男人的发展而舍弃了自己的未来，一心一意地来帮助丈夫，可是男人发达了，却忘记了背后默默支持的妻子。盲目地牺牲自己的事业，最终换来的只能是自己的思想追不上他的后果，甚至会被抛弃。女人认为给男人花钱、支持他是爱的表现，男人却会认为这是一种施舍，偶尔的小礼物是有必要的，却没有必要因为他而降低自己的生活水平，那种用自己一个月的工资换得男人一条领带的女孩太傻了。

当然，女人要从与男人交往的时候就要看好自己的钱包，不要进入婚姻的殿堂才后悔自己的选择。社会上那种靠着和单纯的女孩子交往来骗取钱财的诈骗犯还少吗？看清男人的甜言蜜语，肯为你花钱的男人，比让你给他花钱的男人更值得信赖，也更值得珍惜。一个男人如果爱一个女人，就会想要她分享他的劳动成果，而一个女人爱一个男人，就会觉得花他的钱是一种幸福。

年轻的女人不要被男人的谎言欺骗，在对待男人和金钱的问题上要让自己冷静、理智一些。好男人是不会指着你的钱创造“你们”的未来的。对待金钱只有像对待男人一样用心，才不会同时遭到背叛。

合理运用金钱，财富就会越滚越大

年轻人常常因为缺少资金，就为了眼前的蝇头小利而失去信用，失去人际关系的融洽，这对自己未来的发展是极其不利的。人们往往喜欢实在、重义气的人，往往喜欢和有信誉的人做生意。重利益并没有错，有错的是你因为自己的利益侵犯了别人的利益，有错的是你计较的这点小利，正是他人维持生存的唯一希望，这时候重视小利，就会在你成功的路上布满荆棘。

年轻人要明白财富就像滚雪球，我们要正确地对待利益在我们生活中扮

演的角色，也要正视对于利益的竞争，做到公平竞争，利益共享，才能够达成双赢。很多人都认为要达成双赢是不可能的事，认为共同的利益面前只有竞争，没有双赢，这样的观念是错误的。

我们要学会以长远的眼光来看待财富，我们要做的是把一张“饼”烙大，而不是分到一张饼中较大的一部分。很多人在合作的时候，只考虑眼前的利益，而不考虑长远的合作，这样就容易为了小利而失去长久的利益。我们必须把自己的利益缩小，这样，我们才可能赢得更多的合作者，变成一头对多头。有了选择的余地，我们就会有更多的盈利点，建立长期的利益互补关系，我们才能够在合作中成为胜利者。

只有让雪球滚起来，它才会变大。就像作为供求双方，我们可以向对方让一点利，但要求对方在下一次合作项目中要优先考虑我们，或者以此为条件要求对方在我方购买他们需要的东西；或者以让利为条件，要求对方介绍他的第三方客户给我们认识，和第三方达成供求关系等。这种与直接利益没有关系，也不存在冲突的方式，往往不会招致对方的反感，同时也能够实现双赢，给我们带来更大的利益。

图德拉是委内瑞拉的一位工程师，他从来没有做过石油生意，但他从朋友处获悉阿根廷需要价值2000万美元的石油，同时，阿根廷的牛肉过剩。西班牙需要进口一批牛肉，但他们的造船业很盛，正为订单发愁。然后，他又在中东地区找到一家炼油厂，对方可以提供2000万美元的石油，条件是租用他的油轮。

就这样，他把阿根廷过剩的牛肉，卖到了西班牙，又把西班牙过剩的油轮租给了中东地区，同时，把中东地区过剩的石油，卖给了需要石油的阿根廷。就这样，他没有花费很大的力气，只是把货物卖给了需要的地方，就实现了三方的共赢。同时，他也取得了一大笔中间费用。事实上，这才是买卖的真正作用。

做生意就是要实现共赢，而不是那微薄的利润。我们应该得到的利益，的确应该争取，但也要视情况而定，有时，我们过分地执著于利益，就会为未来的发展带来障碍。比如，在一个企业的发展初期，经常会有一段困难时期，如果我们与之合作时执著于利益，就会给企业的发展带来不利，这样在企业发展壮大以后，通常会因为你的不义之举而不再和你合作。如果你肯在

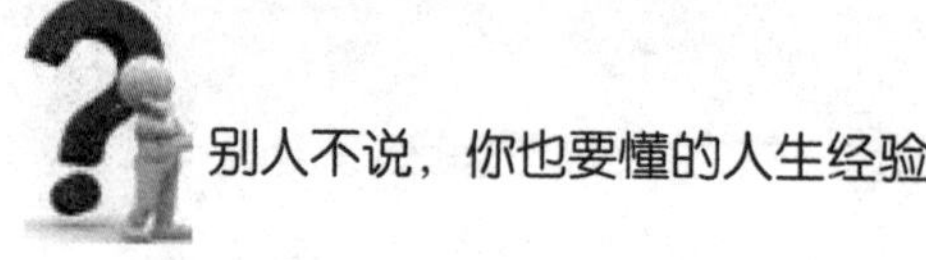

这个阶段，让一点利给对方，或者允许他的赊欠行为，让企业渡过危难期，他想必也会对你的行为心存感激。当企业渡过了危难期，也许会为了感激你而决定和你长期合作，尽管你的产品要比别人的昂贵一些。这样，你们双方都会从合作中获益。重要的是，你获得的长期利益，远比你获得的暂时利益多得多。当然，这只是显性收益，还有长期的隐性收益，比如，讲信誉、重仁义的好名声；比如，通过这个企业你可以认识到的其他客户；比如，你所代表的品牌形象等，这些无形收益更是一笔无法计算的财富。

年轻人不要为了争夺小利而损害人际关系，让周围的人对你有意见，有看法。人际关系受到损害势必会影响你在重大利益上的得失。这样一进一出，最后就不划算了。

比如一位同事，他为人非常精细，精细到了一丝一毫都不肯吃亏的程度。大家都熟悉他的性子。有一次春节假期结束开始上班时，免不了要大扫除，包括帮女同事搬搬桌椅、电脑等东西，结果单位所有的男女都到了，就这位仁兄居然晚了一天才上班。虽然大家都没说什么，但大家都认为是他有意不来的。就是这样一个事事都讲究省力、不肯吃亏的人，每年的升迁都没他的事，追求女朋友也屡屡受挫，提及原因，大家都说："一点点亏都不肯吃的人，能指望他成什么大气候。"

年轻人在面对金钱的诱惑时还要注意，有一些小利是我们争不得的，就是和那些把这些小利看做命根子的人。我们就没有必要和他们争，不妨把小利让给那些为了这些小利奋斗了很久的人，因为你眼中的一点小利有可能是人家长久以来的奋斗目标，这时我们不妨"让一步海阔天空"。

我们要看清什么才是你想要得到的真正的财富，过于执著小利，就会影响你对大利益的追求。所以，我们要放弃一些自己并不迫切需要的小利益，才能够得到更多的人脉和信誉资源，这样，你的财富才会像雪球一样越滚越大，我们才会离自己的目标越来越近。

家庭篇

女人要做好家庭的掌舵人

第11章

爱的味道，女人让婚姻中的甜蜜感永存

新的历程，婚姻改变女人的一生

当女人走进婚姻的殿堂时，就意味着她结束了一个人的生活，和一个相爱的人开始了一段新生活。在这种新的关系中，年轻的女人要学会承担责任，你嫁给的并不单是一个男人，而是你们的家庭，你们的未来。婚姻生活中不全都是浪漫的爱情，更多的是生活中的琐碎。所以，选择一个适合自己的爱人，选择一段适合自己的婚姻，那带给女人的将是轻松、幸福的未来。

年轻的女人在结婚之前就要明白，你不能将未来的赌注全都压在婚姻上。两个人从不同的家庭中走到一起，在生活习惯、思考方式、性格、处事方式等方面都会有所不同。爱情不是婚姻生活中的一切，在爱情中我们总是会选择性地闭上自己的一只眼，认为对方的所有一切都是好的，是自己喜欢的。为了博取对方的喜欢，女人又会把自己不堪的一面深深地隐藏起来，伪装出对方喜欢的样子。尽管这种伪装有时候并不是我们有意的，而是下意识的动作。在爱情中，我们不用承担责任，所以男女双方都认为对方很好，而当我们结婚后，就会需要一定的适应期。

选择婚姻只需要一瞬间，结婚只需要一天，经营婚姻却需要一辈子。有人说，一个女人一生要结三次婚：第一次是在神父的见证下，在大家的祝福中与一个她喜欢的整洁、帅气的男人结婚；第二次是在柴米油盐的生活考验

下，和一个或者懒散或者邋遢的有瑕疵的男人结婚，这才是真正的她本人和他本人的生活；第三次是和他的父母朋友、他的社会关系结婚，只有经过了这三次考验，我们的婚姻生活才能长久。

所以说，女人结婚嫁的不仅是一个男人、一段爱情，而是一种新的生活方式。带着彼此不同的烙印，加上对于分担家务事、家庭费用的承担等琐事，折磨着每一个人。所以，新婚的夫妇最幸福，而一旦过了蜜月期，双方就会彼此审视、怀疑，就会产生争执，而两个价值观有冲突的人会有更大的冲突和摩擦，严重者甚至会导致离婚。如果我们不想有这样的结局，就必须在结婚之前，慎重地考虑结婚对象。当然，这种考虑不仅仅是以他本人为基础，而是对他本人的性格、他的家庭、他的社会地位和社会关系等一切进行综合考虑，如果适合你，才可以进行进一步的考验。

女人在结婚之前还要认清自己是喜欢哪种生活方式，喜欢过怎样的生活就选择那个能与你有共同目标的结婚对象。

你喜欢轻松的生活，就不应该和严肃谨慎的人生活在一起；你喜欢流浪式的生活，就要找一个荷西那样宽容乐观的人；你喜欢积极上进的生活，就不应该和意志消沉、庸庸碌碌的人一起生活，不管他是多么富有或者有地位。

一个足够成熟的女人只有弄清楚了自己的生活目标，以及对过什么样的生活有一种向往和追求，才能够更加准确地选择自己的婚姻。“嫁给一种生活”不仅是一种严肃的婚姻态度，也是一种严肃的生活态度，是对自己人生最大的负责。

婚姻是每一个女人的转折点，如果你嫁给一个农夫，就要习惯农妇的生活；如果你嫁给一个浪荡公子，就要学会照顾他的狐朋狗友们；如果你向往过自己独立、与世无争的小日子，就要嫁给社会关系简单的人；如果你喜欢热热闹闹的生活，就不妨嫁给大家族的儿子。

无论你嫁的是谁，女人在面对婚姻的选择上一定要慎重，尤其是年轻的女人，你要知道，和你结婚的这个人可能就是陪你走过后半生的人，先想好自己要追求哪种生活，再去选择结婚的对象。如果只是因为一时的冲动就嫁给了一个不适合你的人，那么后悔的只有你自己。

幸福的婚姻需要相互包容

每个走进婚姻的人，都希望自己的婚姻能够幸福长久。在婚姻里，并不是只需要柴米油盐就能够拥有幸福的，也不是单纯地靠男人或者女人的热情就能够保持幸福的。一个巴掌拍不响，在婚姻中，若想有幸福甜蜜的生活，就需要双方共同的经营和保护，才能让你们的爱情历久弥新。

年轻的女人在婚姻中应该掌握好男女之间相处的技巧，懂得以柔克刚，要明白绝大部分人是吃软不吃硬的。女人无论是在恋爱中还是在婚姻中，都要学会“退让”，学会“示弱”，如果暂时的“示弱”能够换来男朋友、丈夫的妥协、疼爱，又何乐而不为呢？总是和男人争吵对女人是没有好处的，最终失败的必然是女人自己。

现在的年轻女性大多在事业上都有一定的成就，但是在家庭中就扮演不好男人心中温柔娴淑的妻子。这就归结于女人知道自己不是生活中的弱者，在事业上表现出来的强势角色，走进家门也转换不过来。过于争强好胜的她们，忘了一个小女人应有的温柔和宽容，往往用咄咄逼人的态度去处理婚姻中出现的问题，反而使自己的婚姻和丈夫受到更多的伤害。太聪明太独立的女人，往往让男人感觉不到温暖，感觉不到男人被需要，男人很难和这样的女人来分享浪漫。女强人更要学会在家中收敛自己过强的上进心和自尊心。越是独立的女人，越要在家里让男人帮你分担一些事情。比如，电灯坏了让他来修，东西太重了让他来帮你扛，千万不要太过独立。

婚姻中不需要硬碰硬的较量，年轻的女人要学会“示弱”艺术，有些时候故意表现出自己有些事情做不好，需要对方的帮忙，也是示弱的一种方式。这种示弱不妨用撒娇的语言表示出来，娇滴滴地说一句：“老公，咱家洗衣机不转了，你快来看看。”就能够达到需要对方、向对方示弱的目的。所以说，示弱是很简单的事，并不需要你抛弃自我，对男人言听计从，完全在男人的眼色下行事。只要你稍稍表露出自己的软肋，就能唤醒男人被需要的情结，满足男人的自尊心。要知道，女人过分要强则显不出男人的重要性，和这样的女人相处，男人会有很大的压力。

但是，在婚姻中女人的“示弱”也是讲究技巧的。哭着流泪并不是示弱；咬着下唇，眼泪在眼眶里打转，然后背过身去，留给他一个哭泣的背影，这才叫示弱。女人要做的，不是和他争吵后的嚎啕大哭，而是要么退让不和他争论，要么在争论过后轻轻地啜泣，以此表达你的委屈、你的悲伤。“示弱”不是真正的软弱，不是委曲求全、忍辱负重，更不是忍受不公平的待遇；而是女人处理婚姻问题的一种手段和智慧，婚姻中没有谁对谁错，更没有谁输谁赢。保全自己婚姻的稳定和幸福，那就是赢了，示弱是对宽容和力量最好的演绎。懂得示弱的女人更容易得到婚姻的幸福，更能让丈夫对家产生依恋，也更能激发丈夫优秀的潜质。

所以，在两个人相处的过程中，女人要多运用一些小技巧，比如，学会用温柔的语言表达你的不满、你的需要，而不是用强硬的态度或者让男人猜来猜去的方式来表达。大多数男人对弱小的事物都有保护和迁就的心理，没有哪个男人能抗拒得了弱柳扶风的柔媚、梨花带雨的楚楚，更没有哪个男人能抗拒娇妻的柔柔爱语。女人要明白这一点，才能够做得更好。

年轻的女人不要把自己的不顺心、不满意都挂在脸上，要把你的不满说出来，很多时候，男人不会知道女人为什么不满，他们只是觉得自己工作一天已经很累了，不想再回到家就看女人的脸色。女人要学会用温柔的语言表达出自己的不满和需要，有时候，女人板着脸只是为了得到男人的爱或者只是轻轻地安慰，摸一摸自己的头发。

在两性中，女人需要更多的爱的表达，哪怕只是用甜言蜜语哄哄女人，也会让她们感到很幸福。而男人是不懂得这些的，与其摆脸色给他看，不如讲出来，哀怨委屈地说一句“你就不会抱抱人家啊”会比“真是个不解风情的木头”效果要好得多。自然也就享受到了两性之间的温存感觉，这种享受当然不是你单方面的，你的老公也会享受到，同样也会因此更加爱你。

在历史的长河中，有很多实力不俗的男人都是被女人打败的，女人们依靠的绝不是自己的力量，而是以柔克刚的智慧。在两个人相互磨合的婚姻中，免不了出现一些矛盾，如果面对矛盾，全部针锋相对，凡事都以实力去评价对错胜负，那生活要过得多么疲倦啊。作为女人应该明白，和男人硬碰硬，只能让事情变得更糟糕。事实上，女人只要得到丈夫的专一和疼爱就是最大的幸福了，何必事事都要分个胜败、论个输赢呢？即使你赢了争吵，又有什么好处呢？只能让丈夫离你越来越远罢了。换个角度去想，女人若是肯退一步，男人就算嘴上不说，心里也会充满感激的，他会因为你的宽容和示弱而更加爱你。

由此可见，年轻的女人在婚姻生活中扮演新的人生角色，要学会与男人相处的技巧，懂得向男人示弱，这样，才能让你的婚姻生活充满新鲜的味道，这才是两性之间相处最融洽、最和谐的方式。

珍惜平淡，褪去激情还有很长的路要走

在爱情的初期，激情也许占了很大的一部分，但是一旦激情消退，女人就应该学会用智慧来维护你们之间的感情和婚姻。不要因为激情消退而让彼此间的爱逐渐消失，最后让本来相爱的两个人越走越远，最终成为陌路。

女人要学会用智慧来维护感情，当爱情渐渐地变成温情时，你们才不会因此变得陌生，最终导致分开。在男女情感中，女人是最不想提到“分开”二字的人，她们会因为一段感情的终结而受到最终的伤害，所以，女人更要学会用智慧去维护爱情。

爱情、婚姻就像房子，经过了几年的风风雨雨，如果你不懂得去经营它、修补它，它就会漏雨。在爱情的世界里，也许因为你的不懂经营，不懂维护，而让你们的婚姻出现危机。爱情最初靠的是异性的吸引力，靠的是新鲜、激情，渐渐地，爱情会消失，会变得平淡。这时候男人会变得不再那么热情，而是充满了理智与自制力，逐渐变得挑剔、苛刻，这时候，女人要用自己的智慧和宽容来守护好你们得之不易的感情，不能让冷漠与任性破坏了这份爱情，让曾经相爱的两个人陷入痛苦之中。只有最愚蠢的女人才会在失去以后抱怨，而聪明的女人则懂得防患于未然的道理，懂得在平日的相处中用智慧为两个人的感情增温，来抵消长期相处的那种疲倦和平淡的感觉。

当激情消退时，女人要让自己的智慧及时地跟进，才能够让你们的关系越来越好。为此，你必须要谨守一个原则：永远最爱自己。你可以爱别人，

可以给他更多的关怀和爱，但一定要记得最爱自己。想要给予爱，首先要懂得爱、要拥有爱，爱不是无止境的纵容，而是有限度的包容，最爱自己会让你的爱情和婚姻都更幸福。不要爱得忘我，越喜欢对方，越要清醒地认识到，如果你不爱自己，别人也就不会爱你。在这个原则之下，你可以用一切方法来维护你们的婚姻和爱情，用一切女人的智慧来维护你们之间的感情。

女人要学会制造浪漫，一切的情趣和浪漫都能够制造出来，一切温馨的感觉都能够通过刻意的营造而变成真实。感觉是最不可靠的东西，它能够通过任何一种方式营造出那种热恋的幻觉。女人可以通过一切感官的刺激来唤起他的热情，比如，换一种服装造型，让自己变得热情洋溢，显得更青春、更火辣等；也可以借助旅游、一起看星星等方式唤醒热恋时的记忆。当然，这些只能是暂时地让他迷惑、目眩，频繁地这样地刺激则会让男人产生疲倦的感觉，手段应该利用，但不应该过于重复和频繁。

学会用自己的智慧，帮助男人制造机会，以及规划他的人生，和他共同奋斗，并一起分享成功的快乐。奥巴马的红衣女郎米歇尔站在他的身旁毫不失色，聪明的米歇尔总是能运用她的智慧来帮助丈夫。在她和奥巴马一起领取诺贝尔和平奖时，丈夫在获奖感言中曾经提到了44次战争、33次和平，引起了一阵争议。但她的那套环保的黄绿色调的Calvin Klein（美国一个时装品牌）连衣裙以另一种方式为她的丈夫补回了一些分数。事实上，无论是在竞选期间还是在入主白宫之后，米歇尔都用她的智慧无数次地帮助了奥巴马。她曾经说过这样一段话，非常值得女性借鉴和思索："在漫长的大选过程中，我们一直携手向前，这让我们之间的关系更加紧密。当两个人携手完成一项很困难的任务，然后分享胜利的喜悦时，两个人一定会更好。你会意识到你多幸运，你们多么深爱彼此。"从这一番话里，你是否能够感觉到另一种维护感情的方式？和对方风雨同舟、相濡以沫，能够增加你们之间的感情。

让宽容成为你们之间最牢固的牵系。爱情是两个人的事，两个人的事就应该由两个人来做，两个人来做就难免有分歧，只有学会彼此宽容，才能生活得更加轻松自在。女人天生就应该比男人拥有更多的宽容之心，男人天生就像任性的孩子，女人要学会让着他、宽容他，你们之间才有可能走得更远，感情更深。当然，宽容并不等于纵容，要有限度，在非原则的问题上要

彼此相让。

总之，当两个人之间最初的激情退却之后，彼此都要学会用智慧去维护婚姻，去经营婚姻。只要你们彼此是相爱的，就不要任由两个人走到两看相厌或者两看相倦的境地。

女人要看对男人口味，对症下药

每个男人都希望自己的妻子带出去能让自己有面子，在家又能乖巧顺从，“出得厅堂，入得厨房”就是他们心中完美妻子的形象。贪心的男人希望在自己的妻子身上能看到不同角色的转换，令自己的生活变得丰富多彩。那么，在婚姻中，究竟什么样的女人才是男人需要的呢？

年轻的女人在家庭生活中一定先要清楚人需要什么，在什么时候需要什么样的感情，更要清楚自己拥有什么，能够给他什么。而不要一味地付出，不求索取，更不能做彻底奉献、有求必应的“女神”。

可能对于大多数女人来讲，都把婚姻当做自己的全部未来。女人把婚姻看得高于一切，只要和她结婚的男人能和她一直走下去，就是对女人自己最大的安慰，她们对自己的要求一定要想尽办法达到。当女人拼命地付出，拼命地给予，男人还是觉得女人给的不够时，筋疲力尽的女人还能怎样留住身边的男人？当激情和爱情慢慢磨平，女人的脸上渐渐看得到岁月的影子，又有几个男人还会停留在女人身边？不是因为男人不爱女人，而是再也不能从女人身上找到他想要的。女人的青春就这样被停留在自己苦苦付出的时光里。

为了让年轻的女人留住自己的爱人，不如从一开始就让自己看清他的需要，只有做到对症下药，才会让男人觉得你就是那个唯一懂他的女人。总之，一个女人在男人的生命中要扮演多种角色，你要做他的母亲，无时无刻地包容他的任性，填饱他的胃；要做他的妻子，给他无尽的温柔；要做他的情人，给他无尽的热情和激情；要做他的女儿，偶尔撒撒娇，让他更加宠爱你。

男人都是贪心的家伙，但是总有一个能征服他的女人。如果一个女人做不到让男人有燃烧的激情，那么，作为一个女人，她就是失败的。一个女人要掌握若即若离的火候，让男人不断地追逐和征服。处在不断的新的激情当中，男人才会有更大的热情用在你身上，不断地发现你的新优点，不要一次性地把自己展露在男人面前，要像一幅美好的画卷不断地把新的内容、图景呈现在男人的眼前，给他更多的惊喜，让他处在不断地征服的喜悦当中。

并且，女人在婚姻中不要自己总是觉得满足就是幸福的，那样只会让男人产生厌倦的感觉。一个野心勃勃的女人，可以刺激男人的野心，让男人在事业上有更大的发展。但是，无论如何，不要对他有太多的埋怨，不要和别人攀比，用崇拜、欣赏的态度，可以激起男人的虚荣心和奋斗的激情。“娇弱”的女人更让男人有呵护、疼爱的欲望，有成就一番事业、让她好好享受的想法。女人对男人足够的依赖和信任是男人奋斗的动力。

男人对于女人和他朋友的相处也是非常看重的。如果一个女人能在人际关系中进退自如，尺寸把握得当，那么，一个漂亮、应对得体的女人绝对能够为男人赢来更多的荣耀。婚后男人为什么不会带自己的妻子参加应酬场合？除了一些自私心理在作祟之外，很大程度上是认为自己的妻子不够漂亮或者是有失体面。一个男人是很乐意把自己优雅大方的妻子介绍给他的社交圈子的，所以，如果他总是背着女人参加那些私人的社交聚会时，首先应当考虑的不是他是否出轨，而是女人自己是否有足够的魅力。

其实，男人对女人的要求还有很多，他们在事业上需要女人的帮助，如果女人真的能够帮他们出谋划策，或者对他的人生做一个好的规划，那女人就不仅仅是一个生活中的伴侣，而是一个全方位和男人契合的人生伴侣。

在生活中，男人还需要女人多一些生活情趣。一个有情趣的女人才可以把男人无聊的业余生活变得妙趣横生，他才会愿意多留在家里。必须承认，男人在某些方面是很懒的、很无聊的。浪漫、风情对于男人来说，是少数男人才拥有的特质，男人不是不会享受浪漫、不喜欢浪漫，而是不善于营造浪漫和情趣。一个女人要做一个能带动男人浪漫和兴趣的人，可以带领他感受一次完全新鲜的激情之旅或浪漫之旅。如果女人喜欢户外活动，不妨带他一起去爬山，一起去滑雪；如果女人喜欢旅游，不妨找一个很新鲜的旅游景点

和他一起去游玩、野餐；如果你们都比较喜欢社交活动，那么不妨组织一次小型聚会；如果希望享受二人世界，不妨吃一顿浪漫的烛光晚餐。总之，这一切不但可以讨好女人自己，而且可以带动男人的情趣。

女人不能只让自己成为男人生活的一部分，那就失去了女人作为他的妻子的意义。只懂得照顾男人生活起居的女人，就会像一个免费的保姆，在一起生活，却缺少了灵魂的契合。女人应该是男人生命中的一切，融入他的血液和心灵，是他不可分割的一部分。当然，女人还要学会留给男人足够的隐私和空间，以免给他带来太大的压力。就像女人需要和自己的闺蜜说说悄悄话一样，男人也需要这样的空间。

年轻的女人要对自己的婚姻有高一点的要求，要能看清男人需要什么，而不只是单纯地满足和纵容你的爱人。既然慎重地选择了结婚，就说明你们是有吸引彼此的地方，利用你们感兴趣的点，发现生活中更有意思的一面，让你们在精神上达到共识，这样才能让你们的婚姻生活充满新鲜和乐趣。

浪漫良方，婚姻需要你制造的温馨

有人把婚姻比作一段旅程，女人是这趟旅行的主角，而男人则是女人手中的那张车票，是否能到达那个叫幸福的目的地，要看女人手中的车票是不是愿意和自己一起到达终点。在这段旅程中加入一点点浪漫，一点点理解，一点点温馨，才会让婚姻的列车开向幸福的彼岸。

当然不是说女人选择一张“高级软卧”票就会到达幸福的终点。对于一个未婚女人来说，选择一个适合自己的好男人并且嫁给他。如果你做到了这一步，那就恭喜你，你的婚姻成功了一半。我们还要学会经营自己的婚姻，才能够收获到幸福，否则就会落得“一声叹息”。我们一定要珍惜自己的婚姻，不要这山望着那山高，和别人攀比；或者自己不懂事，不懂得珍惜，而导致婚姻失败；或者抓不住男人的心，而使他转向了别人。

能嫁给一个好男人，开往幸福的列车就已经启动了。对于女人来说，嫁给好男人需要好眼光，而经营好婚姻却需要更高的智慧。

女人要明白，男人是一种喜新厌旧而且征服欲旺盛的高级动物，如果女人因为婚姻来之不易或者爱之心切，而对他百依百顺，时间长了，他就会对你失去兴趣，而一旦你们之间出现裂隙，就容易被别人乘虚而入。别忘了，你选择的是一个好人，而一个好人的“行情”在很长时间内是很好的。对于这样的人，我们的婚姻是一件需要斗智斗勇的事情，你要不停地向他展现你的个性魅力，尤其是有棱有角的一面，要给他永远的新鲜感和追逐感。在这种人面前，你越是爱得忘我，爱得卑微，就越危险。

那些对自己缺乏自信的女人，在结婚之后对婚姻、对爱人都会缺乏自信，只要自己的老公在外有应酬，或是下班没有正点回家，她们就开始打电话查岗，趁着老公在家休息的日子，就翻看对方的短信或者偷听对方的电话。虽然说爱之切、看之紧，但也要掌握好分寸，不要让他充满压力或者对你产生反感，不要草木皆兵，要适当地给他一定的自由空间，才可能让彼此都自在、舒服地相处。给彼此一个自由的私密空间，给彼此一点儿距离，他会更加感激你。给他一点起码的信任，也就等于给自己的婚姻一定的自信。

也有一些对自己充满自信的年轻女人，明明自己的身边已经有了一个优秀的男人，却因为自己的独特魅力，去吸引更多的男人，总是让自己处在恋爱当中，而且不懂得适可而止。她们总认为下一个人会更优秀，就这样把自己的美好婚姻葬送掉了。聪明的女人会珍惜属于自己的那一份幸福，并能最终得到。

年轻女人的心高气傲可以理解，但是总拿别人的丈夫和自己的丈夫比较，觉得别人的老公又帅又有钱，还很温柔；而自己的老公长相一般，薪水一般，回家还不懂得温柔浪漫，这样只会让夫妻间的感情越来越淡。你认为别人的丈夫好，是因为你离他远，如果距离近了，美感就会消失了。如果你以此对比，埋怨你的丈夫，就会让他产生反感，时间长了还会影响夫妻感情。

聪明的女人明白自己到什么山上唱什么歌，什么场合扮演什么角色，什么时候可以撒娇，什么时候可以使一点儿小性子，什么时候必须安慰他，什么时候要像母亲一样照顾他。要知道，家是两个人的港湾，不应该只有一个人来经营，要学会调动男人的积极性来建设这个家庭，这样他才会更负责，

更爱惜这个家。如果我们一味地自己唱独角戏，就会让人产生这个家不是他的、他不用对家负责的想法。

刚结婚的女人和公婆相处不融洽是件正常的事，但是，如果因为这个事让丈夫的压力特别大，就会激发出很多的家庭争执。这时，女人就要学会用你温情的一面和丈夫说说你的烦恼，并且要告诉他，你自己会处理好与公婆的关系。他在倾听的同时也会为你在公婆面前说几句好话，这样，不仅避免了不必要的争吵，还让他感受到他生活在一个温馨的家，这些小事他自然也会帮你分担。

其实，对于婚姻来说没有真正的不幸，只有不会经营婚姻的双方。婚姻像小孩子一样，是需要我们好好地呵护照顾的。想想刚结婚的时候那幸福的笑脸，彼此决定走下去时坚定的眼神。也许结婚初期没有激烈的争吵是因为彼此的忍让，那么何不让忍让变为有效的沟通呢？在婚姻生活中注入一点点温馨浪漫的时刻，马上会让平淡的生活焕发出新的光彩。年轻的女人如果已经有了一桩令人羡慕的婚姻，那么一定要好好经营，让彼此都能在漫长的生活中感受到婚姻的甜蜜。

留有空间，别让婚姻成了双方的包袱

无论是在工作中、生活中，还是与人相处的过程中，都有一些不能说的“秘密”，婚姻中也是一样。这些“秘密”可能是众所周知的交际禁忌，也可能是只有你知道的私人“秘密”。聪明的女人一定要知道一些婚姻中不能说的话，不要有试试看的想法，可能就因为你的一句话，原本幸福的婚姻就会在一瞬间崩塌。

年轻的女人在大多数情况下说话之前都不会再三思量，而是凭着自己当时的情绪，就让话脱口而出了。只图一时痛快，而伤害了对方，婚姻就会在这种不经意中渐渐地毁掉了。婚姻不幸福，事业就会不顺利，我们难免有一天会在不经意中惨遭淘汰，那就损失大了。不要不在意，这是很严重的问题。莫泊桑说：“这个世界变幻莫测，一件小事可以败坏你，也可以成全你！”

精明的女人不能因为一句话就毁了自己的前程，一定要懂得婚姻中的“禁语”，才能防止我们的婚姻在自己的手中失败。

有几句话是年轻女人经常在婚姻中不经意地说出来的，却会严重地伤害男人的自尊心和感情，我们一定要尽力戒掉说这些话的坏习惯，才能够使家庭更和谐、婚姻更幸福。

第一，“你看看人家……”别人虽好，但不是你的丈夫，这句攀比性的语言会让你的丈夫受到很深的伤害。对待丈夫，我们要做的不是讽刺挖苦，更不是和别人比较，而是要进行赞扬和安慰。无论是事业上的失败，还是生活上的不思进取、不照顾家庭，我们都不能一言以蔽之。好孩子是表扬出来的，好丈夫也是。我们要用自己崇拜的眼光、赞扬性的语言来鼓励另一半，增加他的信心和责任感；而不是泼他冷水，贬低他。

与其说“你看看人家……”，不如说“我家某某……比他们好多了”。看到他的优点，忽略他的缺点，然后再找适当的机会用欣赏性的语言和表扬性的行为来赞美他，激励他。一句“我相信你是最棒的”，比“看看人家”要好得多。

第二，“你干吗去了”“谁的电话”，或者诸如此类的话。这些话不只是代表了你对他的关心，有时还是一种不信任对方的表现，这会让他大为恼火。男人应该拥有自己的生活空间，这个空间是自由的，毕竟男人有着自己的事业和交际圈，爱他就应该相信他，相信他就应该给他以呼吸的空间。作为女人，不妨留一点儿隐私给男人，保持一点儿神秘感，对爱情和婚姻并非无益。两个人的互相尊重是保持爱情和婚姻美好的基础，给双方一点自由的空间和基本的信任，才能够让你们的相处更愉快、婚姻更幸福。

第三，“都怪你”。其实，有时候我们知道事情是自己搞砸的，却不想大大方方地承认自己的错误，总是怪到对方的头上。“总之都怪你，你为什么不提醒我？”“那要老公干什么？”这些任性的语言都会说出口。其实，偶尔说上一句“我错了”，或者撒撒娇表示自己认识到了错误，不但有利于自己认识错误，还会增进双方的感情。男人大多数都会心疼一个负责任的妻子，而不会同情一个任性、推诿错误的女人。不认错，又能挽回什么损失呢？会认错的女人更有魅力，更容易被人欣赏。

第四，“今天，你爸妈又说……”不管是谁的错，让丈夫做夹心饼干的女人是最无能的女人。如果一个女人想要让丈夫疼你、敬重你、爱你，就要学会和他的父母处理好关系，而不是总让男人烦心。其实，双方争执都是出于对一个人的关爱，有智慧的女人会把所有的事情都处理得特别和谐。家庭和睦，事业才能够兴旺，否则男人总是忙于后院救火，哪还有精力发展事业？你的家庭怎么可能幸福呢？

聪明的年轻的女人要谨记，无论是爱情还是婚姻，都需要我们用心去呵护、去经营。爱其实很简单，只要你用心了，你就能体会到它的真谛。在婚姻中，爱他，就要在一切细节上都能体现出对他的爱，那些婚姻中的禁语正是表现你细心的地方，只要我们用心，我们一定会让自己的家庭生活充满幸福甜蜜的味道。

维护情感，婚姻需要智慧的经营

在爱情的初期，激情可能占了很大的程度，但是一旦激情消退，女人就应该学会用智慧来维护你们之间的感情和婚姻。不要因为激情的消退，而让彼此间的爱逐渐消失，最后让本来相爱的两个人越走越远，最后成为陌路。

22岁以后，女人要学会用智慧来维护感情，当爱情渐渐地变成温情时，你们才不会因此变得陌生，最终导致分开。在男女情感中，女人是最不想提到分开二字的人，她们会因为一段感情的终结而受到最终的伤害，所以女人更要学会用智慧去维护爱情。

爱情婚姻就像房子，经过了几年的风风雨雨，如果你不懂得去经营它修补它，它就会漏雨的。在爱情的世界里，也许因为你的不懂经营，不懂维护，而让你们的婚姻出现了危机。爱情最初靠的是异性的吸引力，靠的是新鲜，是激情，渐渐地爱情会消失，会变得平淡。这时候男人会变得不再那么热情，而是充满了理智与自制力，逐渐变得挑剔、苛刻。这时候，女人要用自己的智慧和宽容来守护好你们得之不易的感情，不能够让冷漠与任性破坏了这份爱情，让曾经相爱的两个人陷入痛苦之中。只有最愚蠢的女人，才会在失去以后抱怨，而聪明的女人懂得防患于未然的道理，懂得在平日的相处中用智慧为两个人的感情增温来抵消长期相处的那种疲倦和平淡的感觉。

当激情消退时，女人要让自己的智慧及时跟进，才能够让你们的关系越来越好。为此，你必须要谨守一个原则：永远最爱自己。你可以爱别人，可以给他更多的关怀和爱，甚至可以宠溺人，但一定要记得最爱自己。想要给予爱，首先要懂得爱，要拥有爱，爱不是无止境的纵容，而是有限度的包容，最爱自己会让你的爱情和婚姻都更幸福。不要爱得忘我，越喜欢对方越要清醒地认识到如果你不爱自己，别人也就不会爱你。在这个原则之下，你可以调动一切手段来维护你们的婚姻和爱情，用一切女人的智慧，来迎接你们之间的疲乏之情。

女人要学会制造浪漫，一切的情趣和浪漫都能够制造出来，一切温馨的感觉都能够通过刻意地营造，而变成真实。感觉是最不可靠的东西，它能够通过任何一种方式营造出那种幻觉，热恋的幻觉。女人可以通过一切感官的刺激，来唤起男人的热情，比如，换一种服装造型，让自己变得热情洋溢，显得更青春、更火辣等。也可以借助旅游，一起看星星等方式唤醒热恋中的记忆。当然，这些只能是暂时地让他迷惑，目眩，频繁的这样的刺激则会让人产生疲倦的感觉。手段应该利用，但不应过于重复和频繁。

学会用自己的智慧，帮助男人制造机会，和规划他的人生，和他共同奋斗并一起分享成功的快乐。和对方风雨同舟，相濡以沫，能够增加夫妻之间的感情，让再热烈的激情都会失色。

让宽容成为夫妻之间最牢固的牵系。爱情是两个人的事，两个人的事就应该由两个人来做，两个人来做就难免有分歧，只有学会彼此宽容，才能生活得更加轻松自在。女人天生就应该比男人拥有更多的宽容之心，男人天生像个任性的孩子，女人要学会让着他，宽容他，你们之间才有可能走得更远，感情才可能更深。当然，宽容并不等于纵容，要有限度，在非原则的问题上要彼此相让。

总之，当两个人之间最初的激情退却之后，彼此都要学会用智慧去维护婚姻，去经营婚姻。只要你们彼此是相爱的，就不要任由两个人走到两看相厌，或者两看相倦的境地。

适时“服软”，强势会让爱越来越少

女人应该掌握好男女间相处的技巧，懂得进退之道，学会以柔克刚，不要总是和人硬碰硬，要懂得“示弱”的艺术。总是和人火拼对女人是没有好处的，最终失败的必然是你自己。

22岁以后，女孩子要懂得男人的特性，他们总是吃软不吃硬的。无论是在恋爱中还是在婚姻中，都要学会“退让”，学会“示弱”。如果暂时的“示弱”能够换来男朋友、老公的妥协，疼爱，女人何乐而不为呢?

但是很多在事业上很成功的优秀女人，都不能够在家庭中扮演好妻子这个角色。原因就是她们太过于争强好胜，忘了自己是一个小女人应有的温柔和宽容，往往用咄咄逼人的态度，去处理婚姻中出现的问题。反而使自己的婚姻和丈夫受到更多的伤害。太聪明太独立的女人，往往让人感觉不到温暖，感觉不到自己的被需要，男人很难和这样的女人来分享浪漫。女强人更要学会在家中收敛自己过强的上进心和自尊心。越是独立的女人越要在家里让人帮你分担一些事情：比如，电灯坏了让他来修；东西太重了，让他来帮你扛。不要太过独立，否则一个事事都处理得很完美的女强人，要老公来做什么，增加自己的负担吗?

承认自己有的事做不好，需要对方的帮忙，也是示弱的一种方式。这种示弱不妨用撒娇的语言表示出来，娇滴滴地说一句“老公，咱家洗衣机咋不转了，你快来看看”。就能够达到需要对方，向对方示弱的目的。所以说，示弱是很简单的事，并不需要你抛弃自我，对男人言听计从，完全在男人的眼色下行事。只要你稍稍地表露出自己的软肋，唤醒男人被需要的情结，满足男人的自尊心。要知道女人过分要强则显不出男人的重要性，和这样的女人相处，男人会有很大的压力。

22岁以后，女人要懂得向男人“示弱”，更要掌握示弱的方法和技巧才能得到更多的幸福，更加轻松自如地管理自己的婚姻，这才是两性之间相处最大的艺术和智慧。

别说伤人的话，婚姻中的禁忌言辞

聪明的女孩一定要知道一些婚姻中不能说的话，试着不要说，否则无论多么幸福美满的婚姻，都会被破坏；无论多么温顺的男人都会被你伤害惹恼。婚姻不幸福，事业就会不顺利，那我们的损失就大了。

二十多岁的女孩往往说话不经过大脑，只图一时痛快，而伤害了对方。婚姻就会在这种不经意中渐渐地毁掉了，不要不在意，这是很严重的问题。1485年，著名的历史战争英国国王查理三世和伯爵亨利之间的战争就是因为国王的马蹄上少了一颗小小的马蹄铁钉，而导致战马摔倒，国王被俘，战争遭遇了失败。有诗人写道："丢失一个钉子，坏了一只蹄铁；坏了一只蹄铁，折了一匹战马；折了一匹战马，伤了一位骑士；伤了一位骑士，输了一场战斗；输了一场战斗，亡了一个帝国。"所以说一个国家尚且可能失败在一颗小小的铁钉上，何况是我们的婚姻呢？难道就不会失败在我们不经意的几句话上吗？

聪明的女孩一定要懂得婚姻中的"禁语"才能防止我们的婚姻从自己的手中烂掉。这几句话是我们经常不经意地说出来的，却严重地伤害了人的自尊心和感情，我们一定要尽力戒掉说这种话的坏习惯，才能够使家庭更和谐，婚姻更幸福。

无论爱情还是婚姻，都需要经营。年轻的女孩尤其要明白这一点，爱其实很简单，有时只是举手之劳，有时却显得微不足道，但在婚姻中，爱他就是要在一切细节上下工夫，比如，不说容易惹恼他的一些"婚姻禁语"，给她足够的关注等，只要我们做得好，就能够使我们的婚姻更甜蜜。女人的一生，事业、婚姻就是一切，我们要用足够的精力去经营，去呵护。

第12章

持家有方，幸福生活用心打理和营造

幸福管家，家庭需要耐心呵护

孩子之于父母，不仅是爱情的结晶，更是婚姻道路上一同前进的新伙伴。

拥有一个幸福美满的家庭，是每个人的愿望。女人对于家庭来说，不单单是妻子，也是母亲，是孩子心中的神，女人在紧紧地守护着自己爱人的同时，对于孩子也要有足够的重视，做一个能够守卫家庭幸福的好管家。

当被问到“你认为什么能使家庭幸福”时，有1500个孩子写信回答：“一起活动”。社会学家分析说，其实我们和家人一起做了些什么并不重要，重要的是，我们一起度过的是一段美好、快乐、放松的时间。这样的时间越多，我们的家庭就会越幸福。然而很多家庭往往忽略了这一点，以为只要让孩子吃饱穿暖，学习成绩搞上去就算是功德圆满了，其实不然。

一位母亲这样提到自己寻求了解女儿的心路历程：

女儿曼蒂约14岁时，开始对我们十分不尊重，经常出言讽刺、语气轻蔑，她的行为也开始影响了她的弟弟和妹妹。

我一直没采取行动，直到某天晚上，丈夫、我及曼蒂在我们的寝室里，曼蒂脱口说出了一些很不当的话。我觉得她实在闹得不像话，于是大声呵斥道：“曼蒂，你听好了，让我告诉你我们家的规矩！”

我道貌岸然地开始长篇大论一番，以为能让她信服，知道该尊敬爸妈。我提到最近生日为她做的一切，还提醒她，我们如何协助她考取驾照，还让她开自己的车。我滔滔不绝地举出了不少丰功伟绩。说完后，我以为曼蒂大概会对我们叩拜一番，感激涕零，可是，她竟有些挑衅地说："那又怎么样?"

我气炸了，愤怒地说："你给我回房间去，我们真是不想再管你了。"曼蒂冲出去，摔上自己的房门。我气得在房里踱步。

然而，冷静之后我突然想到，我并没试着去了解曼蒂，我虽无意打击她，但是只站在了自己的立场上。这份觉悟扭转了我的想法和对曼蒂的感觉。

半小时后，我来到女儿的房间，第一件事就是为自己的行为道歉，我并未为她的行为开脱罪名，仅就自己粗鲁的举止致歉。

"我知道你心里有事，可是我不知道是什么。"我让她知道，我真的想了解她，最后，我终于营造出让她愿意跟我分享她内心不快的气氛。

曼蒂有些迟疑地谈到她的感受：身为初中生，不但要把书念好，而且还要交到新朋友；她害怕自己开车，因为这是全新的经验，她会担心自己的安全；她刚接一份兼职工作，不知老板对她有何看法；她在上钢琴课，生活相当忙碌。

最后我说："曼蒂，你觉得不知所措吧!"问题找到了，万岁！曼蒂觉得有人了解她了。在面对这些挑战时，她觉得手足无措，所以对家人颇多怨责，因为她渴望家人的关注，其实，她真正想说的是："拜托谁来听我说说话吧!"

因此我告诉她："所以当我要求你尊重我们时，你觉得又多了一件事。"

"就是嘛！"她说，"又多了一件事！我连眼前的事都应接不暇了。"

我把丈夫拉来，三个人坐下来慢慢地细谈，设法让曼蒂简化自己的生活。最后她决定不去上钢琴课，也不教钢琴了。她觉得很棒。接下来的几个星期，曼蒂就像是换了个人似的。

从那次经验后，曼蒂对自己选择生活的能力更具信心。她知道父母了解她，也支持她。不久，曼蒂决定辞去工作，因为工作不符合她的理想，她在

别处又找到了一份极好的工作。

母亲和子女的沟通在一个家庭中尤为重要。女人在忙碌的工作和琐碎的家务中往往忘记了对孩子的关爱，也很少能够抽出时间来了解他们现在的所作所为。孩子与父母的争执往往只是一种表象，父母学着重视子女，尊重子女，孩子们也会体谅父母。女人，身为一个家庭的管家，每一个家庭成员都要照顾到，不能因为是小孩子就忽视了交流和沟通。聪明的女人，不会让孩子成为自己头痛的问题。

在一个幸福的家庭中，孩子往往还充当着感情的纽带。在夫妻吵架拌嘴，不想和对方说话时，孩子就成了最好的传话筒；家里气氛沉闷，孩子的一句玩笑话就能够让大家都开心起来；孩子之于父母，不仅是爱情的结晶，更是婚姻道路上一同前进的新伙伴。

维克是个事业有成的工程师，他曾经疯狂地追求现在的妻子，并且与之共结连理，还生了一个可爱的男孩。然而他们婚后的前五年是不幸和失败的。后来有一天，他跟妻子吵了一架，4岁的儿子问他："爸爸，你难道不喜欢妈妈？我觉得她是个好妈妈。"维克突然明白原来自己是个笨蛋。"我其实真心真意地爱着'孩子的母亲'，"他说，"既爱她这个人，又爱她能为我做的一切。在她的精心照顾下，我们的儿子长得健康可爱。我一直没承担起做父亲和丈夫的责任。我活该受到惩罚，但我决心尽力挽回。我找到我太太，希望她能帮我成为一个称职的丈夫和父亲。感谢上帝，她成功了。现在，我们过上了真正意义上的婚姻生活，一种建立在互爱互敬的基础上的婚姻生活。她又为我们生了一个女儿，我们的幸福价值千金。我的孩子没再问过我为什么不喜欢他们的妈妈了！"

父母是孩子模仿的榜样。因此为人父母应该努力做到谦虚谨慎、不骄不躁、尊重自己、尊重他人，坚强毅力、乐观开朗，这样的话，孩子也会模仿父母成为一个具有良好性格的人。家庭是社会的基本群体和基本单位，家庭是孩子最早接受教育的场所。从某种意义上来说，孩子最早的老师是父母，是最初的启蒙教育老师，父母的一举一动、一言一行对孩子都有潜移默化、耳濡目染的影响。对幸福的感觉也一样，如果父母双方为孩子营造了一个幸福温馨的家庭环境，孩子对幸福的感知能力就强。

对幸福的家庭来说，责任和忠诚是紧密相连的，家庭成功的关键是时间、精力、精神和感情的投入，这种投入也叫责任心。家庭高于一切。每个家庭成员都致力于增进彼此的幸福和快乐，家庭的幸福才能够长久。

调适心态，彻底打消婆媳矛盾

百善孝为先，孝敬老人，做个好媳妇，是中国传统的美德，你对丈夫的母亲好，他也会加倍地对你好。

自古“婆媳关系”就是一个家庭最头痛的问题。古代的媳妇碍于婆婆在家中的权威地位，往往要忍气吞声，而现代家庭中女子的地位上升，媳妇也都不示弱，大有翻身做主人的架势。媳妇和婆婆因为同一个人走到一起，成为一家人，本应是互相爱护的，但是由于女人天生好嫉妒，看不得自己的东西被别人霸占，所以这婆媳间的大战就一而再，再而三地开始了。

有这样一个关于木碗的故事，或许你曾经听说过：

从前有个很老很老的老人，眼睛花，耳朵也背，双膝还不住地发抖。每当她坐在餐桌前吃饭时，汤匙也握不稳，常常把菜汤洒在桌布上，汤还会从嘴边流出来。儿子和儿媳妇都嫌弃她，老人只好躲到灶后的角落里吃饭。他们给她一只瓦盆，把饭菜盛到里面给她吃，而且每顿饭都不给老人吃饱。老人很伤心，常常眼泪汪汪地看着桌子。

有一天，老人的手颤抖得连那只瓦盆都端不稳了，瓦盆掉到地上打碎了。儿媳妇没完没了地训斥她，老人一声不吭，只是不住地叹气。他们于是花了几分钱买来一只木碗给老人吃饭用。

后来有一天，老人的儿子和儿媳妇正坐在那儿吃饭，四岁的小孙子把地上的碎木片拾掇到一起。

“你这是干什么呢？”父亲问。

“我要做一只木碗，等我长大了，让爸爸妈妈用它吃饭。”

孩子的妈妈听了，愣在那里半天说不出话来，她一下子醒悟了，连忙拿起木碗往地上一扔，那木碗摔成两半。随后，那媳妇拉着孩子的手，一起把

婆婆接到里屋住。从此，对婆婆孝敬有加。

婆媳之间的关系不仅仅是两个人的问题，更是关系到你的丈夫和孩子的大问题。像这个用木碗的老人，含辛茹苦地把儿子养大成人，怎么也不能想到儿子会嫌弃自己。其实儿子不一定是从心里嫌弃自己的母亲，俗话说："儿不嫌母丑，狗不嫌家贫。"母亲再不好也是母亲。一般儿子都是碍于妻子的管制，从而做出对长辈不孝顺的行为，而自己的这种行为又在自己的孩子的心里深深扎根，所谓"上行下效"，自己种的果将来就要自己吃，不管是苦是甜。

现代的婆媳关系，不仅仅是因为婆婆身体不好、自理能力差，而更多的是因为自己对儿子过分地爱护。所以，在与婆婆相处时，最好能注意以下几点：

1.别当着婆婆的面数落丈夫

当你们和公婆住在一起时，最好不要当着婆婆的面数落丈夫。即便真的是丈夫有错，也不要在婆婆面前发生争执，否则婆婆一定会给你脸色看。当然你千万不要认为婆婆是在和你过不去，她只是在为自己的"教育成品"做辩护，所有的母亲都会袒护自己的儿子。重新打造丈夫的工程只有在两人世界里进行，而不要对婆婆寄予厚望。如果你想要让婆婆与你一起对丈夫再教育，这真是有些苛求了！因为这无疑是在证实婆婆教育方式的失败，你在数落丈夫的同时，就是在说婆婆的教育方式不对，所以，她的脸色会好看吗?

2.学会顺着婆婆

有些女性非常害怕与婆婆发生矛盾，经常采取我行我素的方式，其实这种态度本身就是个错误。因为儿媳妇的这种行为方式，会让婆婆感到很不舒服。丈夫因此也会对你有意见，觉得你看不起她的母亲。

你可以试着改变战术，婆婆做任何事都不要表现出不满的态度，要站在婆婆一边。比如，你可以经常当着家里人的面，称赞婆婆菜烧得好并向她求教，称赞她新买的衣服好漂亮、好得体。她会觉得和你的心理距离拉近了。而且在自己孩子小的时候，婆婆很愿意帮着带孩子，婆婆一方面对带孩子有经验，也省去了你很多的麻烦，这时候要多多地感谢婆婆才是呢！

3.学会向婆婆道歉

很多人都有这样的体验，在公交车上或是购物的时候不小心碰到别人，一句“对不起”“不好意思”“抱歉”等很容易就说出口了，而面对至亲的家人，却很难开口。其实，家人是你最亲的人呢，即使你不道歉，大家也会原谅你。只是面对婆婆，一句“对不起”绝对可以化干戈为玉帛，让大家和平相处。

4.别在婆婆面前和丈夫过分亲热

与丈夫的恩爱，随时随地都可以表现出来，但是在婆婆面前还是规矩点好。婆婆不是不希望你们恩爱，只是她在的时候，也希望能成为你们爱的一员，所以这个时候不妨多谈谈你们小家庭的情况，让婆婆参与其中，这样婆婆才能放心地让你们过自在的生活。

5.送点小礼物给婆婆

俗话说：“礼轻情意重。”对婆婆来讲也是如此，一件衣服，一份补品，或是一个小小的首饰都能够表达你对她的一份心意，至少她会觉得你把她放在心上了。

虽然大家都说“婆媳自古是冤家”，但是只要做媳妇的有心，让着老人一些，做到自己该做的，相信婆婆也会像待自己的亲生女儿一样对你的。

退一步讲，即使婆婆是个难相处的人，但是她生养了你爱的人，她为了你的丈夫付出了很多艰辛，为了表达你对她的敬意和谢意，你也应该做个孝顺的好媳妇!

百善孝为先，孝敬老人，做个好媳妇，是中国的传统美德。为了家庭的幸福温暖，在与婆婆相处上面多花些心思，多忍让一些，做个孝顺的好媳妇吧!

踏实下来，操持一个家没那么简单

现代女性的生活，大多数还是尊崇着儒家的思想。不仅白天要忙着上班，下班还要买菜回家做饭，劳累的生活使某些女人完全失去了自我，曾经的梦想和追求也早已抛诸脑后。

在《仪礼·丧服·子夏传》中有这样一段话：“妇人有三从之义，无专用之道。故未嫁从父，既嫁从夫，夫死从子。”《周礼·天官·九嫔》：“九嫔掌妇学之法，以九教御：妇德、妇言、妇容、妇功。”这就是中国古代女子讲究的“三从四德”。“三从四德”是为了适应父权制家庭稳定、维护父权—夫权家庭（族）利益需要，根据“内外有别”“男尊女卑”的原则，由儒家礼教对妇女的一生在道德、行为、修养上进行的规范要求。古代女性没有外出工作的权利，也没有养家糊口的能力，一辈子就是围着锅台转，相夫教子，缝缝补补。作为现代社会的女性，一定为过去的女人觉得惋惜，可是反过来看看男女权利平等的世界，女人又是如何生活的呢?

在一部热播的电视剧《中国式离婚》中，女人对婚姻都有一种莫名的恐惧：一个女人结婚后的全部时间都用来为这个家操持，每天被大大小小琐碎的事情搞得人不像人、鬼不像鬼。可是自己得到的不是生活的幸福，而是一双不再柔嫩的手，为了几毛钱和市场小贩的争执，甚至为了照顾丈夫和孩子不得不放弃自己喜欢的工作。

这就是现代女性的生活。很多女人想摆脱这种境况却又无力去做些什么，中国这千年的传统并不是一朝一夕就能改变的。因为有“家”，就要有为“家”而操持的人，这个人只能是温柔、细心而又拥有母爱的女性。

经常听到女人这样的抱怨：“我为了这个家，为了孩子，更为了留住我曾经深爱过的男人，我把自己的底线一降再降，从年轻的女孩变成现在的黄脸婆，最后还是免不了分手的后果！”女人往往把男人看成是自己的全部，结婚后更是眼里只有丈夫和孩子，工资不比男人少拿一分，吃喝拉撒睡每件事，事事都要过问，男人还可以大言不惭地说你乐意！男人出轨，最受伤的还是女人，伤心流泪，最后甚至成为怨妇，女人真该为自己活一回。不管何时都应该善待自己，无论什么时候都要自己爱自己！

要做一个成功的女性，不仅财务上要独立，更是要多给自己一些照顾，运用下面这些小妙法，可以帮助你活得更加开心自在。

第一，写快乐日记。养成每天写日记的习惯，哪怕只是三两句话。记住每天开心的事情，使你快乐的的人、事、物和地点，或者情绪低落的时候给自己一些鼓励。空闲的时候就拿出来重温一下快乐的时光，日子也会变得美好起来。

第二，满足自己的购物欲。女人都喜欢购物，尤其看到喜欢的东西，就会不顾一切地买下来，也不管它对自己有没有用处。所以不妨试试把每周需要的东西罗列下来，到周末的时候一站式购齐，这样能够使你满载而归，有一个富足快乐的好心情。

第三，与流行接轨。作为家庭女性，对潮流和新闻的关注度兴趣不大。但是如果每天能够利用一个小时的时间来浏览一下最新的资讯，可以使自己紧跟时代步伐，给大脑充电的同时也多了几个与人交流的话题。

第四，日行一善。俗话说："勿以善小而不为。"每天做一件好事，即使只是帮同事一点点小忙或是帮邻居扔个垃圾，都可以让你快乐一整天。

第五，给每天取一个名字。聪明的女人可以让每天都过得与众不同。一周的七天，你可以按照自己喜欢的方式给它们命名，比如，打球日、逛街日、学习日、聚会日等，这样变化多姿的生活一定可以带给你无与伦比的快乐。

第六，打扮自己。爱美是女人的天性，千万不要因为工作繁重、家务劳累就忘记了犒劳自己。每天花一个小时做美容，吃些滋补养颜的保健品，让自己随时都处于最佳的精神状态。

第七，享受音乐和艺术。美妙的音乐和高雅的艺术可以陶冶人的情操，在一天的辛苦工作之后，拿出十多分钟二十分钟的时间，听听歌，看看画，不仅能够缓解疲劳，还可以有美的享受，真是一举两得！

第八，让爱情常鲜。工作之余，经常与恋人分享生活中的喜悦，时不时地制造些小惊喜，在对方不开心时给予适当的关怀，或者计划一次两人的远途旅行，既可以使爱情保鲜，也可以丰富自己的人生。

第九，投资自己。在享受生活的同时，不要忘记提高自己，社会在前进，女人也不能停止脚步，抽出点时间上一些自己感兴趣的课程，或者学习一种技术，体验一下不同领域的学习乐趣和成就感。

第十，为自己存钱。很多女性在婚前都很享受，而一旦走入了婚姻便把全部精力都放到了男人和孩子的身上，自己舍不得买衣服，舍不得买化妆品，却给老公孩子穿满身的名牌。其实女人何苦让自己受苦，每个月为自己储存一两百元的"美丽基金"，为自己的美丽埋单，要知道漂亮的妻子和母亲是每个家庭都需要的！

让日子更富足，家庭理财有道

女人喜欢花钱，女人也喜欢精打细算，有些女人能把日子算计得越来越美满，而有些女人算来算去，家里的钱却总是入不敷出。

有人说：“男人向女人求婚是对女人最大的赞美。”求婚，代表着一个男人相信一个女人，愿意把“家”交给这个女人打理。而女人如何才能看好这个家，使日子越过越红火呢？

在小说和电影里，挥金如土、大方潇洒的男士总能受到众多女士的追捧，但是在现实生活中，男人若是拿着工薪阶层的工资又喜欢一掷千金，恐怕家里的日子过起来就要困难了。所以这样的男人就需要一个脑筋清楚、勤俭节约的女子来帮自己打理家庭和开支。

所以如果想驾驭金钱，就需要更深一层的知识，同时，把它当成是改善人生的方法，那么也就没有什么问题是复杂和困难的了。理财投资是人人都可以学会，而且人人都应该学会的课程。以为投资只是金融从业人员和有理财头脑的人才能学习的科目，是一种错误的认知。当然在学习理财知识的同时，女人还要改掉一些大大咧咧和顾前不顾后的坏习惯。

李女士从事汽车美容与养护工作，要扩大经营，打算在城郊开设一家汽车修理保养厂。奈何构想虽佳，却无妥善地点，后来想到自己的中学同学宋某手里还有一块闲置的土地在找项目，便和宋某商量，打算承租，宋某欣然应允。李女士和宋某谈租金和租期，宋某说：“自己人，随便啦！”李女士便告以心目中的租金和租期，宋某仍回：“自己人，随便啦！”于是李女士便雇工前来整地，铺设水泥，并搭上钢架，打算两个月后正式开业。谁知此时宋某来一封律师函，附上租约，上面白纸黑字：租金变成两倍，租期缩为一半，保证金也水涨船高。李女士看了，简直是欲哭无泪……

像李女士这样的女人着实不少，因为对朋友和熟人的相信，所以在金钱往来上也特别放心，但是所谓“害人之心不可有，防人之心不可无”，关于利益上的行为还是要谨慎处理。女人的善良和自尊往往使自己陷入尴尬境地，其实不管是多么亲密的关系，只要放下面子，理智思考，一切困难都可以迎刃而解。女人千万不可为了面子和交情而使自己陷入水深火热之中。

一个家里，纵然是有金山银山，不懂得计划消费，也会坐吃山空的。人们常说“少花等于多赚”，事实虽然不是这样，但是省去一些不必要的花费还是可以帮助你积攒一笔丰厚的资金的。俗话说：“由俭入奢易，由奢入俭难。”一个女人的自控力在金钱的消费上能够体现得淋漓尽致。节俭，未必就是节衣缩食，也不是说吃糠咽菜。作为现代女性，最大的节俭莫过于控制自己的心血来潮和无止境的欲望，不要为自己的一时虚荣而挥霍，也不能为了贪便宜就买一些对自己毫无用处的东西，花费的金钱并不少，但也降低了自己的生活质量。

节省生活中不必要的开支，是做好一个家庭管家的重要工作。什么是不必要的开支呢？比如说，你是一个上班族，在挑选衣服的时候就要以上班能穿为准则，尽量购买一些大方得体、穿得出去的衣服，而不是净买些家居服、休闲服之类的，买了之后穿的机会很少，都闲置在柜子里。又或者你为了搭配一件大衣，想买一件白色高领毛衣来搭配，那么就不要被鸡心领的T恤、花边领的衬衫所诱惑。有些女士作为孩子的母亲，非常喜欢给自己的宝贝买各种各样的衣服和玩具，要知道孩子的衣服并不比大人的便宜，而且孩子每年都在长个儿，衣服买完穿一次就变小了，这样要比大人浪费得多。如果每年有计划地购买，衣服够穿就好，不仅可以节省部分开销，也能够防止孩子从小就养成攀比的坏习惯。

而且女人在购买一些日用品时，要选择质量好又环保的健康产品，不要为了图便宜就降低对质量的要求，“一分钱一分货”，你的钱是不会白花的。平时要注意环保和健康，也能省下日后买保健品的钱，这种提前投资还是很划得来的。

现在的年轻人很喜欢过各种节日，并且利用节日来表达自己对爱人的关怀，经常会买一些礼物送给对方。事实上并非每个节日都要如此，有时候精心准备的节日礼物未必有出差或者出外旅游为爱人带回些小的纪念品更有价值，在生活的点点滴滴处都能想到对方，这才是爱的最高境界。

如果你能够像上面所说的既不冲动地相信别人，也能够控制住自己不乱花钱，就可以逐渐地变成一个会持家的好女人了。但是光有这些还是不够，掌握一些专业的理财知识，也是现代女性必不可少的。

在深圳一家进出口公司工作的林凤，年薪十几万元，但是三年下来，她却积欠了20万元左右的信用卡债务。因为她有时接到一张大订单，奖金马上就有几万元。她觉得赚钱很容易，但因为上班的压力大，为了犒劳自己，她会买名牌包包、套装及首饰，信用卡一刷就是几千上万元，但又没有记账，结果每个月赚1万元，却花掉两三万元。再加上有时公司老板计算佣金的方式又有偏颇，得不到自己期望中的报酬，结果三年下来，居然创下了20万元的负债纪录。

31岁的她，不敢随便换工作，男友也受不了她的消费方式，觉得跟她在一起，未来根本没希望，她开始陷入财务和爱情不顺遂的痛苦深渊之中。

林凤的危机告诉我们：钱赚得再多，没有节制地乱花，也会导致负债累累的后果。有些女人，没钱的时候很会节省，从来不会出现没钱花的情况，而一旦工资待遇提高，有了闲钱，反而经常变成月光族。究其原因就是越有钱越懒得计划，觉得钱来得容易，多花一点也没什么关系。实际上这种毫无目的的消费是最容易掏空我们的钱包的。

为了家庭的财产能够稳步增长，为了每一个家庭成员都能够快乐消费，给自己制订一些计划和目标是非常有必要的。预算是一张蓝图、一个经过计划的方法，用以帮助你把你的收入派上更大的用处。正确的预算方式，将会告诉你如何达成目标，你自己的家、小孩子的大学教育费用、养老金、你梦想中的假期……

做好一个家的总管，真的很不容易，女士们千万不要被困难所击倒，为了未来幸福的生活，现在多掌握一些理财知识，做一个会持家的好女人！

让家人吃好，健康才是幸福的本钱

现代女性的生活压力越来越大，工作上激烈的竞争、生活上家务的繁重、持家上理财的繁琐，赡养父母的责任和教育孩子的操劳，让人身心疲惫，没有片刻喘息的机会。身体是革命的本钱，合理膳食、保持环境的清洁，是女主人的责任。家人生病了，照顾病人也是女主人的义务。合理膳食是健康之本，怎样做到合理膳食呢？妻子是关键。在一个家庭里，操纵餐桌大权的往往是主妇，因此膳食的合理与否也就取决于女主人。

在我们的日常生活中，“菜篮子”和“米袋子”是最重要的“进口”工程。而这项工程的检验者和监督者，毫无疑问地由女人承担起来。在商店的蔬菜柜台前，女人相当认真细致。因为女人们不想让家人的健康受到无谓的牺牲，她们也或多或少地知道由于食用不符合国家食品安全的食物，可以引起大量的疾病。

老人生病了，她们既要悉心照顾，又要懂得病人的饮食知识；丈夫的腰围越来越粗，她们既要想办法让他解馋，又不能让其腰带继续变长；孩子们每日的营养膳食更是让女主人要花费很大精力的事，全家人健康的重任都落在了女主人的身上。

我们都知道现代社会科学发达，然而这也带来了很多负面影响。比如，蔬菜过多地使用化学肥料，水果上面残留的农药，人工培植的食物天然营养流失等。另一方面，在大家都忙着挣钱养家的时候，很难抽出很多时间来仔细地做一顿饭，往往都是匆匆忙忙地炒个菜，焖点米饭了事。长此以往，身体的健康水平肯定要下降。“食疗”是最好的疗养方式，它比任何药物都对人体更有利，所以，作为家庭的管理者，女人们有必要多掌握一些这方面的知识。

针对一天的三餐来说，必须要均衡饮食，才能达到全面补充营养的目的。有人认为，只要一天三顿饭都有吃，就能吸收足够的营养了。事实上，即使你一天三顿饭都吃不同的食物，也只能提供人体所需营养的60%。在《食物搭配》一书中，作者伊莱恩·麦琪博士指出，其实，人们只要花5分钟对餐桌上的食物做出小小的调整，就可以获得那额外的40%的营养。

1.早餐

俗话说：“一日之计在于晨。”对于饮食来说也一样，早饭是一天之中最重要的一餐。早餐摄入的能量占全天能量摄入的30%，经过一夜睡眠，身体有十多个小时一直在消耗能量却没有进食，人体需要含丰富碳水化合物的早餐来重新补充、储藏能量。长期不吃或不科学地吃早餐对身体健康有严重的危害，并且不吃早餐对孩子的学习和健康都有很大的影响。

要想早餐吃得有营养，只要给“粥”加点料。像牛奶、红糖、杏仁、花生、草莓、酸奶等都可以加到粥里。粥中本来富含B族维生素，可以帮助人体将蛋白质和糖转化成能量。加点牛奶，可以使蛋白质互补；加入草莓或其他水果，有助于人体吸收更多的钙质；杏仁富含维生素E，可以成为早餐中健康脂肪的重要来源。

因此，营养学家提醒，无论是“上班族”还是为人父母的家长，每天早起一刻钟，给自己和孩子准备一顿良好的早餐，应是每天的“必修”功课。

2.午餐

很多上班族，午饭就是一份快餐盒饭，盒饭虽然快捷方便，但是含有较多的脂肪、盐、味精，会在体内积存大量的热量。由于体内缺乏维生素、矿物质和植物纤维，令营养摄取不足，又容易发胖。而用餐不定时则会导致消化器官功能紊乱，不利于食物的消化吸收及利用。所以，每天应该补充多种维生素、矿物质和膳食纤维，以保证营养的均衡。

而且不管你的主食是什么，尽量在菜中寻找到下面4样食物的身影——鸡肉、菠菜、番茄和蒜。主食配着菠菜吃，可以使人体轻松地摄入维生素A和维生素K。番茄、鸡肉和菠菜所含的B族维生素恰似一副“三驾马车”，可以帮助制造红细胞，预防心脏病，而蒜则有预防传染病的作用。

3.晚餐

很多人只关注晚餐吃得少，但是少的应该是数量，而绝不是种类，可以找4~5种蔬菜拌成沙拉，再用豆类、土豆、菌类、肉类炖一个菜，主食中也加点豆。比如说，全麦面条和豆类搭配食用，是一种传统的意大利配餐组合，比单一地吃面条可以摄取更多的植物纤维、蛋白质、铁和钙。

美国当代著名营养学家戴维斯博士认为：“人从出生到死亡，蛋白质是永远不可缺少的。假如食物中各种营养充足，人就可以保持健康与青春……摄取充足的蛋白质，会使一个人年轻美丽、精力充沛、耐力持久、生命充满健康的阳光。”

总地来说一日三餐不需要做到量大，但种类一定要多，这样才能全面地补充营养。这一点的科学性可以从国家领导人的食谱中看出来。

在普通老百姓的眼中，总以为现代的领导人还和从前的皇帝贵族一样，每天山珍海味、大鱼大肉，实则不然。他们经常吃的是一些粗粮，通常少食多餐，崇尚的是健康的饮食方式。

据一些为老首长和领导人配餐的营养专家说，领导人每天要吃够25种食物，有时候多达30种，这一日三餐的食物以“杂”为主。首长们吃“四条腿动物”的肉比较少，从营养上来说，“四条腿（猪、牛、羊）的不如两条腿的（鸡、鹅），两条腿的不如一条腿的（菌类），一条腿的不如没有腿的（鱼）。”

适合吃些牛羊肉进行“热补”，或鸡肉、兔肉等低脂高蛋白质的食物；在蔬菜中，根茎类蔬菜如白萝卜、百合、芋头等则适合冬天食用。此外，还要多吃黑色食物，如黑芝麻、黑米、紫菜、木耳等。

家庭规划，为了更幸福的目标努力

家，是女人的天堂，是男人的港湾，是孩子的乐园。一个幸福的家庭充满了爱与欢笑，一个希望永远幸福的家庭需要与社会共同进步，家，同样需要成长。我们生活的世界充满了许多无法预测的因素，我们甚至无法弄清明天将会发生一些什么事情。处于这样一个忙碌的世界，很多事情我们都来不及考虑，很多美好被我们一一错过。究其原因，就是我们根本没有弄清自己生活的目的。家是组成了，有爱你的老公，听话的孩子，看起来算是幸福了，然而今天的幸福并不代表明天会快乐，为自己、为家庭将来的美好生活确立一个目标，是身为管家婆的女性们应该及早考虑的。

约翰·高德小时候便是敢于梦想、敢于挑战的人。15岁时，他将他一生想要做的事，列在一张单子上，共有127个他希望达成的目标，其中包括探险尼罗河、攀登珠穆朗玛峰、研究苏丹的原始部落、5分钟跑完1英里、把《圣经》从头到尾读一遍、在海中潜水、用钢琴弹《月光曲》、读完《大英百科全书》、环游世界一周……

如今他已过中年，是目前世界上还活着的最著名的探险家之一。他已完成127个目标中的105个，也完成了许多其他令人兴奋的事。

目标决定着人的行为，人的行为自觉不自觉地受着自己的目标的指引。只有确立了目标，你才有可能一个一个去实现，也才能够体会到梦想达成的快乐。

哈佛大学曾做过一项跟踪调查，对象是一群智力、学历、环境等条件差不多的年轻人，调查目的是为了测定目标对人生有着怎样的影响。调查结果发现：27%的人没有目标；60%的人目标模糊；10%的人有清晰但比较短期的目标；3%的人有清晰且长远的目标。

确立家庭的目标和个人目标一样，都需要对自己有一个清晰的认识。并且家庭目标制定起来，要比个人目标复杂一些，也有趣一些。一般的家庭目标，可以分为个人目标和集体目标两部分：个人目标就是针对丈夫、孩子和自己每个人的实际情况，制定的关于家庭建设的目标；集体目标就是需要全体家庭成员共同完成的目标。

比如说，家庭会议决定把环保作为近期目标，那么丈夫就要戒烟，妻子做饭时就要采用一些绿色食品，孩子就要不乱扔垃圾等，坚持一段时间后，发现大家都养成好习惯了，就开始下一个目标的制定。比如说，为了锻炼身体，规定每个人每天的运动量和运动方式，达到锻炼身体的目标后，再重新寻找新的目标。在这样不断地完善自我的过程中，家庭成员之间有了更多交流和相处的机会，家庭关系也会更稳固和亲密。

确定目标和完成目标并非像想象中那么容易，它既包含着一些痛苦的自我考验，也包含着家庭成员之间的协调和了解。但无论花费多大的努力，它都是值得的。确定目标并努力去完成它，这其中的最大益处就是潜意识里，你开始遵循一条良性的规律进行生活。这条规律就是：人能想象和相信什么，就能用积极的心态去完成什么。如果你预想出你的目的地，你的潜意识就会受到这种自我暗示的影响。这样一来，你的生活就会变得有乐趣。你也因受到激励而愿意付出代价。你也能够预算好时间和金钱。你愿意研究、思考和设计你的生活目标。你对你的目标思考得越多，你就会越有热情，你的愿望就变得更加强烈。你会对生活更加热情，更加有动力。

那么，在制订目标的时候，需要注意以下几点：

1.制订长期具体的目标

有人说“我长大要当科学家”“我长大要当老板”，这样的目标太大、太不具体了。你当科学家，是哪个领域的科学家呢？航空航天、化学家、物理学家还是数学家或者生物学家，科学家三个字太笼统了，反而让人更加迷茫，找不到真正适合自己的学科。比如，制定家庭目标，本月以节俭为目的，但是具体要怎样做才算节俭呢？那么规定全家每周上厕所只用一卷纸，电视每天只能看两个小时，屋里没人就关灯，等等。这样因为目标具体，每个人就都能够按部就班地去做，目标就很容易达到了。

目标定下来之后并不是万事大吉了，一定要有恒心、有不怕挫折的勇气，即使制订的目标没有实现也不要灰心，一直坚持做下去，总会成功的。当你体味到成功的喜悦时，继续下一个目标就不再是什么难事了。

2.行动最重要

每个家庭都可以界定自己的人生目标，认真地制订各个时期的目标，但如果光说不做，还是会一事无成。想到更要做到，只有行动起来，目标才能完成。一个家庭的目标要靠全体家庭成员的配合才能逐步完成，这其中也需要女主人起到监督和督促的作用，只要大家心往一处想，劲往一处使，再大的目标也能够实现。

3.目标要用书面形式列明

以书面形式写下目标，将可能产生以下四种好处：一是有助于目标内容的清晰；二是正式地写下目标，表示个人在决心上的一种投资。这种投资越多，则投资者对实现目标的承诺将越大；三是书面目标比较不容易遗忘；四是当目标种类较多时，以书面写下它们之后，比较容易协调它们之间的潜在矛盾。

4.目标应该有具体期限，并与其他目标相协调

任何目标都应该标明具体的完成期限，这样才能给自己足够的动力，也不至于因为没有限制就采取拖延的态度。

在同时制订多项目标时，要分清主次，事先把各种问题和矛盾化解，以免在完成目标的过程中发生冲突。

修养篇：

每个成功者都有强大的内心力量

第13章

自信迎战，人不磨哪能“成器”

迎接困难，渡过艰辛便是晴天

在面对困难的时候，大多数人的第一反应是先退后一步，然后开始抱怨自己怎么如此倒霉，涉世未深的年轻人更是如此。对于年轻人来讲，当你的事业生活正在稳步上升的情况下，这突如其来的困难必然会对自己有不小的打击。但是你有没有想过，在成长的道路上不吃点苦头，又拿什么来磨炼我们的意志呢？

在遭遇困境、饱受折磨的时候，年轻人往往不能心平气和地冷静对待，而是用一些情绪化的方式来表达自己的不满。其实，越是困难的时候，我们越不能认命，我们就把每次的困境当成是一种磨炼，反正现在已经是最坏的结果，与其哭着承受，不如笑着享受，从积极的方面去面对困难，才能让你从心灵上有所收获。

假如当困难来临的时候，我们马上让自己陷入一片凄惨的环境中，那么，不用困难压倒我们，我们就会被内心的压力和悲伤压倒。如果让泪眼迷住了我们的视线，迷住了我们的理智，我们就可能失去可以脱离困境的那一瞬间的机会，由此失去脱离困难的可能，这对于我们的一生来说，都是一个巨大的遗憾。

古人说：“天将降大任于斯人也，必先苦其心志，劳其筋骨，饿其体

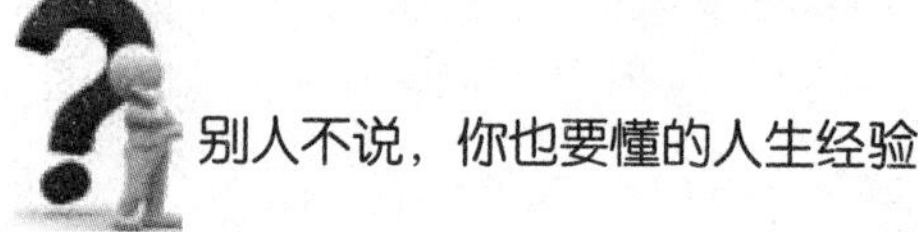

肤，空乏其身”……这不也是一种自我宽慰的说法吗？难道老天让人吃不饱、穿不暖、心中悲苦，真的是要把大任降给他吗？恐怕不尽然吧。这是一种阿Q的精神胜利法，但这种精神胜利法又是多么重要啊！古往今来，有多少仁人志士就是靠这种想法，度过了最难熬的困难时期，并最终获得成功。

当我们陷入困境中时，不妨尝试一下这种“精神胜利法”，将目前的困境看成是老天对你的考验，一旦经受住，就会赋予你更大的重担。如果能够这样想，我们的心情就会好很多，也能够更加理智地看待目前的困境，就能够更快地从困境中脱离出来，做对于我们来说更重要的事情。这就是笑着享受的智慧。埃及艳后就是用她惊人的美貌、迷人的微笑，超群的智慧、明智的方式，才征服了盖乌斯·尤利乌斯·恺撒的心。如果当时盖乌斯·尤利乌斯·恺撒面对的是一张哭泣的面孔，即使有同情、有怜悯，他会如她所愿地让她坐上女王的宝座吗？他还有兴趣为她伸张正义，以整个罗马作为她埃及王后的后台吗？我相信不会。男人不会因为女人的泪水而迷惑，他们只会因为女人的微笑而迷惑。

所以，越是困难的时候，我们越要睁大双眼去观察，去寻找能够脱离困境的机会和可能。把这种暂时的困难当成一种幸运的可能，命运才会朝着我们期盼的幸运方向走去。

每个年轻人都会遇到困难，要知道低谷是人生的一部分，人生的历程就是唱一首歌，一直唱高调会累坏嗓子的。这样，你就会心甘情愿并且用享受的态度去对待困境。因为你知道，困境只是对于你忙碌人生的一种暂时的弥补，让你歇一歇，好投入以后更忙碌的生活和工作战斗中。

当日本在20世纪90年代遭遇金融危机的时候，有很多的日本人都陷入了恐慌之中，只有一少部分人乐观地表示金融危机总会过去，不如利用这段时间给自己放个假，用旅游来安慰自己疲惫的心灵；或者利用这段时间来给自己充充电，以弥补长时间因为忙碌的工作而没有接触新鲜事物的空虚。当金融危机过去后，这批人首先投入了更高负荷的工作，并取得了出色的成绩。那些因为恐慌而变得焦虑不安的人们，因为只顾着不安忘记了自身的提高，当经济危机过去后，他们尽管松了一口气，但却因为力不从心而失去了在更高岗位甚至是原岗位工作的机会，只能做更低岗位的工作。于是，在这场危机中，原本同一个岗位的人出现了人生命运的差距。

危机是客观存在于社会中的，年轻人要正确地认识这一点，当危机威胁到你的工作生活的时候，就要用长远的眼光来看待危机。危机并不会变，能改变的只有我们看待危机的态度。人生中最大的危机来自于我们的内心，只有笑着享受危机，才能够认识到危机中蕴藏着人生转折的机会。把每次遇到的危机都当成是自我提升的途径，那么，年轻人就会在一次次面对困难后慢慢地变强大。

上帝关闭了我们的一扇门，必定会给我们开一扇窗，我们要做的就是，找出那扇窗户，飞出命运的牢笼，而只有不认命的心态才会给我们带来命运的转机。年轻人要明白，只有在遇到困难的时候，才能显现出你和他人的差距，我们要学会利用困难来磨炼自己，不要因为一点小困难就认命，你还年轻，还有的是时间和机会，学会笑着享受每一次的困难，才能找到命运的转机，才能成为真正的强者。

别担心，谁都会遭遇到人生瓶颈期

生活如果像池没有波澜的湖水，那么对于年轻人来讲，是该喜还是该悲呢？当你的生活一直处于比较平稳的状态，那么就要引起你的注意，这就相当于你进入了一个困难的瓶颈期，如果不寻求改变，你今后的生活就要一直处在瓶颈中，不会有太大的成就。我想年轻人的生活还是要有高有低、有起有伏才会比较有意义，比较富有挑战性。

年轻人如果有改变现状的勇气，就能让你从瓶颈期或者既定的命运中走出来。不安于现状是我们走出既定环境的一种动力，如果我们对目前的环境不满，但还不确定自己要什么，或者感到还过得去就得过且过，那么，我们是不可能走出去的。就像易卜生的名著《玩偶之家》中的"出走的娜拉"，如果不是认清了丈夫的虚伪，如果不是她希望得到尊严和独立，她恐怕还是一个温室中的花朵，又怎么会有离家出走的想法呢？所以，是她渴望独立的想法迫使她必须出走改变自己的命运。有时候，命运就是这么离奇，我们总觉得自己的处境已经很好了，而一件小事就能够让我们认识到自己处境的不佳，让我们生出改变自己既定环境的想法，大家都有这种体会。

瓶颈期往往会带给年轻人一种稳定的假象，可能你会觉得这是工作了一段时期后稳定的表现，是你长期以来追求的工作状态。可是你有没有想过，如果长时间地“稳定”下去，你还有突破的勇气吗？你还有对自己的梦想执著追求的意志吗？你还有想改变生活，不断尝试的想法吗？这并不是说鼓励年轻人过不稳定的生活，只是当你的生活、你的事业没有创新，没有发展，转来转去还是那些东西的时候，你就要开始思考，是不是已经进入了一个“稳定”的瓶颈期，只有打破这种“稳定”的状态，你才能感受到新的生活，你才会发现原来世界还是如此宽广。

阿菲本来拥有一个很幸福的家庭，生活得很平静。老公和她都是上班族，孩子也很听话。但是，有一次孩子被烫到了，虽然伤势并不严重，但是他们等了几个小时才挂上号，而孩子哭了几个小时。旁边就有一家私人医院，水平很好，甚至会有护士一路带你直接就诊，但是因为他们刚刚要了小孩，经济紧张，去不起那家医院。阿菲从此认识到了平静生活下的危机，她觉得自己的幸福是一种假象，萌生了不再让自己受金钱制约的想法，于是她开始寻求改变，几年后她就通过自己的努力，让家庭更加富裕了。

我们也可能因为一件小事，而产生要改变自身境遇和命运的想法。一件小事往往可以成全你，而平时，只要我们有心，就能够找到改变自己境遇的理由。不要轻易地相信平静幸福的生活，表面的平静下面往往隐藏着巨大的危机，一旦我们认识到它，就会激起自己拼搏的决心。

年轻人要不屈服，不认命，才能够找到人生的出路，改变自己既定的命运。安于现状，会让我们隐藏在平静生活的假象之下，认为自己得到的、拥有的就是最好的，而不想睁眼看看外面的世界，只围着自己平凡的工作、幸福的小家转，而忘记了外面的繁华。虽然年轻人把这作为定性的借口，没什么不好，但是如果你是一个好胜心强、追求不平凡的人，你就会发现，比我们的生活方式好的有千百种，原本我们可以更好、更幸福地生活，暂时平静的幸福不过是自我欺骗。

有时候，不能够想象丰富多彩的生活，是因为条件不允许。我们的生活有太多的波澜，因为我们习惯了风平浪静的生活，反而以为这就是生活的真

相。事实上，我们完全可以想象过上另一种生活，一种有情趣、生动、活跃的生活，这是每一个年轻人都盼望的。如果你想要，就马上投入到这种生活中吧，带着你对未来的向往，带着你对激情生活的期盼。改变自己的命运，找到更好人生的出口，必须依靠我们的目标和智慧。

我们难道满意上天给我们的命运吗？我想大多数的年轻人是不满意的，但是他们又不知道该怎样自己掌握命运。在我看来，就是要为自己确定一个长远的目标，然后用自己的智慧和打拼慢慢地去实现它。

年轻人在遭遇瓶颈期时，不能够满足于目前你拥有的，一定要让自己有更大的理想，才能够掌握自己命运的方向，才能够在遇到困难时不认命。有理想，才有出路，正像有方向，才能够达到目标一样。

自信是力量之源，让青春充满活力

年轻人一定要有自信，我们可以没有俊美的脸庞，也可以没有很高的学历，但一定要对自己充满自信，有自信你才有得到一切的可能。相信自己是一个有能力的人，你就会在不知不觉中增强自己的能力；相信自己是一个会成功的人，你就会在潜意识里按照自己想要成功的方向努力，自信让我们离自己的目标更近。

对于年轻人来讲，我们虽然没有丰富的社会经验，但是只要相信自己，你就可以在努力学习中提高自己，从自己的行为和思想开始变化，努力增加自己的个人修养和魅力，才能让自己在待人接物上、工作能力上提高自己。别人也才会注意到你的能力。

越是在困难的时候，越不能放任自己，不能让自己被困难击退。自信的人无论什么时候都能不慌不忙、沉着冷静地应对困难的到来。那些因为一点困难就将自信的躯壳脱掉的人，会让人一下识破他虽披着自信的外衣，却有一颗胆小怕事的心。充满自信的年轻人应该让自己从里到外都保持满满的信心，给他人一种时刻都能感受到你由自信散发出来的力量。这样的你在职场和生活中才能让自己看起来精神饱满，神采奕奕。

小磊是一个年轻帅气的小伙子，在办公室的前辈每天都浑浑噩噩地过日子时，任何时候他都是彬彬有礼，不卑不亢，衣衫整洁。每天神采奕奕地上班，得体的穿着打扮，脸上总是带着淡淡的微笑，热情地和每一个人打招呼。他总是以一副饱满的精神、积极向上的姿态出现在办公室里，任何人都没见过他慌慌张张、颓废狼狈的样子。大家都以为他的出身一定很好，才养成了这种镇定自若、处变不惊的本事。不久，小磊就跳槽到一家大型企业担任部门经理，当大家都觉得他是靠家里的关系才能跳槽到大公司的时候，才从上司的嘴里得知小磊的家境并不是很好，他都是通过自己的努力才取得了这样的成绩的。

小磊向着自己的梦想又跨进了一大步，这并不是因为家庭，或是高人一等的学历为他带来的进步，而是出于平时对自己的要求，他总是以自信的一面示人，让大家都能感觉到他的信心，他的从容，这才为他赢得了更好的机会。

在《汉武大帝》中有一段，王皇后为了避免自己的女儿嫁到匈奴，而训练宫女做公主，公主们说："公主是生出来的，怎么会是训练出来的呢？"原因不在于宫女很丑或者地位不好，而是她总是习惯了卑躬屈膝，走路时习惯溜边，总是一副怯懦、自卑的样子。所以她冒充不了公主。公主是怎样培养出来的呢？她们从小含着金汤匙出生，除了自家人，她们的身份地位比其他人都高，不免有一点儿骄纵。然而，她们从小就会受到严苛的训练，无论是行走或者站、坐的姿势，还是对自己穿衣打扮的要求；无论是睡觉，还是吃饭，都有严格的要求。在这种习惯之下，她们不可能有怠惰或者邋遢的一面，也不会让自己陷入狼狈当中，更不会觉得自己不如人，产生自卑的思想，她们是真正的天之骄女。

反观王皇后，她也并不是大家出身，还曾经嫁过人，以寡妇的身份嫁给了皇帝，但她从不觉得自己低人一等。她处事大方得体，善解人意，而且非常会笼络人心，圆滑有手腕，最终以一个二嫁的妇人成为皇后。

就算没有高贵的出身，没有殷实的家底，甚至还处在困境之中，我们也完全可以通过自己的努力来改变这样的境遇。让自己无论从装扮上，还是从内心中都散发着自信的感觉。但是也要记住，不要不考虑自己的真实实力就过分自信，那样只会让你慢慢地步入自大的行列。

只要我们相信自己能够凭借自己的实力成功，那么，等待你的只有成功，没有失败。自信也能让人提高自己对自己的要求，提高自己的办事标准，令自己一步步地向成功靠拢。年轻人要让自己时刻看起来都信心十足，这样做起事来才会加大成功率。越是困难的时候越要为自己树立自信心，相信自己一定会冲破种种难关，笑到最后。

过好现在，别被未知的事吓到

假如年轻人希望自己成为一个好命的人，而不是一个整天被痛苦死死纠缠的人，就要收起对痛苦的想象。在人们的潜意识里总会把即将发生的危险想得过于可怕，孰不知，这些都是你自己给自己设立的障碍，你要清楚，真正困难的事不是这些客观上会发生的事情，而是你对未知困难的预想。

年轻人虽然多了一些优于少年人群的敏感度，却少了一些中年朋友冷静思考的能力，于是总会有一些想象中的痛苦或者痛苦的想象。这是绝对不一样的，想象中的痛苦是指年轻人的某些敏感造成的虚幻的假象，并因为这种假象而造成自己的痛苦；而痛苦的想象是指来自年轻人的自虐倾向，把自己想象成一个苦命无依的孩子，来博取众人的同情。当然，这两种情况都会造成我们的困扰，使我们陷入痛苦和困境中不能自拔。

一个人的命运大多和这个人的想象有关，因为人的本身会接受这种心理暗示。如果你把自己想成积弱扶贫的侠客，那你就会正义感十足；而你若把自己想成某部电影的悲情主角，那你也会变得灰心丧气，属于你的悲苦命运也就不请自来了。虽然可能电影中的悲情主角会拥有一个破镜重圆的美好结局，但电影毕竟不是现实，它是不会按照你预想的结果去演出的，只会让你的不良情绪循环下去。

曾经有一位大学教授做过一个有趣的实验，他问大学生：“根据‘夏天’这个词，你们能够想到什么？”大学生们回答“热”“难受”“汗水”等；而当他向一群七八岁的小女孩提问这个问题时，她们想到了“冰激凌”“花裙子”“知了”；当他向一群十七八岁的女孩子问这个问题时，她们想到了“比基尼”“海滩”“凉风”“游泳嬉戏”。世界是同一个世界，为什么大家的感受却如此不同呢？不过是想象的差别而已。

困难就如同“夏天”，每个人都会给出不同的答案，而实际上它只是一个笼统的概念，我们还没有真正地体会到它就给它带上了很多假象的帽子，这样当困难来临的时候，我们也就真觉得自己陷入了最坏的境地。年轻人不要因为想象把困难夸大化，自己还因此装作一副可怜的样子。别人不会因为你的痛苦就欣赏你、可怜你、青睐你。不要总因为自己的想象就认为你是个可怜的人，干什么事情都低人一等，总是被别人为难。如果你一味地这样想，只会让自己的情况越来越糟，而且很难会有所改变。

一个总认为自己命运多舛的人，最终会得到痛苦一生的命运，而一个想象自己是一个成功者的人，就会用自己的努力去证明自己是一个名副其实的成功者，最终也会得到有别于其他年轻人的命运。

虽然看起来似乎让人觉得不可信，但这就是事实。小雨是我的一个好朋友，在青春期的时候总喜欢看琼瑶早期的作品，于是总把自己想象成那些美丽善良却苦命的女孩子。但是她本身并不美丽，总是皱着眉头，一副苦相，于是闹了很多东施效颦的笑话。她的整个青春期都过得不好，因为沉迷于这种想象和各种小说，她也忽视了对自身素质的培养，最终考上了一所大专院校；后来工作以后，她也总是习惯性地带着一副苦相；最终，她嫁给了一个同样苦闷的男子。我想她的命运很难有翻身的机会了。

年轻人一定要慎重地对待各种言情小说或电影的影响，不要让自己沉浸于那种情绪不能自拔。学会现实，学会乐观，才能够最终得到快乐，痛苦的想象只能够给我们带来痛苦的命运。任何领导都不会喜欢一个总是沉迷于自我纠结中的年轻人，任何人也不会觉得一脸苦相的人一定有很多难言之隐，我们要认清这一点，让自己生活在幸福快乐的想象当中。

除此之外，年轻人还总是习惯性地陷于自己的想象制造的恐慌和痛苦中。总有些人因为工作上或者爱情上的不顺利归结于自己的命不好，会因为惧怕失去工作或者遭到爱情的抛弃而变得忧心忡忡，这样反而会怕什么来什么，这并不是说你的直觉有多准确，而是因为你的惧怕让自己失去了做事本该有的冷静和沉着，从而间接地导致了最终不好的结果。

所有想象的痛苦都与一个人的软弱和力不从心有关。因此，想要摆脱想象的痛苦，就要多多激励自己，让自己拥有更多的勇敢和坚强，用快速的行动打破想象的迷局，让事态按照自己的意志来发展，这样就能摆脱苦命的宿命了。

一个年轻人想要获得事业中的成功、生活中的幸福，就要收起对痛苦的想象，年轻人应该有足够的勇气和坚强来面对自己思想中那些消极的想法，让人生按照自己的预期来展开，别让困难来得太快。

敢做敢当，一味地向现实妥协只会一事无成

年轻人最容易在困境中认命，在自己觉得是低谷的时候就向别人妥协。每个年轻人都有脆弱的时候，也都有遭遇困难的时候，这就要看我们如何看待自己遭遇的困境，如何应付那些不尽如人意的环境。有时候，爱冒险的年轻人成功的几率更大。

年轻人在自己还有精力的时候要学会让自己冒值得冒的险，人生就是一连串的冒险和巧合，想要摆脱困境，冒险不失为一个好的方法。然而，冒险也是有限度的，我们只能冒值得冒、也冒得起的风险。如果明明知道前面是一个别人挖好的陷阱，还义无反顾地跳下去，或者不能肯定自己是否承受得起风险失败后的后果，这样的冒险就是一种愚蠢的行为，而不是为了改变自己的境遇做出的选择。

我们的生命在冒险中会散发出不一样的光彩，这是很多人的共识，却很少得到女人的肯定。很多女人更愿意过平淡的幸福生活，而不想改变自己的境遇，因为太大的冒险刺激会让她们脆弱的心灵难以承受。在等待结果的过程中，一个女人会逐渐憔悴，受到折磨。其实，年轻的女孩子要让自己多经历一些波折，多冒一些险，这样日子才能更丰富多彩。

有波澜的人生，才会给我们留下更多可回忆的东西。平淡不是不好，而是不适合我们年轻的心，我们需要的是丰富而有情致的生活，需要的是不断

地积累上进带来的成就感，需要的是活跃明媚的情感。对于每一个年轻人来说，为了改变自己的境遇，要有勇气迎接事情的变化，迎接人生中的冒险。

越是在困难的时候，我们越不能够认命，只要能够摆脱原本的困境，就值得我们去冒险。然而，风险不是随便就可以冒的，我们必须保证自己可以承担后果，而且要确定自己正处在困境和转折当中，冒险可以带给事情以转机，我们才可以选择冒险。否则，我们过着平静富裕的生活，就为了要寻找刺激而冒风险，这不是没事找事吗？我们要保证自己的冒险是为了生活得更好，而不是因为无聊。

与其被困在人生的低谷中，不如冒险来改变这种状况。如果冒险能够改变我们的境遇，能够打破目前的僵局，我们就应该予以考虑。毕竟人生就是一场冒险，在人生的每一个转折点，我们都要谨慎考虑清楚，也许在短期内最不冒险的方式，反而在长期内变为冒最大的险。在人生的低谷，我们要懂得冒险冲出去的智慧，反正已经到了低谷，再低也不可能比目前的状况坏多少，倒不如拼一拼冲出去，也许会有更好的出路。

年轻人在适当的时候可以向现实低头，但是如果低头改变不了我们的命运，我们就要学会反抗，学会冒险，让自己扼住命运的喉咙。

由此可见，如果我们不想认命，就必须在困境中冒险，而不是等待上苍的垂怜。老天只助自助者，只有我们愿意冒风险，老天才会帮我们从泥泞中走出来。如果我们自己什么都不做，顺从命运，就失去了对自己命运的把握，就会被别人操纵，也就失去了摆脱困境的可能。

年轻人正处在事业的上升期，我们的家庭、事业还没有稳定，会有很大的改变的机会。如果等到三十多岁，我们有了家庭的负担，那时再想冒险改变自己的境遇，不仅失去了很多好的机会，现实的残酷也将不允许我们的生活再起波澜，我们自己的心境也将趋于平静，那时就不是改变自己命运的阶段了。

我们已经经历了冗长的求学生涯，有些不耐烦，甚至会产生一点流浪情结，人生要多一些历练，尤其是在尚且年轻的时候，现在正是一个很适合历练的年纪。也许这正是我们人生的转折点，也许我们将从此走向辉煌呢！为了不向命运低头，年轻的我们去冒险吧！

以退为进，吃点小亏迎来大福

相对于工作需要来说，我们欠缺的东西太多了。这时候，每一份工作对于我们来说，都是一种绝好的历练机会。不管自己的职位有多低，收入有多么微薄，我们都不要小看每一个平凡的工作岗位。因为即使再优秀的人也不可能一步便能走到成功，而绝大多数的成功者都是从平凡的岗位上一步步走来的。只要我们不断地努力，把自己的工作做好，在工作中不断地总结、提升，机会来临只是早晚的事情。

年轻人行走在社会上，一定要学会吃一点亏，不能吃亏的人反而会在今后受到更大的伤害。无论是工作上付出多少努力，索要多少报酬；还是同事间相处，斤斤计较都会为我们未来的事业带来不良的后果。吃亏不如趁早，越不想吃亏，越会在以后吃大亏。

世界上没有白来的晚餐，也没有天上掉馅饼的事，更不会有白白他让出去的利益。每个人让出了自己的利益，就会在其他方面获得一定的收获和补偿。用“吃亏就是占便宜”的心态做事做人——可以累积你的工作经验，增强你做事的能力，扩张你的人际网络。

对于经验尚浅、能力不够足，更没有卓越成绩的年轻人来讲，在短期内，我们不可能得到一份在各个方面都十分称心如意的工作。所以，在他们看来，工作只是自己前进中的一个跳板，或者只是一种挣钱的手段，又何必那么认真呢？他们这样做，表面上看很聪明，事实上却是聪明反被聪明误。对于大多数人来说，工作的确是一个跳板。随着人才流动的频率加快，人才选择的余地日益丰富，一个人守着铁饭碗的事情，已经是老皇历了。

但我们必须搞清楚一个最关键的问题：这个跳板是让我们越跳越高的，而不是越跳越低的。要想越跳越高，我们就必须保证自己的能力在这个跳板上不断地得到提高。如果面对工作秉持敷衍塞责的态度，我们的能力也不会得到太大的提高。如果没有引起老板注意的出众能力，进不了老板的眼界，所有晋升和加薪的机会都将与我们无缘。即使老板愿意给我们好的机会，我们也很难把握。因此，唯一的结果就是越跳越低。而不肯吃亏的态度，会让我们面对微薄的薪水，忽视工作，敷衍塞责。到最后，吃亏的会是我们自

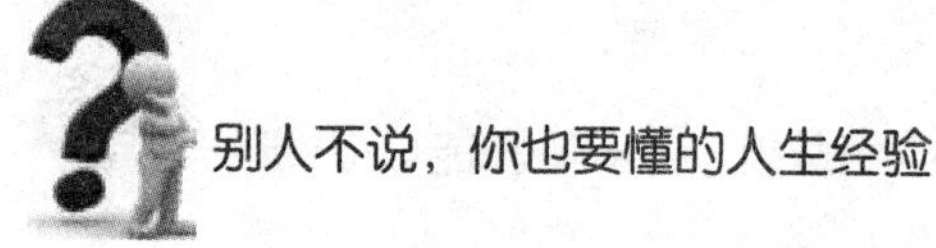

己，我们也会变得平庸，最终庸庸碌碌、窝窝囊囊地度过一生。

五年前，马可在一家公司当速记员。他的顶头上司是一个叫王揽的家伙。他工作懒散，总是把应该自己去做的事顺势交给手下去做。这可苦坏了马可，因为他不得不同时承担起近乎两倍的工作压力，而薪水却并没有丝毫提高。但是，马可并没有对上司的苛刻有丝毫不满，因为他珍惜这个工作的机会，除了把上司交代的事情做好之外，他别无选择。“就当是免费地锻炼自己吧，当我干速记员的时候已经在行使一个经理的职能了。”每当累得喘不过气的时候，马可就这样在心里安慰自己。

有一天，王揽又接到了一个任务：为他们的老板整理一个简明的电报密码本。这只是一件再普通不过的事情，他转手就把这件事交给了马可去办理。几天后，老板拿到了这个电码本。它是用打字机打印出来的，用胶装订好，还特意加了一个结实漂亮的封皮。“这大概不是你做的吧？”老板拿着这个本子翻来覆去地看，爱不释手。“不是。”王揽难为情地回答。“那么，这是谁做的呢？”“是我的速记员。”“你叫他到我这里来。”五分钟后，马可同样莫名其妙地坐在了老板的面前。“年轻人，你怎么会想到把电码本做成这个样子呢？”老板亲切地问道。“我想这样不但好看，而且用起来会更方便些。”“你什么时候做的呢？”“我是晚上在家里做的。”“是吗，非常感谢你，我太喜欢它了。”几天后，马可便拥有了一张更大的办公桌。后来，他就代替了王揽的位置。再后来，他成了这家公司的经理。

乐于吃亏的态度，在和上司、同事间的相处时，也是一样的，它会让我们赢得更好的人缘，如果我们只看重眼前的利益而与上司、同事斤斤计较，不肯退让一步。我们就很可能因为这些得罪人，使我们的人际关系难以展开，在公司高层留下不好的印象。而如果我们肯吃亏，不计代价地去做事，迟早会得到上级的赏识，我们的机遇也就来了。

在职场中，我们独享功劳，就会种下苦果，学会与他人共享利益，皆大欢喜才是正确的做人之道；而给你的主管留一点空间，可以给他一定的安全感，你也会因此得到上司的青睐。收起咄咄逼人、唯恐吃半点亏的性格，让自己的胸怀更宽广，我们会得到更多。

年轻人对于争和忍，应该有更成熟的见解。能吃亏的人，会得到更多。总占小便宜的人会吃大亏，不能忍让，同样会让我们吃大亏。在工作和处事

中，有吃亏的精神，会让我们得到更多的回报，就是经验的增长和人际关系的拓展。而这些都是我们从年轻的时候就要开始学会积累的。

强大内心，凡事都赢在心态好的人手中

年轻人在步入社会后要积累、修炼成功的心态。成功人士之所以能成功的很大一部分原因都是赢在了心态上，健康的心态可以让我们受益良多。但是，在生活中遇到不同的事情，人们总会用不同的心态去面对，那么，怎样的心态才算是健康的心态呢？我们要怎样修炼，才能让自己拥有健康的心态呢？

一个好的心态必然会给我们年轻的人生带来成功的开始，一个好的开始对于我们来说是非常重要的。对于现在的我们来说，在性格方面想要做出改变是很困难的，但是我们可以做到改变自己性格中的缺点，加强自己性格中的弱项，在职业中发挥自己的性格优势。扬长避短，才能制胜。人性中不乏缺点和弱点，这就需要我们做出改变和完善，但是缺点和弱点是不一样的。凡是对于自己有害，对于他人、社会也有妨碍的就属于缺点，这样的缺点我们必须改正，比如，狭隘、自私、贪婪、多疑、不诚实。如果我们的性格中含有这样的缺陷，一定要改掉，因为它不但会害自己，还会害别人。凡是对于自己有害，而对社会危害不大的性格缺陷，应该属于性格弱点，比如，满足、自恋、懒惰、悲观、骄傲、任性等，这些只能属于弱点，而并非缺陷。

对于性格上的弱点，年轻人也不能忽略，不能让他人因为你的一个不足就否定了你整个人，这也会阻碍你走向成功。要知道世界上没有人生下来就是完美的，但每个人都能够通过学习来改变和提高自己。重要的是，我们能够认识自己的缺点，不回避，不讳疾忌医，这样我们才能更清醒地认识自己。更清醒才会更自信，不断地反省自己，认识自己的不足，并努力去改正和弥补，我们才有机会变得更强大，更健康。

你的健康心态，除了自身的性格以外，还要值得注意的就是自身的心理健康。类似于积极、热情、乐观、意志力顽强、勇敢、果断、充满活力等这样的心理，就是健康的。苦心追求成功的年轻人，我们必须要有明确的追求目标。如果一个人没有理想，没有追求，就缺少了成功的动力。如果不知道最终的目的地在哪，即便是千里马又有什么办法呢？而只要有一个既定的方向，有一个目的地，即使是普通的马，甚至驽马，也能够最终到达，只不过是晚点而已。马克思立志要做“最能为人类社会服务的事”，达尔文立志要做自然生物学家，因此，尽管马克思处境窘迫，达尔文懒惰贪睡，最终他们却能够达到自己的人生目标。

也有些心理消极的年轻人，一天到晚游手好闲，他们经常把“无聊”“没意思”挂在嘴边，没精打采，事事被动，从来不积极主动地追求一个目标，也从不热情地期盼某事，因此，他们的日子总是笼罩在灰暗当中。这样的人天生缺少活力和力量，他们的生命力不旺盛，精神力量也不强大。他们对人冷漠，对事敷衍，天生没有投入感，这也是一种心理的不健康。

而那些趾高气昂、自我感觉良好、不把其他人放在眼里的年轻人，一旦遇到困难挫折，则陷入一蹶不振的境地。或者一遇到诱惑，就会不由自主地改变既定方向，不能够坚持下去。这样的人，他们的意志力薄弱，不能经受挫折，对诱惑也无能为力，不能控制好自己的情绪和意志，也是一种软弱无力的心态。遇事优柔寡断，没有足够的勇气和决心的人，遇到困难容易退缩，遇到机遇也容易在犹豫中放弃，这种心态也要不得。

那么，年轻人应该要有什么样的心态，才能是一个成功人士必备的心态，才能让我们脱颖而出呢？

对于现在处在激烈竞争中的年轻人，当你站在人生的门槛上时，你应该能清楚地感受到自己的年轻和活力，意识到自己拥有应对一切危机的能力。你就是世界的主宰，虚弱和胆怯从不会出现在你的人生字典中。旺盛的精力、充沛的体力、坚强的意志力，让你拥有战胜一切困难的勇气和决心，能让你周围的人感觉到你旺盛的生命力和强烈的成功欲。这才是年轻人应该有的心态。只要拥有旺盛的生命力和顽强的精神力量，任何时候，我们都能够走向成功。

历数古今中外的成功人士，富兰克林曾在70岁高龄时还能露营野外；格莱斯顿84岁时每天还能行走数公里，还能紧握船舵，到了85岁时，还能够砍倒大树；拿破仑可以24小时不离马鞍；布瑞汉姆可以狂热地连续工作176个小时，也就是7天7夜零8个小时。这是怎样的一种生命狂热，这样的生命有

着怎样的热度、韧性和力量？如果我们用这样的热情度过自己的一生，就没有不成功的可能。成功很多时候不在于努力的程度，而在于热情的程度，足够的热情将融化一切。

年轻人没有丰富的社会经验，没有广阔的人脉资源，我们慢热的性格，使得我们没有真正疯狂地追求过什么，那么让我们从现在开始就设定一个目标，并为之奋斗吧。享受生命的激情，活力四射地做事和积极顽强地追求理想，这样的好心态、好状态才会带我们慢慢地靠近成功。

快乐融化烦恼，微笑面对生活

生活就像是一面镜子，你对着它笑，它会回馈给你快乐；你对着它哭泣，它回馈给你的也会是忧伤。年轻人要明白一个快乐的道理，在你的生命中，你快乐的时间多一点，那么相对忧伤的时间就会少一点。我们要学会从生活中寻找快乐，并让快乐延续下去。

出入社会的年轻人，当你对一切都不那么熟悉的时候，不妨让自己多微笑，别人会从你的微笑中看到你谦逊的态度。不要让自己沉浸在忧伤、痛苦中不能自拔，就算你再痛苦，对于事情又有什么帮助呢？既然没有帮助，还不如让自己快乐一些来得实际。生活就应该笑着享受，学会在忧伤痛苦中寻找一丝快乐、一丝安慰，这才是真正的智慧。

我们每个人的生活都不可能按照自己想象的路走，总会在前进的道路上遇到一些不顺心的事情。如果只是因为这些你就变得忧伤，那么你很有可能错过更多的好机会。再者来说，年轻人能因为哪些事情忧伤呢？无非是事业上有些不顺心，爱情中有些不甜蜜，或者家庭中有些小分歧，等等。这些其实都可以慢慢地过去，事业上的不顺总会有顺利的一天，爱情中的不甜蜜总会有和好的一天，家庭中的小分歧总会有谈拢的一天，那么，还有什么是真的值得伤心难过的呢？

对于我们来讲，真正的忧愁是不会那么轻易地说出来的痛苦。“少年不识愁滋味，爱上层楼。爱上层楼，为赋新词强说愁。而今识尽愁滋味，欲说还休。欲说还休，却道天凉好个秋！”要知道，如果少年时都如此忧伤，你又怎么能够承受老年的晚景凄凉，怎么能够忍耐年华逝去不复返的无奈呢？

所有的忧愁都是可以解开的，所有的痛苦都是可以释怀的。不要一味地沉浸于自己的忧伤中，好好地享受青春的快乐。你要知道，“花有重开日，人无再少年。莫道黄金贵，安乐最值钱。花有重开日，人无再少年。不须长富贵，安乐是神仙。”古人尚有这样的智慧，难道我们会看不开？生命是无法回溯的，如果你此刻悲伤，生命中就少了快乐的一刻，有时候刹那就是永远。在生命中，每一刹那都不会回来，永远不会回来，所以对待一刹那的态度，也就是对待生命的态度。

我们的一生其实很短暂，我们用1/3的时间用来睡觉，1/3的时间用来工作，在餐桌上要度过6年，交谈需要6年——据精确统计人在一生中花费的时间：做饭560天，感冒500天，充电440天，义务教育405天，洗澡531天，穿衣打扮531天，打电话180天，书报阅览250天，书信来往305天，节日活动、家庭聚会375天，笑的时间仅仅剩下了区区623天，如果你再把笑的时间缩短，那么，你的人生还有什么乐趣呢？

开心能过一天，不开心也能过一天，年轻的你要怎么选择呢？我想我们都会选择前者，谁愿意哭丧着脸过完忙碌的一天呢？忧伤于事无补，快乐的确也不能解决事情，但是它能够让你的心境变得清醒，清醒的心境能够让你想到更多的方法帮你来解除困扰，事情也就间接地解决了。即使快乐不能够让事情得到解决，起码还能够让你拥有一种平和的态度来等待麻烦的落幕，随着时间的流逝，一切都会过去，悲伤和烦恼都会远走，唯有当时快乐的心境能够留在记忆当中。

其实，当你感到忧伤至极的时候，当你觉得无路可走的时候，你不妨想想在这之前，最让你忧伤的一件事是什么，这件忧伤的事在你的心里还留有多少痕迹。你便会惊奇地发现当时令你痛不欲生的事情，在现在想来只能让自己觉得当时好幼稚，那是什么大不了的事，自己当时就觉得天都要塌下来了。你会发现，快乐才是在自己记忆里记得最深的事情。今天发生的事也一样，以后你再回忆，就会笑自己当时真傻，为什么会痛苦成那样？与其在今后笑话自己，不如现在就不要忧伤，好好地享受自己的青春时光才最重要。

年轻人要趁着年轻懂得好好享受自己的青春，而不是在哀怨中度过。不要再因为一些小事莫名其妙地烦恼忧伤，要学会从痛苦中找到快乐。能从生活的各个角落搜集到快乐的人，在人生的路上才会笑到最后。

专注，全力以赴让你的胜算更大

年轻人在工作中最大的困扰就是不能百分之百地投入。大多数年轻人的精力都是分散型的，有些人喜欢一边听音乐一边工作，有的人喜欢一边吃东西一边做事，还有的人喜欢一边想着昨晚看的电影情节一边做事，无论怎样，他们集中全部精力在工作上的时间很少。其实，这也是每个成功人士必须经历的一个过程。

所以，年轻的我们在步入社会后一定要给自己制订一个最高目标。你每天要有一段时间全身心地投入到工作中，就能向你的目标迈进一小步。这样，我们一点点地增加全身心投入工作的时间，用不了多久我们就会在工作中取得一定的成就。

现在很多人在工作上都不够积极，抱着能混一天就混一天的想法，却还在埋怨着多久没有加薪，也没有升值的迹象。其实，这就是因为经历不够集中造成的，我们花费了太多的时间在不必要的事情上。或者我们不够专一，三心二意的人是不能够很快取得成功的。每天只要我们花8小时的正常时间，全身心地投入工作，就足以使我们与众不同。如果我们愿意投入更多的时间和精力做事，我们就会变得更优秀。

布隆伯格每天都很早上班，很晚才下班，通常只比老板工作的时间短一点点，因此，老板们都愿意跟他聊天，或者要求他帮助他们给客户打电话。在他26岁时，他就成了高级合伙人的好朋友。这跟他的投入精神是分不开的。

但布隆伯格从来没有因为自己的工作影响了生活，也不曾因为工作太紧张或者太专注，以致忘记了晚上或周末的娱乐。他跟女孩子约会，去滑雪、跑步、参加聚会，比别人都多，都投入。他只是保证每天工作12个小时，但他取得的成就却远比别人大得多。

他在所有的工作时间里都聚精会神，一心一意，绝不做与工作无关的事；他在玩乐的时候，也绝不会想玩乐以外的事情。所以，他总是显得比别人更快乐，更投入，也更成功。布隆伯格说：“要想成功，仅仅喜爱自己的公司和行业是不够的，我们必须每天的每一分钟都沉迷于此。”

我们在工作生活中之所以平凡，很大程度上就是因为我们的精力不够集中。在我们工作的时候，我们总是梦想着下班以后的美好时光，或者回味着昨天有趣的游戏；在我们玩乐的时候，却总想着办公室里没有完成的计划表。我相信大多数人都有过这样的经历，也都为此苦恼过。

李大钊曾经说过：“教育子女，学就要认认真真地学，玩就要痛痛快快地玩，绝不能一心二用。”只要我们有过一段全身心投入的经历，这段经历就会始终让我们骄傲，让我们受益匪浅。每当回忆起来，我们都会有非常满足的感觉，有了这种满足感才能激励我们再一次地投入。

对于那些成功人士来讲，他们的成功都是靠全身心地投入。泡泡网的首席执行官李想曾坦言自己有两年的时间除了吃饭睡觉，每天就是在为建立网站工作，甚至因此放弃了上大学。惠普的女总裁费奥瑞娜，更是全身心充满激情地投入自己的工作。她每天工作10个小时，非常卖力地了解客户，了解市场，了解每一桩交易所遵循的手腕和策略。她弄懂了如何把公司哪些不同的服务和产品归拢在一起进行推销；她同时明白了什么样的定价策略和一揽子赊销计划能帮她做成一笔交易，她每天投入尽可能多的精力进行学习和工作，所以才能够成为这个拥有七十多年历史的老牌科技公司的总裁，成为被美国《财富》杂志评价为最有权势的商界女性。

而每当这些成功者谈到自己成功的过程时，他们并不是一味地说自己曾经沉浸在怎样的困苦当中，或者怎样疲惫不堪，而是他们都特满足自己曾经有那样一段全身心投入的生活。有时候，我们也能感觉到，当你熬夜完成一份计划书，或者状况非常好，在两个小时内，就做完了四个小时的工作，那时的感觉是，自己特别心满意足，特别兴奋，这比无所事事地待一个下午的感觉要好得多。

年轻人要趁现在还没有多少家庭的负担，没有房贷车贷要还，没有水电物业费要你交，也没有孩子要你养的时候，全身心忘我地投入到一段工作中。这

时是你最有创造力、最有精力的时候。充分利用现在的时间，你才能在十年甚至五年以后享受属于你的成功。没有百分之百的付出，就得不到百分之百的回报，所以，年轻人快打起精神，全身心地投入到你热爱的事业中去吧！

自信于心，摆阔气往往是脆弱的表现

现在的花花世界对年轻人的诱惑越来越多，不仅仅是在吃穿住行方面，在薪水、工作、事业等方面的攀比也愈演愈烈。攀比在男人中间还不算明显，即使有也能促使自己朝更高的目标前进，但在女人中间，攀比往往会让女人的情绪受到不好的影响。所以，年轻人应该尽量控制自己的攀比欲望，过好自己的生活，才是获得幸福的根本源泉。

对于大多数年轻女孩来讲，她们都希望自己能高人一等，无论是从吃的、穿的、用的方面，她们总是希望别人能投来羡慕的眼光，以满足自己的虚荣心。虚荣让她们觉得自己的一切都应该是最好的，事业应该比别人更成功，丈夫应该比别人的丈夫更优秀，儿子应该比别人的孩子更聪明。就是这样的攀比，让她们感觉处处不尽如人意，自己的一生也就会过得很痛苦，很纠结，很失败。女人想要获得更多的幸福，就必须要有良好的心态。

随着社会经验的增长，女人也应该逐渐成熟起来，要知道喜欢攀比是人们痛苦的来源，攀比让我们产生了不平衡的心态。我们应该学着去调整自己的心态，让自己生活得更加顺心如意，幸福在于要求的少，而不是得到的多。不满足不等于不满意，对未来我们应有不满足的态度，对现状我们却不能够处处挑剔、处处不满意，否则，我们一生将生活在痛苦之中。

当女人已经为人妻为人母的时候更要学会摆正自己的心态，不要像那些无聊的家庭妇女一样，到处和别人去攀比自己的家庭，尤其是比丈夫。丈夫事业有成的嫌不够体贴，体贴的嫌不够有魄力，有魄力的嫌不够解风情，解风情的又担心太花心，总之，无论如何，自己的丈夫都不如人家的丈夫好，这样的生活又怎么会不累呢？于是天天埋怨，天天唠叨，这样受伤害的不仅仅是你自己，你们两个人的感情也会因此变坏，整个家庭也就蒙上了一层不快乐的阴影。何苦呢？只要自己的日子过得好，何苦去和别人比较？比较会产生不满，不满会产生野心，野心会产生悲剧。

假如世界上只有一个家庭，或者都是平等的家庭状况，即使大家都忍饥挨饿，也不会有更多的痛苦，因为大家是平等的。有一首歌谣讲得好："终日忙忙只为饥，刚得饱来又思衣；衣食俱得双份足，房中缺少美貌妻；有了三妻并四妾，头无纱帽被人欺；七品八品嫌官小，四品三品还觉低；当朝一品做宰相，还想面南称皇帝。"欲望怎么会有满足的时候？只要是和别人比较，哪有满足的时候呢？所以，很大程度上，女人的痛苦来自和别人的感情攀比，这种痛苦不仅折磨着她自己，同时也折磨着被比较的人，无论是你的男朋友、丈夫，还是孩子，若想停止这种痛苦，就停止你的攀比心理吧。

阿梅是一个攀比心很重的女孩子，在工作时和同事比，结婚后又和朋友比，总是嫌自己的丈夫赚得太少，每次和同伴上街，都羡慕人家开着小车，有一股高贵夫人的气质。于是，阿梅和丈夫离了婚，嫁给了一个有钱人。可是，有钱人太忙碌，她每次独自开车上街的时候，都会看到自己的前夫和他的新婚妻子甜甜蜜蜜地一起去买菜，虽然是走着，但是很幸福，男人会体贴地帮她拎东西。于是，阿梅回想起了前夫的一切好，原来她也享有过那样的体贴，只是自己身在福中不知福，将幸福在攀比中错过了。

虽然每个人对幸福的诠释不同，但归根结底还是对自己所拥有的满意度。女人要学会宠爱自己，就要学会不要攀比，更不要用攀比的心态去伤害别人，守着自己所拥有的，好好过日子，因为你所拥有的一切就是你选择的，就是你应得的一切。如果你不满足，可以自己去奋斗，却不能因此去苛责别人。幸福不在于你拥有多少，而在于你是否计较，计较得少，拥有的再少也是幸福的；计较得多，拥有的再多也还是不满足。

幸福其实可以很简单，年轻的女人要想获得幸福，就要清楚自己拥有什么，真正需要的又是什么，不要总是事事都和他人去攀比，你才能感受到真正的快乐。聪明的女人要学会理智、清醒地认识自己的真正需要，而不是被嫉妒和盲目攀比的心态耽误了自己的幸福。学着慢慢地成熟，慢慢地放下不满，用心发现自己所拥有的。只有良好的心态才会让女人获得更多的爱，得到更多的幸福。

第14章

魅力提升，重视细节为你赢得赏识

注意形象细节，给他人留下好印象

年轻人想给他人留下美好的第一印象，就要在细节上多做功课。在与人交往的过程中，大多数人都会先打量一下对方，从对方的穿衣打扮以及对自己细节上的修饰来判断这个人的品质。年轻人要想通过第一面就让对方给自己一个好评价，就要懂得通过细节提升自己的魅力和修养。

在日常生活中，当人们谈论某个人的素养时，最先谈论的一定是见过他之后的第一印象，那就避免不了谈及对方的形象。因为外形对于初次见面的人来说就是留给对方最直观的印象，作为一个初入社会者，你的音容笑貌、举手投足都会在人们的记忆中形成一种印象。这种印象的好坏，决定了你在人们心目中所留下的影响力，而这种影响力的大小，会最终决定你在社会中扮演的角色，最终成就你的社会地位。

由此可见，对于形象的细节之处，年轻人必须要加以重视。对于女人来讲，如果一个女人远看漂亮迷人、姿容美丽，而近看却可以清楚地看到她脸上粗大的毛孔和粗糙的皮肤，你觉得这样的女人是一个美人吗？所以，女人要照顾好自己的皮肤，让它细腻柔滑，嫩得能够掐出水来，而不能让自己的毛孔粗大，更不能油光满面，甚至满脸痘痘，或者出现脱皮的现象。在春秋季，要注意皮肤防干燥；在夏季，一要防晒，二要防出油；在冬季，注意不要让皮肤冻伤或者皴裂，否则就是美人微瑕，令人遗憾惋惜了。

在举止礼仪方面更要注意，不可以粗鲁，更不可以粗俗不堪。你能想象一个穿着迷你裙的优雅女士，去抬脚踢人吗？同样在奥黛丽·赫本出演的电影《罗马假日》中，影片的一开头，就是作为公主的女人正在一边接见各国使者，一边无聊地脱下鞋，用自己的脚骚动自己的腿，这是很失礼的，幸亏所有的一切小动作都隐藏在宽大的裙子里。

在今天的职场上，不再有这种可以隐藏我们小动作的华丽而无用的裙子，取而代之的是职业套装、修身的晚礼服。无论是裤装还是裙装，都会让我们私下的动作一览无余，想要做一个无瑕的美人，就不能随随便便地做出一些粗俗的动作。

然而，对于男人来讲，“面子”问题也是很重要的，不要用一句“人最重要的不是外表，而是内涵”来打发自己，你要知道这已经是一个形象与内涵必须并重的时代了。深具内涵的卓越形象能使男人处处散发卓尔不群的气度，然而在这个时代，眼见为实才是影响力延展的第一步。提升个人形象就等于提高社会竞争力，一个人的着装、举止、谈吐所构成的整体形象，无时无刻不在影响周围的人群，并决定他受认可和尊重的程度，为他的事业发展提供助力。

男人若能根据时间、场合、身份，随时随地地搭配出能体现个人形象、个人品位的服装，才会为自己加分。当你还没有开口说话的时候，衣服就是你的代言人，一个人的外在形象留给大家的潜在印象的差别是不可估量的。如果不想成为同行的笑柄的话，你的服装必须合体；如果不想让同行或客户鄙视的话，你的服装必须庄重；如果不想让人看出你的性格或爱好的话，你的服装必须是保守的、得体的。一位企业家这样说道：“在商界，企业家最初的合作看什么？其实很大成分是看衣着。有一次，我想开发一种新的产品，一位朋友给我介绍了一个合作伙伴。见面的那天，他穿着西装，里面没穿衬衣，只穿了一件圆领衫，手里拎着一个彩色手机。”

“我当时看着就很别扭。你想想，西装是多正式的着装，他弄了件圆领衫来配。典型的暴发户形象，我当时就决定，不与他合作。后来，朋友说，他真的很有钱，而你正缺钱。我说，我缺钱不假，可是合作伙伴这个人才是主要的。出了钱，他就要参与，要管理，要与我共同决策，他的水平直接影响到我的生意，所以我不选择他。”

所以，无论男人女人，想要在事业上有一个好的前程，就要注重自己的每一个小细节，因为你不知道对方看重的是你的哪点。当然，除了对形象上的重视，还要从我们的言谈举止上下点工夫，着装、谈吐、举止是树立一个人形象的较快的方式。

如果年轻的你不想给别人留下不好的第一印象，就从细节之处开始改变自己，先为自己赢得社交之战的第一场胜利，只有拘小节，才能成大器，只有注重细节，才能彰显年轻人的好品质。

得体妆容可以提升女人的整体形象

对于现代女性来说，化妆是对自己的尊重，更是对他人的尊重。年轻的女孩子天生丽质，不用让自己的妆容太厚，那样反而给人一种轻浮的感觉。怎样的妆才是最恰当的呢？其实，只要画得自然一些，就会为自己的整体形象增色不少，别人也会因为你自然的妆容对你产生好感。

走进社会的年轻女人要学会化妆，尽管古代有素面朝天了的虢国夫人，但并不是所有女人都有不化妆的资格。尤其在庄重的场合，化妆是一种礼仪，不仅表示对别人的尊重，同时也表示对自己的看重。女人的妆容必须要细致，从一些细节方面才能够看出一个女人的细心，才能够让自己变得更靓丽。因为化妆能够使我们打起精神，当我们描上眼线，涂上口红，化上淡淡的妆时，精神肯定为之一振；化妆还可以提高我们的自信，每个人都有一些缺陷，化妆可以把这些缺陷掩盖起来，它能够弥补我们在相貌上的不足，带给我们充足的自信。但是，化妆利用的就是人们的错觉，所以我们要注意自己的妆容，不要因为细节方面的失误，造成了错误的错觉，而导致自己尴尬、别人嘲笑的后果。

当然，也不是所有场合的妆容都是一种画法，也不是所有女人的妆容都是一个模样，我们要根据自己的特点，画出最适合自己的妆容。比如，有的女人明明脸比较宽大，却偏偏要把五官化得非常突出和聚拢，使得那张脸更像一张大饼，这就是错误的化妆。当然，大部分的女孩子不会犯这么低级的错误，她们在化妆时的失误往往只是细节上的失误，然而就是这样，也会造成严重的后果。

那么，年轻的女人到底要注意哪些方面，才会让妆容看起来自然又美丽呢？

1.颜色的一致性

这里的颜色指的是睫毛、眉毛和头发的颜色应该一致。尤其是当你的头发颜色有些发黄时，千万不要让自己的眉毛和睫毛的颜色比头发的颜色更深，这是极不和谐的；如果你的头发有些偏棕色，那么最好眉毛的颜色也要向发色靠近。

当你的脸上上粉底时，脸部的颜色会明显地比臂部和颈部要白，如果你必须暴露你身体的这些部分，就要让它们的颜色看起来一致。而不是让人看脸是一个水灵灵的美人；看到手臂就觉得打了折扣；再看到颈部，就觉得这个女人至少是半老徐娘了，这种面部和身体的不统一是女人们最容易忽视的地方。

还要注意妆容和发型的和谐统一，不同系列的妆容适合不同的发型。比如，透明的妆容适合微卷的长发；而水果色系的妆容适合清爽的短发或者靓丽的大波浪卷发；而金色调的妆容适合有动感、微卷的短发和长直发。在追求妆容和发型方面，许多女孩子都容易忽略这点，一定要让自己的妆容和发型和谐统一，才会变得更靓丽。

2.小细节的处理上

（1）粉底：粉底的用量不宜过多，否则会产生太假的感觉。如果需要在阳光下工作或者在炎热的夏天，为了避免把妆花掉或者粉底被汗水冲出一道道沟痕，最好使用定妆液，可以让你的妆容有一个较好的效果。

（2）腮红：腮红应以清淡自然为主，造成自然的娇羞感。如果仅仅用腮红，脸的其他部分会显得单薄，我们还可以在下巴上刷一些亮粉，再由下巴延伸到腮部，这样立体感和层次感自然就出来了，同时也可以让你的腮红显得更加自然。

（3）防水性：无论是眼线液、睫毛膏、口红，这些化妆品都要使用防水的。想一想，如果自己在喝水的杯子上留下两个红红的唇印，这是多么尴尬和失礼的行为。这样你就不会因为图便宜而购买不防水的化妆品了。

无论是眼影还是腮红、唇彩，都必须有一定的范围和准确度，眼线和唇线就是勾画面部器官轮廓的。我们使用好眼线和唇线，可以使自己的轮廓更鲜明、立体，尤其是对于五官不太鲜明的亚洲女性更有必要使用。

3.整体的和谐度

当我们完成整个妆容时，我们还需注意最重要的一点，就是整体妆容的和谐度。面部轮廓更加鲜明，与服饰相搭更加和谐，和自己的身份更加吻合等。

其实，对于女人来讲，表面的妆容只是初层次的化妆，而深层次的化妆是在精神上的化妆。我们只有让自己的精神和修养，与我们美丽的妆容相匹配，才能让女人显得高贵优雅。步入社会的年轻女性一定不要因为自己还年轻，就忽略了对自己妆容的修饰，重视你的妆容就像重视你自己一样重要。

细节彰显品位，别让他人觉得你很俗

品位对于一个人来讲是十分重要的，就像鱼不能没有水，人们不能没有空气一样，想要成功就必须提升自己的品位。品位是打开成功交际的钥匙，是一个人的仪表、谈吐、举止能够吸引他人的真正根源，是建立良好人际关系的必备条件。有品位的年轻人才能得到他人的赏识。

在这个竞争激烈的社会，当我们在能力相当的情况下，想要赢得他人的青睐，就必须有除了能力外出众的地方。一个人的品位不光体现在他的穿衣打扮上，还有他由内而外散发出来的气质，所以，年轻人不仅要从外在的穿着，还要从内心的修养，来提高自己的品位。必须明白什么是人际吸引，怎样才可以做到人际吸引，进而进行成功的交往，扩大在人群中间的影响力。

在心理学上表明影响人际吸引的因素有外貌、熟悉与邻近感、相似性、互补性、才能、人格品质等。就是人际关系中彼此相互欣赏、接纳的亲密倾向。年轻人要通过以下几点来提高自己的品位，从而达到吸引人际的目的。

1.印象修饰

若想增进人际吸引，则应进行合适的“印象修饰”。从自己的服饰、举止、面部表情、精神状态等做出适合于自身的角色和当时情境需要的行为，产生令人愿意接近、接收的吸引力。人们喜欢美，这是一种自然倾向。留心外表的修饰，就会增加一个人的印象分，让人对你的评价与判断，比你本身拥有的素质更高一些，而这些无论是从功利的角度来讲，还是从理想的角度来讲对你都是有利的。要知道一个人对另一个人的第一印象是很难改变的，即使日后知道了你并不如第一次所表现得那么优秀，也会经过很长时间才能修正对你的看法。而一个人如果给人留下了不好的第一印象，即使日后努力证明他是如何优秀，人们也很难再次接受他。所以，人际交往中，第一印象很重要，也就是对外表的修饰是一个重要因素。

2.熟悉程度

熟悉与邻近感，心理实验告诉我们，不论人或动物，彼此接触的次数增加，熟悉度逐步增高时，便会具有吸引力。因此，如果你想增强人际吸引，就要留心提高自己在别人面前的熟悉程度。

有时两个人第一次见面就会有“似曾相识”的感觉。如果你对其他人有这样的感觉，或者其他人对你说出“我们是不是在哪见过”之类的话，我们一定要积极地作出响应，增加“我们很熟悉”“我们也许见过”的印象，会使我们更加吸引彼此，做出更深度的交往。

3.相似性

增加两人之间的相似性。我们往往喜欢和那些和我们拥有共同志向、态度和兴趣的人交往，这就是相似性的作用。相似性包括：

（1）信念、价值观和个性特征的相似性。

（2）吸引力的相似性。

（3）社会地位的相似性。

（4）年龄的相似性。

这里值得注意的一点是，这里的相似性不是实际的相似性，而是感知到的相似性。所谓的“物以类聚，人以群分”，“酒逢知己千杯少，话不投机半句多”，就是相似性给我们带来的影响。因此，要想成功交往，就要扩展自己的兴趣爱好，尽量在更大的范围内，增多与他人有交叉的部分，也就是与更多的人有相似性。

4.互补性

增加与他人的互补性，人们有喜欢那些与自己相似者的一面，也有喜欢那些与自己个性品质相反者的一面。这样双方不同的心理品质，可以使对方得到心理上的补偿。也就是说，当双方的需要以及对于对方的期望正好呈互补关系时，就会产生强烈的吸引力。例如，日常生活中常有的急性人和慢性人合作得很好，爱听的和爱说的人成了朋友的现象。

5.自身才能

才能一般会增加个体的吸引力。但如果这种才能对别人构成社会比较的压力，让人感受到自己的无能和失败，那就不会对吸引力有帮助。研究表明，有才能的人如果犯一些“小错误”，就会增加他们的吸引力。

6.人格品质。

人格品质是影响吸引力的最稳定因素，也是个体吸引力最重要的因素之一。学者安德森研究了影响人际关系的人格品质，认为最受喜爱、最吸引人的品质有真诚、诚实、理解、忠诚、真实、可信，它们或多或少、直接或间接同真诚有关；而最不受欢迎的品质有说谎、假装、不老实等，也都与真诚有关。真诚受人欢迎，不真诚则令人厌恶。

人际交往中，人格因素至关重要，不良的人格特征或人格缺陷容易给对方以不良的评价、不愉快的感受和不安全感，从而影响人际交往。常见的人格缺陷有：自私自利、为人虚伪、不尊重人、报复心理、嫉妒心理、猜疑心理、苛求别人、过分自卑，骄傲自满、孤独固执等。这些人格缺陷严重影响了人们之间的交往。因此，不断完善人格非常重要。

年轻人清楚了影响人际吸引的因素，就要从这几个方面提升个人品位，以达到吸引他人，成功交往，扩大影响力的目的。

虽然提升个人品位不是一天两天就可以做到的，但是我们也要通过对这些方面的修炼，慢慢地达到目的。于此同时，我们在与他人接触的过程中，还要注意微笑的表情、良好而得体的谈吐、赞赏他人的真诚态度、强大的身体语言等。只有观察到这些细小的地方给我们带来的改变，我们才能运用学到的技巧提升自己的品位。

年轻的我们要想在社会中闯出一片自己的天空，就要知道如何利用自身的修养去吸引他人的注意，知道如何利用自己的品位去留住他人的心。只要我们不断地培养自己，提高自己，多向成功人士借鉴，我们就能形成自己独特的品位，从而为自己吸引来更多更稳定的人际关系。

随波逐流失去自我，跟风的人不受人青睐

年轻人想要在社会上立足就要做出点成绩，当今社会有太多想要成功的人，可他们最后只能被生活所累。年轻人若想成为人上人，就要有不同于其他人的想法，这样你才能在芸芸众生中脱颖而出。

在激烈的竞争中，我们不但要想办法让自己有一席之地，而且还要积地极帮助他人，学会宣传自己，让大家成为自己的追随者。一个想要成功的人，就必须具备良好的领导能力，还要有独具匠心的想法，这样别人才会心甘情愿地追随你的脚步。对于年轻的我们来说，怎样才能得到更多人的认同，才会有人愿意追随我们呢？

第一，你要有高瞻远瞩的眼光。历史上的有些革命英雄，总是对革命和世界局势有着最正确的判断，总能表现出高瞻远瞩、把握大局、雄才大略、驾驭群论的英雄风度，表现出一种革命家、政治家的领袖风度。因此总有众多的优秀人物抛头颅、洒热血，追随这些卓越的人物。一个人是否具有影响力和号召力，不是一两天形成的，是经过时间的检验证明出来的，是否具有

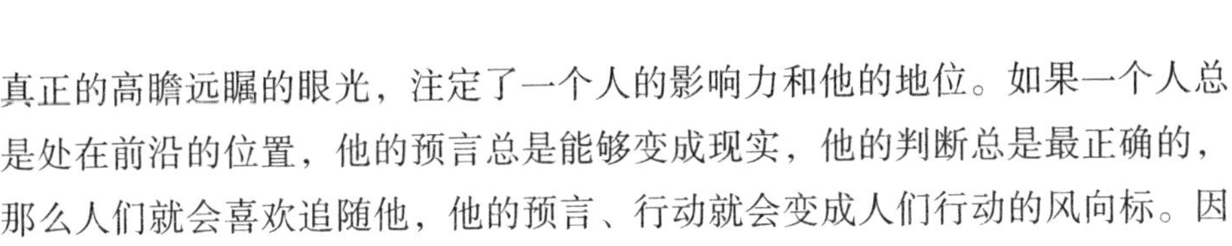

真正的高瞻远瞩的眼光，注定了一个人的影响力和他的地位。如果一个人总是处在前沿的位置，他的预言总是能够变成现实，他的判断总是最正确的，那么人们就会喜欢追随他，他的预言、行动就会变成人们行动的风向标。因为跟着他，总会做正确的事，获得最大的利益。

2006年，李嘉诚就觉察到金融危机将至，当时就提醒管理层，并先后在年报上披露。每次在重大媒体发布会上都会呼吁大家谨慎投资，注意泡沫经济风险，并特意向股民发出忠告，中国香港与内地股市均处高位，而且要留意美国次贷问题。但在当时由于股市一路飙升，没有多少人理会这个忠告，甚至还有一些所谓的股评家批评李嘉诚“不懂股票市场”。

2008年，随着雷曼兄弟的破产，美国金融危机迅速向全世界蔓延，几乎已经没有人怀疑李嘉诚的判断了。所有人都陷入了金融危机中，不能自拔。唯有李嘉诚凭着对经济层面的把握以及对企业战略方向的管理与预测，依然坚如磐石。

正是这种真正的高瞻远瞩的眼光，建立李嘉诚个人的威信和号召力，扩大了他在民众中的影响力，使他拥有了更多的追随者。

第二，你的人格魅力就是征服他人的最好武器。所谓“正人先正己，正下先正上”，在团队中的凝聚力必须以“正”为前提。人们都知道，一个人的知识底蕴、智慧谋略、办事胆略、决断力等综合能力的表现，正可以求证这个人的气魄。如果你的气魄是有征服力的，你的性格魅力就算成功了一半。然而这还不够，还要关注你的凝聚力究竟有多大？这里就牵涉到气量的问题。而培养气量之“正”，更需倡导管理者要具有“宰相肚里能撑船”的宽容之量。如果你的性格在团队中深得大家的赞赏，你的个性正是大家想拥有而不具备的，那就说明你已经在你所在的团队当中树起了你的向心力。

近现代中国革命史上，邹容写《革命军》被关监狱，章太炎陪之坐牢；写《赤都心史》《多余的话》的秋白烈士，临刑时高唱《国际歌》，并自己选择了一块就义之地，转身从容地面对刽子手的枪口，说：“此地甚好。”周文雍、陈铁军夫妇在刑场上进行婚礼，慷慨激昂地宣言：“让反动派的枪声做我们婚礼的礼炮吧。”“带镣长街行”的李大钊先生赴刑从容，报章载为“临刑犹保持共产党领袖的从容风度”——这些光照千秋的“铁肩担道义，妙手著文章”的革命家的人格魅力，换来了一批又一批热血男儿的追随。再如，蒙牛集团的当家人牛根生本人颇有侠士之气，重义重情，轻财轻权，从伊利退出以后，很多原来的老部下都选择了跟他一起重新打江山。

第三，好的形象能他人主动追随你的步伐。好的形象本身就对追随者有一种吸引的力量，人们之所以喜欢模仿明星或名人的举止，就是认为他们的动作举止是一种美的标准，在成功之前我们都会不自觉地模仿成功者的形象。大家都有同样的心理，因此希望别人追随你的思想，模仿你的形象。

年轻人想要闯出一片自己的天地就不能盲目地跟风，要用自己独特的思考方式和远见征服你的追随者。用你的人格魅力和风骨赢来众多的敬佩，用你性格上的优势来征服众人，比地位和权力更有威信。一个人要想赢得众人的追随，必须从以上三个方面努力锻炼，才能够成熟、从容。年轻人要摆脱旧思想的局限性，努力成为大家的追随对象。

提升气质，好气质是最华丽的外衣

年轻的女人如果想要尽快地摆脱自己青涩的外衣，就要学会提升自己的气质。气质对于一个女人来讲就如同女人的第二张脸，当我们初次与人相见的时候，对方先是会注意女人的面容，然后马上就会注意女人的气质。我们虽然无法改变自己的外貌，但是我们可以通过修炼内在的气质来弥补，甚至提升我们的魅力。

女人可以不漂亮，可以不解风情，但是如果你要批评一个女人没有气质，那肯定会引起她的厌恶。气质无所谓好坏，只有类型的分别，只要自己能够找到属于自己的类型，并从中发掘出这种气质的优势，就能够做一个有气质的女人。

生活中有各种类型的女人，每个女人的气质都有所不同，但是从整体上

来讲，女人的气质可以分为四种：胆汁质、多血质、黏液质和抑郁质，这四种类型各有不同的特征。但一个女人也许不单纯属于哪一种气质，有些人是某两种或者三种类型各占一定的比重，比较复杂，但是只要弄清自己属于哪种气质或者是哪种气质的混合，就容易找到自己的人格特征，也就容易培养自己的气质了。

第一，胆汁质：胆汁质类型的人对人或对事注重感情，工作效率往往随情绪的变动而有较大的变动。他们能够保持旺盛的精神状态，喜欢气氛热烈的活动；理解力和执行力都比别人快，对自己感兴趣的事，可以废寝忘食地去做；表现欲强，自我感觉良好，不甘示弱，姿态、举止、动作都比较夸张。如果你属于这种类型的女人，劝你慢下来，你根本就做不到，即使勉强做到了，你也会很累，别人也会很别扭。所以，不要勉强自己附庸风雅，只要改一改自己急躁容易激动的性子，就可以了。要知道急性子的女人也有自己的美，那种热情是一种无法阻挡的魅力。

第二，多血质：多血质类型的人感情丰富，喜怒易形于色，无法掩饰自己的情绪。缺乏毅力，无论是学习还是做事都容易表现散漫，有始无终，喜欢见异思迁，不稳定；对外界事物感受迅速、强烈，但不深入，不能持久；态度乐观，善于交际，手腕圆滑，但缺少知心、稳定的朋友；自我评价往往受别人的态度影响，好评论他人；最容易受时尚的影响，往往跟风和盲从，不肯深入。如果你是这种类型的女人，就要特别注意保持自我本色，因为你对自己魅力的认定也来自于别人的肯定和评价。你要做的就是抵御外界对你的影响，坚持自我，注意深入地培养自己的某一优势，因为你的优势太多，反而无从选择。让自己多姿多彩的同时，不要忘了坚持一种姿态，否则你就真的很容易变成一个女人“模仿秀”，而失去了自我。

第三，黏液质：黏液质类型的人，感情不易激动，行为举止平静连贯，比较理智；面部表情不丰富，举止也比较斯文，自制力强；做事有始有终，寻求规范；对外界事物的感受力不强，理解能力也比较慢，但是有毅力、有条理，容易被信任；为人平和，喜欢安静，善于克制自己，不善交往，但善于忍耐。如果你是这种女人，恭喜你，你是优雅的最佳代言人。对于你来说，平和淡然的态度、斯文有礼的礼仪、严谨的工作态度，优雅的举止是本来就应该如此的，根本不需要被特别培养。你本身就是一个带点“神秘”和

“冷漠”气质的美女。林徽因是其中最有代表性的女人之一。理智、平和和高深莫测是你的最大优势，如果你还需要修炼，就是努力让自己的表情看起来更丰富一点。

第四，抑郁质：抑郁质类型的人属于那种总是带着点“淡淡的忧愁”、丁香花般的女人。她们不容易高兴，总是情绪黯然，不合群，喜欢独来独往；敏感细腻，怯懦，害羞，细声细气，不善交往；对别人的态度体验深刻，容易耿耿于怀，有惊人的观察力；精力不充沛，长时间地处于亚健康状态，容易疲劳，但是善于深思，因此更显得柔弱和缓慢。对于这类型的女人来说，最大的优势就是含蓄内敛、娇柔羞怯，最容易因为柔弱的姿态取得男人的怜惜之心。因为敏感而自寻烦恼，对于这类女人修炼自身魅力的方式就是尽量让自己大方一些，忧愁也有忧愁的美，但是自寻烦恼就大可不必了。放开心胸是这类女人最大的挑战，如果能够做到，也就达到了修养的极致。

年轻的女人要根据自己的特点，去寻找自己该从哪方面培养自己的气质。胡乱地模仿他人不仅不能提升自己的气质，还会让别人觉得你是在装模作样，一点也不自然。培养自己气质的第一步就是要分辨出自己的气质，然后用艺术、文学、音乐等来陶冶我们的情操，加强我们的某一方面特征，最终成为有情趣、有味道、有气质的美人。加强优势，弥补缺陷，才能让我们的气质由内而外地散发出来，你才会变得更有魅力。

礼仪细节面面俱到，用修养征服人心

年轻人在社会上闯荡就必须要注重自己的礼仪。礼仪是在公众场合将自己的修养表现给他人的重要途径。无论我们出席哪种场合，都应该给别人留下良好的印象，这就要求年轻人懂得礼仪常识。

在公众场合，每一个年轻人都希望自己看起来举止得当、彬彬有礼，这样才能够显示自己作为一个成熟的人的修养，也才能够提升自己的礼仪修

养。如果一个人在和他人交往相处的过程中，缺少了礼仪，不仅是对他人的不尊重，同时也降低了自己的格调。

我们想要提升自己的修养，就必须在举止、礼仪方面多加注意。张爱玲曾经穿着崭新的旗袍在家中等女友来拜访，女友到来以后，惊奇地问：“你有重要的客人吗？”张爱玲点点头，于是女友诚惶诚恐地要告退。张爱玲却说：“我重要的客人就是你啊！”如果别人有预约希望来拜访我们，那么无论如何，我们都应该表现出足够的重视，客人是不是受宠若惊，就不在我们的考虑之内了。可以说，张爱玲的这一举动，恰恰说明了她在礼仪方面的修养。

身处社会这个大环境，就免不了要和人相处，礼仪正是人与人之间交往的规范。只有遵循一定的礼节，才能营造出融洽、温馨的交往氛围和良好的人际关系。得体的举止是每一个年轻人吸引他人的重要武器，人们可能对外表优秀的人会有不屑一顾的态度，但是对于举止得体、彬彬有礼的人，人们却没有抗拒的的心理，反而会赢得大家的欢迎。但是，礼仪不是随随便便参加某个培训课程就能学会的，它需要的是一个人的气质、品质与之混为一体，才能够达到最佳的效果。

优雅的举止是一个人无私品质、有目共睹的证据，它通常来源于心灵而非大脑。如果任由玩世不恭的态度占据你的灵魂，那么，你的行为举止也不可能真正变得优雅，即使附庸风雅，也只能落得个矫揉造作的评价。一个优秀的年轻人，必须先保证他心灵的纯净和高贵，举止才可能高贵起来。最佳的得体举止莫过于浑然天成，完全没有做作的痕迹，在一举一动中完全处于忘我状态，这就要求我们要警惕自己习惯中养成的任何马虎随便，从一开始就要抵制一些不雅的举动和随便、邋遢的习惯。这样长期积累下来，才会变成一个真正得体的人，而不是一次培训就可以改变一切。要做一个真正懂礼仪的人，就要从日常的小动作开始训练，从心灵的深处开始改变自己的想法。

礼仪，不是需要参加活动才有的，而是应该让自己时时刻刻都保持在这种状态中。不要觉得没人注意你，你就可以随意放松一下。并不是周围没人看见，你就可以口出粗言，也不是周围没有人，你就可以做出粗俗的动作。真正的礼仪是从内心深处散发出来的，更是长时间坚持的结果。如果你可以在私下里做出不雅的举动，那么在大庭广众之下，你就可能因为一时的习惯或者忘记而做出不雅的举动。那时，你所有之前努力营造出来的好形象就会毁于一旦。

一个懂礼仪的年轻人在任何时候都不可以有粗鲁的举止，你可以正大光明地发怒或者气愤，但绝不能够口吐恶言冒犯他人，因为那会暴露出一个人天性中粗俗的一面。著名的悲剧大师埃斯库罗斯曾说过："青铜是身体的镜子，酒是心灵的镜子。"愤怒像酒精一样可以蒙蔽你的头脑，但并不能蒙蔽你的心灵。所以，一个人醉酒、愤怒时的反应，最能够反映一个人的内心是否高尚。如果你在愤怒中表现出来的修养就像一个无知的混混，那么，无论你平时是怎样有风度、怎样优雅，也掩盖不了你是一个愚蠢的人的事实。

所以，年轻人一定不能让愤怒遮住了我们的理智。我们要时刻遵循应有的礼仪，即使对着电话说话，也不能够做出东张西望或者同时做小动作的举动，因为对方会通过你的语言、你的音调，感觉出你的心不在焉，这是非常失礼的行为。即使只有自己最亲密的友人来访，我们也不能够穿着睡衣接待他们，因为那不仅是不尊重别人，同时也是对自己的贬低。

成功人士，在任何时候都会有一副彬彬有礼的态度，让别人从见到他的那一刻起，就能感受到他的教养、他对自己的尊重。一个年轻人要想向成功靠近，就要提高自己的修养，让礼仪贯穿生活的始终，戒掉那些不好的习惯，收敛起平时散漫的态度，懂礼仪的人，才能赢得他人的尊重，才能迈向成功。

涵养是综合素质，点滴之中就会显现

修养指的是人的行为和涵养，与人的性格、心理、道德、文化等有着紧密的联系，总地来说就是人综合素质的表现。在现代社会中，没有人愿意去刻意挖掘一个年轻人的综合素质，所以，年轻人要懂得在不同的场合，都能将自己的好修养展现在大家的面前，这样才会有人注意到你，才会有人愿意给你尝试的机会。

在生活中，人们的修养会体现在方方面面，有的人在工作、社交中会时时注意自己的形象，在私下里却尖酸刻薄，没有教养；有的人在面对熟人时表现得彬彬有礼，在面对陌生人时则会蛮不讲理，得理不饶人；有的人则面对陌生人时给人极好的印象，久而久之却会在熟人面前露出真面目来；有的人在大庭广众之下一派绅士淑女风范，私下里却品格低下，无所不为；有的人在平日里尚能维持自己的好形象，而一遇到特殊事件则会风度全无，让人跌破眼镜。

然而，一个有礼貌、品德高尚的人，应该做到表里如一，他的形象和他的人格魅力应该是保持一致的，无论是生活还是工作中，都能流露出自己的好修养。好的修养体现在待人处世的细节上，从这些细节中，人们就能看到你这个人的素质。提高自己的素质，提升自己的修养，年轻人要从以下几点做起。

1.女士优先的国际惯例

无论你在哪种场合，是正式的，还是私人聚会，年轻人都要做到“女士优先”，这不仅是国际上的惯例，还是展现自己风度和教养的最佳途径，为女士开门，拉椅子，请女士优先，懂得在发生争执时让着女士，这些都是最基本的绅士表现。男人遇事要有意识地让着女人几分。这不但有利于安定男女之间的团结，而且此举还可以展示出男人在女人面前良好的风度和风范。对于女士、孩子、老人的真诚关心和照顾会让我们显得更加有教养。无论是在社交场合还是在私人场所我们都要有照顾弱小的自觉性。

2.处变不惊的做事态度

处变不惊是一个人文化教养最好的体现。一个人在平时维持彬彬有礼并不难，可是如果遇到突然变故，如遭到了意外的冒犯或很高的期望值落空时，就会失态而暴露出本来的面目。因此在非常时期、非常状态下保持良好、镇静的言谈举止，更能体现一个人的修养。

一个人在平日保持温文尔雅的好形象和绅士风度并不难，难的是一个人在遭到他人嘲讽的时候，还能镇静以对。在别人对他发难的时候，他不会被对方的态度激怒，能够克制自己的情绪，礼貌地对待对自己不友善的人，才能在气势和语言上让对方知难而退。在遭遇不可预料的糟糕情况时，能够镇定自若、处变不惊、先顾他人，才是一个有修养的人。

关键时刻的处变不惊，那是几十年锻炼下来的涵养。非有一定功底不可能做到，我们平时就要锻炼自己“养气”的功夫。一个人在意外来临时反应镇静，才算是达到了粗浅的处变不惊，要达到更高深的境界，则需要更持久的锻炼。

3.诚恳的赞美，由衷地欣赏

懂得真心地赞美他人是年轻人有修养的表现之一，能够真心地欣赏和赞美他人，在认同他人中，得到他人的认同。欣赏别人的过程，其实就是品尝和发掘自己的一项工程，如果不能完全释放自己的视野，就不会真心地欣赏他人，自己也会停滞不前。女人通常不能欣赏、容忍比她更加漂亮的、更具智慧的女人，男人也有相应的毛病，然而，为了自己的成长，我们要学会欣赏别人，真诚地赞美别人的美好品格，在认同别人中模仿别人的优点，才能在礼仪中不断进步。

总而言之，年轻人在工作上也好，生活上也罢，甚至是与家人相处的私人空间，都要表现自己良好的修养。其实，这些都是可以从一点一滴的小事做起的，比如，坐电梯要朝着电梯口，告诉离按钮近的人你要去几楼，而不是自己伸手去按；在路上主动给长者让路，如果遇到熟人需要交谈时，要靠到路边或角落谈话，等等。只有这样，才能习惯成自然，培养出良好的商务和社交礼仪。

年轻人要通过各种方式来提高自己的修养，还要让周围的人也能感受到你的修养。让我们的好教养从我们的每次微笑、每次说话、每次握手中自然地流露出来，让他人看到一个有礼貌、有教养、有内涵的年轻人，这对你为人处世才会有帮助，也才能够赢得更多的人心。

参考文献

[1] 夏永为. 一本书学会人情世故[M]. 哈尔滨：哈尔滨出版社，2010.

[2] 水森. 20几岁要懂得的人情世故[M]. 北京：北京航空航天大学出版社，2009.

[3] 陈契，田伟. 人生经验全知道（白金珍藏版）[M]. 北京：中央编译出版社，2010.